文化建设案例丛书

文化建设案例丛书

第一辑

文化建设案例丛书编委会

中国社会科学出版社

图书在版编目(CIP)数据

文化建设案例丛书. 第1辑/《文化建设案例丛书》编委会编. —北京: 中国社会科学出版社, 2008.12

ISBN 978-7-5004-7452-4

Ⅰ. 文… Ⅱ. 文… Ⅲ. 文化事业—建设—案例—中国 Ⅳ. G12

中国版本图书馆 CIP 数据核字(2008)第 195125 号

策　　划	胡　靖			
责任编辑	门小薇			
责任校对	李小冰			
责任印制	戴　宽			
封面设计	李尘工作室			

出版发行	中国社会科学出版社		
社　　址	北京鼓楼西大街甲 158 号	邮　编	100720
电　　话	010 - 84029450(邮购)	传　真	010 - 84017153
网　　址	http://www.csspw.cn		
经　　销	新华书店		
印刷装订	三河市君旺印装厂		
版　　次	2008 年 12 月第 1 版	印　次	2008 年 12 月第 1 次印刷
开　　本	1/16		
印　　张	27.5		
字　　数	330 千字		
定　　价	36.00 元		

编　委　会

contents < < <

序 言

2008 年年初，国家行政学院综合教研部和四川省文化厅商定，为加强我国文化建设的实证研究，给各级政府推进文化建设提供有价值的参考，共同建立文化建设案例库。一年来，我们两家单位为此做了大量的工作。呈现在读者面前的这本《文化建设案例丛书（第一辑）》，就是两家单位共同努力的初步成果。

加强实证性研究是深化文化建设研究、促进文化发展和繁荣的一项基础性工作。文化建设是一项实践性很强的工作，有许多实际问题迫切需要研究和解决。还要看到，当代文化建设理论的建立和完善同样需要大量的实证性研究作为支撑。改革开放以来，特别是近些年，各地积极探索新形势下文化发展的路径，有许多成功经验，也有不少很有警示性的失误。这些经验和教训迫切需要进行客观、深入的梳理和总结，为推进文化建设提供借鉴。

案例研究是实证性研究的一种极为重要的方式。它通过对典型个案的深入解读和剖析揭示特殊事件中所蕴含的普遍意义，起到触类旁通、举一反三的作用。我们认为，案例可分为教学型案例和研究型案例。国际上，以美国哈佛大学肯尼迪政府学院和法国国立行政学院对教学案例的研究最具代表性。前者注重选择经典案例，强调客观、准确、生动地描述事件发生发展的背景和过程，让学员在讨论中寻找解决问题的路径；后者则注重选择现实案例，强调对现实问题进行跟踪式研究。目前，教学性案例作为增强互动性、实效性的一种有效方式已广泛应用于我国高校和各种培训机构的教学活动中。教学型案例主要是用于教学，这既是其特点，也是其局限性所在。与教学型案例不同，研究型案例主要是为读者提供阅读的文本。案例的写作目的不同，在写作要求上自然也有很大差别。与教学型案例是让教学参与者通过讨论去寻找解决问题的方案或途径不同，研究型案例要求作者提出解决问题的方案。研究型案例把客观、准确、生动地描述事件发生发展的背景和过程、发掘隐藏在事件背后的问题或难题作为案例研究的起点；同时还要求对问题或难题进行客观、深入的分析，提出解决问题的可行性对策，为读者提供有价值的参考。提出建设性意见和建议是研究型案例的最终要求，也是其特色所在。

《文化建设案例丛书》按照研究型案例的要求撰写和组织案例。我们要求：其一，坚持"第三方"立场，作者须客观、全面、准确地描述事件的来龙去脉和前因后果，摒弃那种报喜不报忧的典型经验介绍式的案例；其二，要求生动，要有可读性，杜绝大话、套话、空话以及八股式文风；其三，提出切实可行的对策性建设，能为各级政府提供有价值的参考。

《文化建设案例丛书》以探讨公益性文化事业和经营性文化产业发展为重点。本辑共收录了18个案例，涉及文化产业园区建设、文化产品、节庆活动、文化街建设等，涵盖了文化建设的众多领域。在选择案例时也注意了地区分布的广泛性和事件的多样性，既有东部地区的案例，也有中部和西部地区的案例；有国内案例，也有国际案例；有成功的案例，也有失败的案例。旨在通过对文化建设领域各种类型典型案例进行解剖，帮助各级公务员从不同侧面了解我国文化建设的实际状况，把握文化发展规律，提高文化管理的能力和水平。鉴于本案例丛书所收录的案例内容和研究问题的广泛性，它不仅适合作为各级公务员的阅读文本，也可以作为公务员培训和高校文化管理的参考教材，文化企业经营者阅读后也一定会有收获。

《文化建设案例丛书》的编写工作是一项长期的工程，计划每年编撰出版一至两辑。我们诚邀有志于推进我国文化建设实证研究的人士与我们一道从事这项有意义的工作，展示我国文化建设五彩缤纷的过程，探索我国文化建设的多样化路径。

由于编写研究型案例是一种新的尝试，不当和疏漏之处在所难免，敬请读者批评指正。

编　者

2008 年 11 月 12 日

光环背后的隐忧

——798 艺术区的过去、现在和未来

祁述裕

祁述裕，国家行政学院综合教研部副主任，研究员

15 年前，大概 99.9%的中国人还不知道艺术集聚区究竟为何物。

　　从 1995 年中央美院一位教授租用北京 798 厂的厂房从事雕塑创作开始，到 2004 年仅仅 10 年时间，北京一些艺术家通过艺术的力量，将一个破旧、不为人知晓的老厂房改造成为艺术区，为当代中国提供了一个充满活力的艺术区的范本。现在，北京 798 艺术区已经被公认为中国乃至亚洲先锋艺术的前沿，世界上最著名的艺术区之一。由旧厂房变成艺术区，这个转变是怎样完成的？798 艺术区的魅力在什么地方？798 艺术区还存在哪些问题，未来发展如何？这些都是公众感兴趣的话题，也是本文探讨的重点。

一　从 798 厂到 798 艺术区

（一）独特的建筑、便捷的地理位置、低廉的租金，使 798 厂成为艺术家聚集地

798 艺术区因上个世纪 50 年代建成的工厂——798 厂而得名。它位于北京朝阳区酒仙桥街道大山子地区，故又称大山子艺术区。798 厂是 1957 年兴建的"718 联合厂"（全称为"国营北京华北无线电器材联合厂"）的一个分厂。718 联合厂是建国初期由前苏联援建我国的 600 个大项目之一，是当时亚洲最大的电子元件厂。1964 年，718 联合厂分家，由联合厂一家分为 6 个厂（706、707、718、751、797、798、799），这是 798 厂的由来。798 厂的厂房是由原民主德国工程师负责设计的，属于当时欧洲流行的包豪斯建筑风格。其特点是厂区追求空间布局的合理对称，厂房采用现浇混凝土拱形结构，宽敞高大，透光效果好。改革开放以后，由于 718 联合厂产品不能适应市场需求，经营上陷入困境，员工由鼎盛时期的 2 万人，剩下不足 4000 人，大片厂房闲置。2000 年 12 月，除了 751 厂以外，798 等 5 个分厂与华融资产公司（控股）联合组成七星集团，统一管理这片区域。

798 厂地处北京北四环外。20 世纪 90 年代这里属于城乡接合部，位置较为偏远，房租低廉。798 厂北临首都机场，交通便利，有大片闲置厂房，为艺术家集聚提供了适宜的外部环境和场所。

北京艺术家有集聚的传统。早在 20 世纪 80 年代就有一批年

轻的艺术家聚集在圆明园，形成当时有名的圆明园艺术村。由于种种原因，圆明园艺术村逐渐衰落。其中一些艺术家迁移到了798厂，包括方力钧、岳敏君等后来拥有很高知名度的艺术家。现在一般认为，最早在798厂建立艺术工作室的是中央美院雕塑系教授隋建国。1995年，隋建国教授为完成政府委托的制作卢沟桥抗日战争纪念群雕的任务，以每天每平方米0.3元的低廉租金租用了一个3000多平方米的仓库作为雕塑车间。雕塑工程完工后，翻模工罗海军续租了这个空间，把它做成一个向艺术家开放的雕塑工厂，此举开启了798从厂区走向艺术区的先河。有两个外国人对798艺术区的形成至关重要。一个是在中国做艺术网站的美国人，叫罗伯特。2002年2月，罗伯特租用了这里120平方米的回民食堂，开了一家艺术书店。另一个是日本艺术品经纪人田畑幸人。2002年，田畑幸人租用798厂的厂房开设了一个名叫北京"东京艺术工程"的画廊，经营绘画。一些与罗伯特、田畑幸人交往的中国艺术家也纷纷在这里建立工作室或展示空间。此外，2001年，中央美术学院迁入798厂附近的望京地区后，该院的一些艺术家也在798厂建立了自己的艺术工作室。

在798艺术区入驻的中国较著名艺术家有清华大学美术学院教授李象群（邓小平广安塑像及现代文学馆巴金雕像的创作者）、刘索拉（著名作家、音乐人）、李宗盛（音乐人）、洪晃（出刊人、出版家）、徐勇（著名摄影师、北京胡同游发起者）、黄锐（画家）等。此外，德、法、英、日、意等国一些艺术家也被798厂的环境所吸引，先后入驻这里。谈到入驻798厂的艺术家，黄锐是一个必须提及的人物。黄锐是较早来到798艺术区的艺术家之一，曾多年在日本学习绘画艺术创作。入驻798艺术区后，他热心798艺术区的发展，一度被这里的艺术家视为精神领袖。

艺术家在798厂的集聚使798艺术区逐渐形成了气候。

（二）举办艺术节，使798艺术区声誉鹊起

2003年，798艺术区的艺术家们在国际一些文化基金组织的支持下举办了三次规模较大的艺术展。这三次艺术展分别是"再造798"当代艺术展、以抗击非典为主题的"蓝天不设防"艺术展、"左手与右手"中德文化艺术展。艺术展内容涉及绘画、摄影、行为艺术、音乐等。艺术展吸引了大批观众，每次参观展览的人次均在2000人次以上。艺术展期间，各家艺术机构都在自己的艺术空间内办展览，艺术家的工作室也向公众开放，所有的展览都是免费的。在艺术区内，观众体验到了与一般美术馆不同的艺术感受：刻满历史痕迹的古旧的工业厂房与新奇、反叛、前卫的艺术氛围相交织，不同时空、不同时代气息的碰撞给参观者

▶798艺术区展示空间一角

以强烈的视觉冲击。

从 2004 年开始，艺术区正式举办艺术节。2004 年 4 月至 5 月，为期一个月的首届艺术节吸引了 8 万人次的参观者，其中境外观众占很大的比重，包括来自巴黎等国外各大城市从事当代艺术的代表。120 多家中外媒体报道了此次艺术节，798 艺术区的知名度得到了进一步的提升。

798 艺术区的出现引起国际社会的普遍关注和高度评价。2003 年，798 艺术区被美国《时代》周刊评为全球最有文化标志性的 22 个城市艺术中心之一。同年，美国《新闻周刊》评选出"世界城市 TOP12"（年度 12 大世界城市），北京首次被列入其中，原因是 798 艺术区的存在发展证明了北京作为世界之都的未来潜力。2004 年，北京被列入美国《财富》杂志一年一度评选的世界有发展性的 20 个城市之一，入选理由仍然是 798。许多国外政要也表现出对 798 艺术区的极大兴趣。2004 年以来，德国前总理施罗德、欧盟主席巴罗佐、法国前总统希拉克等都先后参观访问过 798 艺术区。其中，比利时王妃在参观 798 艺术区时还花了几万美元购买了这里的艺术品。来过 798 艺术区的国外领导人都表示，没想到中国还有这样的表现活跃思想的好地方，这体现了中国的改革开放的成果。2007 年年底，法国总统萨科齐在为期三天的中国之行中专程赴 798 艺术区参观。他高度评价艺术区，并把参观 798 艺术区称为"与 21 世纪对话"。这是后话。2004 年，我国香港特别行政区政府委托香港中文大学在内地进行社会调查，并根据调研结果出版了几本报告，其中第一本就是以 798 艺术区为主题的。国内许多媒体也对 798 艺术区进行了大量的报道。798 艺术区逐步进入公众的视野。

（三）在艺术与商业利益的博弈中，艺术家获得了至关重要但也仅仅是第一回合的胜利

798 艺术区形成过程远非一帆风顺。有三大问题始终与艺术区如影随形：一是艺术上的，二是意识形态方面的，三是与业主的矛盾。从艺术上看，798 艺术区展示的艺术品属于现代艺术，中国观众大都对现代艺术不甚了了，对其艺术价值也持怀疑态度，艺术界的批评之声也从未间断。从意识形态方面来说，早期艺术区的部分艺术家有鲜明的批判现实的倾向，组织形式是民间艺术家自发式的，举办艺术节主要是由国外机构和基金组织提供赞助，这些都比较敏感。因此，很长时间地方政府对艺术区艺术家们的活动既不表示支持也不明令禁止，基本上持观望态度。上述态度使艺术区的艺术家们有较大的自由创作和组织艺术活动的空间，但也存在着艺术区公共设施严重缺失的问题。

798 艺术区在发展过程中，最直接也最突出的矛盾是艺术家与业主的矛盾。业主七星集团原计划将 798 厂改建成电子商贸城，部分厂房出租只是临时性的考虑。早期由于 798 厂位置偏远，业主欢迎艺术家短期入驻。2000 年以后，特别是 2004 年以后，北京地价飞涨，大山子地区也成了黄金宝地，七星集团对艺术家的态度也发生了变化。七星集团担心 798 艺术家集聚形成气候，对以后的商业改造不利，双方的矛盾从 2003 年开始显露。2003 年艺术区艺术家们举办"再造 798"艺术展，七星集团就对"再造 798"的提法表示反对，认为艺术家只是房客，无权再造798。2004 年 4 月，艺术区计划举办为期一个月的"第一届北京大山子国际艺术节"，七星集团又表示反对，双方矛盾进一步激化。七星集团反对的理由是举办国际艺术节要经过政府有关部门

的同意，艺术家无权自行决定举办国际艺术节。但艺术区艺术家们坚持要办。为避免干预，艺术家们修改了活动名称，把"第一届北京大山子国际艺术节"改成"2004 大山子艺术区艺术展示活动"，大山子艺术活动月如期举办。有艺术家后来回忆说，因为业主不配合，活动月里整个艺术活动开展得很不顺利。

798 艺术家们与七星集团签订的租赁合同大都截止到 2005 年 12 月 31 日，厂方屡次想收回房产。后来由于媒体介入和艺术家们的强烈反对，七星集团的态度有所松动，允许艺术家续租。但798 艺术区未来何去何从，始终困扰着入驻这里的艺术家。

现在，798 艺术区许多艺术家认为，北京市人大代表、中央美术学院教授李象群的一份提案在很大程度上改变了 798 艺术区的命运。李象群教授在 798 艺术区设有雕塑工作室，属于最早进入艺术区的艺术家之一。2003 年年底北京市人大、政协会议期间，李象群教授向北京市人大递交了《保留一个老工业的建筑遗产、保留一个正在发展的艺术区》的提案，建议暂停计划中的大

▲798 艺术区的老厂房

规模拆建行为，暂停将艺术区改作它用的计划。李象群的提案经媒体披露后引起了强烈反响。媒体纷纷呼吁要保护798艺术区。国家建设部也介入了798艺术区的争论。2004年3月，建设部下发了《关于加强对城市优秀近现代建筑规划保护的指导意见》，强调城市优秀近现代建筑是城市历史文化遗产的重要组成部分。建设部的一位官员认为，798所在的老厂房是上世纪50年代建设的典型的现代主义包豪斯风格建筑，建筑风格独特，在亚洲已寥寥无几，极为珍贵，应属于保护范畴。

各方对798艺术区的态度引起了北京市政府的重视。2004年上半年，北京市主要领导赴"798"进行考察并表态，对798艺术区要"看一看，管一管，论一论"。在各方介入下，七星集团将798地区改作它用的计划最终取消。

（四）798艺术区被作为北京市重点扶持的10大文化创意产业园区之一

798艺术区发展的转折点发生在2006年。在2006年1月召开的北京市人大、政协会议上，北京市提出要大力扶持文化创意产业发展，文化创意产业成了热门词汇。北京市发改委向"两会"代表、委员下发的材料中，798艺术区被列为北京重点扶持的文化创意产业集聚区之一。2007年北京市制定的"十一五"时期文化创意产业发展规划中，798艺术区正式被列入北京市重点扶持的10大文化创意产业园区之一。2006年3月，798艺术区业主——七星集团成立了798建设管理办公室（以下简称管委会），代表政府行使艺术区的管理职能。管委会实行的是双重领导：北京电子控股集团是798厂资产的所有者，也是管委会的上级主管单位；北京朝阳区宣传部则侧重在艺术品的思想内容上给予指导。北京市政府为扶持 798 艺术区提供了资金支持。北京在扶持创意产业园区发展方面主要有两方面资金来源：一是由北京市宣传部主抓的文化创意产业园区建设扶持资金，每年有 5 亿元；二是由北京市发改委主抓的集聚区发展资金，每年有 3.5 亿元。798 艺术区管委会从这两项资金中先后获得超过 1 亿元的资金支持，主要用于艺术区基础设施的改善。

2006 年以前，798 艺术区的焦点问题是要不要建艺术区，艺术家要不要从艺术区迁走。2006 年以后，798 艺术区如何发展成为首要问题。

二　798 艺术区的魅力

798 艺术区为何受到国际舆论的高度评价？我国公众为何喜爱 798？北京市为什么要把 798 艺术区列入重点扶持的 10 大文化创意产业园区？一言以蔽之，798 艺术区的魅力究竟在哪里？这是一个饶有趣味、极富深意却又很难说清的问题。根据笔者对文化产业的研究和多年关注 798 艺术区的体会，主要有以下几方面原因。

（一）艺术家集聚的成功范例

798 艺术区之所以成为学界热中谈论的话题，一个重要原因是其提供了一个艺术家集聚的成功范例。工业企业的集聚国外有成熟的理论，有大量成功的例证，其可行性已经不言自明。艺术生产能不能采取集聚的方式来提高效益？传统文化理论认为，艺术生产是与规模化的工业生产完全不同的另一种生产，其基本特点是独创式的、个性化的生产。因此，艺术集聚是不可行的。798 艺术区的出现却证明，艺术生产就其单个的产品生产无疑是个性化的，但其艺术价值和经济、社会效益的实现则可以采取集聚的方式。在现代社会，艺术生产、销售的集聚化成为艺术价值实现的最佳途径之一。尽管这一点在发达国家已经得到证实，如20 世纪六七十年代美国纽约 SOHU 区的出现，798 艺术区则提供了第一个中国式的成功版本。

798 艺术区使用面积达 12.5 万平米，被认为是世界上最大的艺术区之一。798 艺术区聚集着包括从事绘画、雕塑、环境设计、摄影、精品家居设计、服装设计、装饰艺术、手工艺术、展示室、表演等行业众多的艺术机构。从 2002 年开始，798 艺术区快速发展。据不完全统计，截止到 2005 年 3 月，已有 103 家机构进入 798 艺术区，主要包含创作展示和交流、设计两大类。到 2007 年，798 厂有以创作展示和交流类、设计类两大类为主的机构近 400 家。其中以绘画类艺术工作室数量最多，各类艺术家有 300 多人。具体分布见下表：

798 艺术区 2005 年、2007 年各类机构统计　　　单位：家数

年份	各类机构总数	创作、展示、交流类	设计类	影视传媒	传播发行、书店、餐饮酒吧
2005	103	59	29		
2007	400	200	100	40	30

注：创作、展示、交流类主要包括画廊、工作室、展演设施等；设计类主要包括家具、服装、工艺品、广告等设计。2007 年数据由 798 艺术区管委会提供。

各种艺术门类集聚在一起，加速了艺术信息的传播，有助于相互影响、相互借鉴；同时，不同艺术门类的集聚能起到"场域"的效应，对媒体和观众有更大的影响力，这是单个艺术家或艺术品难以做到的。由于798艺术区成功的示范效应，2004年以后，我国一些中心城市先后出现了建设艺术区的热潮。

（二）民间化的艺术展示空间

在798艺术区形成的早期阶段，这里既是艺术家工作室，又是艺术品销售地。艺术的生产、加工、销售一条龙，画廊、艺术机构是卖场，工作室则是艺术品的生产车间，形成了"前店后厂"的格局。随着798艺术区知名度的提高，人流的增加，艺术家们大多迁移到周边更为安静的地方从事创作，798艺术区已经转化为以艺术展示为主要特色的场所，作为民间艺术展示场所，798艺术区有许多政府所属的美术馆无法比拟的优势：

一是进入门槛低。国内政府所属的国有美术馆在展示条件、艺术家进入门槛和行政审批等方面有种种要求，许多知名度不高或思想内容与主流意识形态不合拍的当代艺术作品难有机会展示自己的作品。798艺术区的自由度则要大得多，艺术家只要交纳房租即可入驻和展示。

二是可供展示的空间大。798艺术区有众多高大宽敞的厂房可供利用，适宜展示各种类型的艺术作品，不受时间和空间的限制。

三是开放性。政府所属的美术馆艺术展示活动一般都要收取门票，在798艺术区，观众一般无需购票即可参观。这使得798艺术区与公众有更大的亲密度。

四是配套设施全。798艺术区休闲、餐饮一应俱全，能满足游客的各种要求。上述原因使798艺术区既是商业性的艺术展示空间，也在很大程度上扮演了民间公共艺术机构的角色，这是798艺术区产生影响的重要原因之一。

北京奥运会期间，瑞士代表团就选择在798艺术区举行新闻发布会。798艺术区作为艺术展示空间的知名度由此可见一斑。

（三）新潮、前卫、独创的当代艺术

据粗略统计，798艺术区艺术家中大约有30%是国外艺术家，30%是持有外国护照的中国艺术家，另有30%是国内知名艺术家，798艺术区艺术品的主要买主是国外买家。上述因素使得798艺术区无论是绘画、雕塑、摄影还是服装设计、广告设计、家具设计等都鲜明地体现出新潮、独创和前卫的特点，艺术水准较高，艺术表现内容和风格多样。也有一些艺术品反叛的倾向较浓，但表现内容严肃，一般也较为节制，因此不仅公众能认可，政府也基本能接受。798艺术区展示的艺术品在很大程度上反映了当代中国现代艺术发展的状况。

798艺术区被很多人视为中国思想开放的一个窗口。在国（境）外许多人士眼中，中国内地对思想和艺术内容管制严格，而798艺术区有不少艺术品与主流意识形态不合拍，明显属于另类，这些艺术作品在中国首都仍然有生存空间，对此，他们对798艺术区的出现既感到很兴奋，也对中国政府允许798艺术区的存在感到困惑。一位来自中国台湾地区的游客就说："大陆印象的反差性，令人震惊。"① 此外，由于居住在798艺术区的艺

---

① 王维佳等：《798艺术区调研报告》，北京旅游局信息网。

术家来自世界各地，来 798 艺术区参观的境外游客很多，因此，无论是从展示国家文化形象，还是推动中外文化艺术交流角度来看，798 艺术区都提供了一个极为难得的平台。

（四）在公众中有很高的认同度

798 艺术区在北京市民中也有很高的认同度。2004 年北京建筑文化周中，通过网上调查方式评选北京十大建筑文化。网民选出的前三名分别是后海、三里屯、798 艺术区。798 艺术区已经成为北京城市文化形象的一张名片。

2005 年，北京市旅游局做了一项有关 798 艺术区的调查。接受调查的人在谈到对 798 艺术区价值的感受时，回答类似于"开拓了眼界，感受了多种文化"的，大约占 56.9%。回答类似于"欣赏、感受到了艺术氛围"的约占 28.8%。其他的还有"可以学习交流经验，学习艺术知识"、"内容新鲜"、"展出的东西好"等内容。一位法国人说，通过访问 798，"可以了解到中国文化艺术的内涵"。①

随着 798 艺术区影响力越来越大，近年来，到 798 艺术区参观、访问、观摩、学习、交流、购买艺术品的机构和观众越来越多。北京旅游局曾做过抽样调查，到 798 参观的人数，2004 年约有 45 万人次，2005 年有超过 50 万以上的人次，据北京朝阳区宣传部负责人向笔者介绍，2006 年参观的游客达到了 100 万人次，2007 年达到了 150 万人次。其中，境外来访者和国内来访者的比例大约是 4∶6。据朝阳区宣传部提供的数据，目前，到 798 艺术

---

① 同上。

区参观的外国人已经超过赴故宫参观的人数。北京奥运会期间，798 艺术区也成为接待各地游客的一个重要旅游目的地。

（五）老城区改造的有效途径

我国已经进入城市化加速发展的时期。在城市化过程中，一个突出问题是如何看待老城区、老厂房等历史建筑。改革开放初期，人们认为新的就是好的。许多城市在城市改造中，许多老城区、老厂房被拆除。若干年以后，人们回过头来发现，这些历史建筑是一个时代的记录，是一座城市的记忆，是城市历史和城市文化的载体，其价值无论怎么估价都不为过，对当年轻率的举动痛心不已，因此重视建筑遗产的保护越来越成为人们的共识。但是，如果仅仅把历史建筑保护起来又过于简单，而且维护成本极高。如何在老城区、老厂房中注入现代内容，使历史建筑发挥更大的效用就成为一个问题。798 艺术区提供了用艺术改造老厂房的范本。通过艺术家的进驻，既保护了老厂房的历史原貌，又注入了现代艺术内涵，这也为中国城市改造提供了一条极具启发意义的途径。

三 生存问题解决后，艺术区如何发展仍困扰着艺术家、业主和地方政府

许多人曾乐观的认为，北京市政府把 798 艺术区作为重点扶持的文化创意产业园区之后，一定会迎来艺术区大发展的时期。遗憾的是，实际情形远非如此。艺术家与业主的矛盾依然存在，

在一些方面矛盾还有激化趋势。艺术区如何发展仍深深困扰着艺术家、业主和地方政府。

（一）艺术区应该采取什么样的管理模式

目前，798 艺术区管委会组成人员主要是七星集团抽调过来的，可以称之为业主管理模式。2006 年 3 月，798 艺术区管委会成立以后做了许多有益的工作。由于 798 艺术区是艺术家自发的集聚，因此公共设施投入严重不足。比如，艺术区内道路破旧，厕所等卫生条件很差，其他服务设施也跟不上。管委会利用北京市提供的扶持资金，对 798 艺术区的环境进行了整治，包括整修了道路，改善了卫生条件，建立了 24 小时自助银行，提供了工商、税务等一站式服务等。管委会在改善公共基础设施方面所做的工作得到了多数艺术家的肯定。尽管如此，管委会成立两年来，艺术家对管委会的评价总体来说是否定多于肯定。2008 年 6 月 20 日，北京《新京报》发表一篇该报记者采写的文章，题目叫《798 被指管理混乱》，这篇文章就较为集中地反映了 798 艺术家对管委会的不满。不仅是《新京报》，2008 年以来，《瞭望东方周刊》、《北京青年报》等多家媒体通过对 798 艺术区艺术家的访谈，对 798 艺术区的发展思路和管理状况均提出了尖锐的批评。① 集中起来，主要有以下看法：

1. 管理水平低

许多艺术家认为，管委会组成人员主要是七星集团抽调过来

---

① 参见《798 艺术区被指管理混乱》（《新京报》2008 年 6 月 20 日，C21 版）、《798 艺术园区的改造故事》（《瞭望东方周刊》2008 年 7 月）、《"北京 798"—个词条的诞生》（《北京青年报》2007 年 7 月 27 日，B6 版）。

的，这些人员既缺乏具有国际视野的先进的管理理念，也缺乏管理经验，更缺乏艺术方面的专业知识，艺术区管理有很多不到位的地方。比如：其一，效率低下。整修一条并不长的路段，七个月还没有修好。重复建设的情况也时有发生，有些垃圾多年没有人清理等。其二，管理缺乏规范。出租车有时让进，有时又不让进。其三，对艺术家和艺术机构缺乏应有的尊重。艺术区名声在外，外地政府官员来参观的很多。798艺术区里的展厅一般不收费，但其中最大的展馆尤伦斯艺术中心是要收费的。管委会带客人参观从来不付费；尤伦斯艺术中心开放时间是上午10点钟。但凡有官员来参观，管委会就要求尤伦斯艺术中心提前开放，尤伦斯艺术中心对此很不满意。其四，乱收费。一些艺术家认为，艺术家租借的厂房、水管等维修应该是管委会的事情。但在厂房维修时，管委会一方面拿了北京市提供的扶持资金，另一方面还要租借的艺术家出厂房的维修费用，实际上是两边拿好处。如此等等。

2. 追求短期经济效应

目前，管委会与居住在798艺术区的艺术家多数实行的是一年一签租约合同的方式。租金每年都在涨，而且让不让艺术家们续租，决定权在管委会。对此，艺术家意见很大。艺术家郝光在798艺术区居住了五年，他对此的看法具有代表性。他认为：其一，房租涨不涨、涨多少，应该根据物价指数来确定，不能由管委会单方面决定；其二，一年一签合同迫使艺术家追求短期效应，不利于艺术区的长远发展。有艺术家认为，如果2008年下半年租金继续涨价，很有可能引发艺术家们的激烈反应。

3. 发展思路过于商业化

一些艺术家认为，管委会对798艺术区的整修常常违反艺术规律，随意性很大，破坏了艺术氛围。比如，798 艺术区内有许多旧管道，这些旧管道是 798 艺术区历史感的重要标志。管委会在对艺术区进行整治时，用铝合金将这些旧管道包裹起来，虽然看上去整治一新，但却失去了原有的韵味。

4. 既是裁判员，又是运动员

在管委会成立以前，艺术区举办的重要的艺术活动都是由艺术家发起和组织的。管委会成立以后，艺术区几乎所有重要的文化活动，管委会都是主办单位，组委会主任也是由管委会主任担任。管委会成立了 798 文化创意产业投资股份有限公司负责艺术区的经营活动，公司人员与管委会基本上是一套人马两块牌子。798 艺术区管委会既代行行政管理职能，又从事经营活动，裁判员、运动员兼于一身，明显是不平等竞争。由于管委会直接主导艺术区的重要艺术活动，使得民间艺术活动空间受到极大挤压，艺术区的民间色彩也逐步褪色。

对各种批评意见，798 艺术区管委会则另有看法。798 建设管理办公室主任陈勇利认为，问题并没有艺术家们所说的那么严重，一些艺术机构、艺术家有误解。实际上，管委会十分重视、尊重艺术家的意见，管委会在吸收艺术家们的意见方面也采取了一些措施，如成立了专家委员会，正在筹备成立发展促进会，计划成立艺术家驿站，等。有管委会负责人跟笔者谈到，目前存在的针对 798 艺术区的各种抱怨，主要是因为有不同的利益诉求。艺术机构、艺术家希望降低经营成本，观众希望免收门票、希望商业设施提供各种便利和服务条件，等等，这些不同的利益要求很难协调。同时，艺术家个性较强，考虑问题往往理想化、感情化。如有个别艺术机构天天找管委会闹事，提出一些不合理的要求。

总之，艺术家与管委会对 798 艺术区的现状各执一词，莫衷一是。这也证明，798 艺术区管委会与被管理者之间存在着比较尖锐的矛盾。

（二）评估艺术区价值的主要标准是什么

笔者在对 798 艺术区进行调研时，管委会负责人坦言，对管委会来说一个很大的困惑是：艺术区追求的是什么？是追求 GDP，还是无形资产？

管委会的困惑主要是因为地方政府有两种声音：一种是看重 798 艺术区的经济效益。上级有些领导一谈起 798 艺术区就询问 GDP 增长率如何，解决就业如何；同时，管委会隶属于企业，追求经济效益是企业的天然职责，这些因素都使得管委会习惯于从经济效益评判艺术区的价值。2007 年，798 艺术区管委会一位负责人在一次会议上就这样介绍 798 艺术区的价值：每年厂区的直接收益仅 3000 多万元，而整个文化产业创造的价值则在 3 亿左右，可见艺术区的价值。

另一种观点则认为，应该重视 798 艺术区的综合效益。艺术区最大的价值不是直接创造多少经济效益，而是为城市提供了不可替代的无形资产，为城市创造了品牌。其辐射效应和引擎作用要大大超过其创造的直接价值。比如，在 798 艺术区周边形成了一个"泛 798"的氛围，包括周边的饭店、地价、人文环境等都因为 798 艺术区的存在而大大增值，"紧邻 798"成为周边最常见的广告词。798 艺术区对提升北京市城市品牌的效应更是很难用数字来衡量的。

由于评估艺术区价值的主要标准尚未形成共识，798 艺术区发展思路现在还不是很明确。在 798 艺术区，公众明显可以感受到商业化的气息似乎越来越浓，行政行为也越来越明显。

（三）发展模式之争：仿效纽约 SOHO 区，还是保持艺术区的原有特色

是走美国纽约 SOHU 区的发展模式还是另辟蹊径根本来说就是要商业还是要艺术。这是从 798 艺术区出现以后就一直争论的一个话题。

商业与艺术总是有难以调和的矛盾。有艺术气息的地方就有人流，有人流的地方商业就紧随其后，商业占据主导地位后，艺术家就被挤走，这是一条规律，纽约 SOHO 区就是一例。SOHO 区曾经是一片废弃的厂房，因房租低廉，一批艺术家租用了这个地方。艺术家的进驻使 SOHO 区知名度大大提高，于是吸引了一批著名品牌商店进入；品牌商店的进入推动当地租金不断上涨；不断上涨的租金反过来又使艺术家和画廊难以承受昂贵的租金被迫搬出，画廊让位于财大气粗的品牌店。现在的纽约 SOHO 区已经变成一个高档的时尚之地，艺术气息已经很少了。SOHO 区反映了一个规律，即艺术区往往走过一个艺术区形成—商业化—房租飞涨—艺术家迁走的循环。目前，798 艺术区也面临类似的情形。从 1997 年至今，798 艺术区的租金一路攀升，从 0.3 元/天到现在的 5 元/天，甚至更多。像尤伦斯当代艺术中心这样大面积租户每年光租金就要支付 800 万人民币。大的艺术机构经济实力雄厚，小的艺术机构经济承受能力就要差很多，不少早期来这里的艺术家因种种原因已经迁往其他地方。对 798 艺术区来说，大的艺术机构、商业机构（如耐克公司）能为 798 艺术区带来知

名度，但艺术活力和人气则主要是靠大量的中小艺术机构来支撑的。各种艺术展览、丰富多样的活动往往是由中小艺术机构筹办和提供的，如果中小艺术机构大批撤离将严重影响798艺术区的人气，对艺术区未来发展产生不利影响。

目前，管委会的上级单位——北京电子控股集团就有领导倾向于认为，798艺术区不能走SOHO区的路子。避免走SOHO区的路子就要适当限制大机构，保持相当数量的小的艺术机构。但这又要求艺术区将房租控制在艺术家可以接受的范围内，这是一个矛盾。在这个问题上，管理层并没有真正形成共识，自然也就谈不上拿出一个切实可行的方案。

（四）如何管理艺术内容

对管委会来说，在艺术区管理方面一个棘手的问题是如何对艺术内容进行规范管理。798艺术在内容上的一个显著特点就是有些艺术品与主流意识不合拍，有些另类。这在798艺术区早期的艺术品中十分明显。798艺术区的一位展览策划人费大为这样谈道："在80年代的前卫艺术运动中，好像一切反传统的都是好的，都是有艺术价值的，艺术的价值取决于艺术家的'革命'立场。"进入21世纪以后，这种倾向明显减弱。大致的规律是，艺术家在还没有成名的时候往往采取另类的方式表达自己的观念和情感，以求吸引外界注意；一旦成名大都较为谨慎，不愿自找麻烦。但偏激的内容也时有出现。比如，讽刺以前的国家领导人、表达政府不能接受的政治倾向等。作为798艺术区的管委会，对上述现象不能不管。但管理起来难度又很大。因为798艺术区的艺术家中外国人很多，中国艺术家中有国际背景的也很多。这些人往往会提出，为什么我不能表达这个内容？你禁止我表达这样的内容在法律上有什么依据？由于我国目前在艺术内容的管理上法律法规还很不健全，管委会往往十分为难。只有采取劝告、游说的方式。如果艺术家不听劝告，固执己见，就只好在来年签订续租合同时取消续租，以此来制约艺术家。这种做法对管委会来说是不得已而为之的做法，但也是目前唯一对艺术家有约束力的方式。因此，如何尽快制定规范艺术内容管理的法律法规十分迫切。

798 艺术区在荣耀的光环下也存在着许多隐忧，这些隐忧如不能妥善解决将严重制约艺术区的未来发展。应该看到，798 艺术区所存在的问题具有普遍性，因此，探讨解决问题的路径对促进我国艺术园区的发展也有借鉴意义。

四　未来发展的路径选择

艺术区建设在我国是一个新事物。艺术园区与科技园区有很大的不同，如何管理好艺术园区，保证其健康发展是一个迫切需要解决得问题。

（一）开放的态度

对 798 艺术区的评价一直存在着争议。从实践来看，艺术区形成至今，总体来说正面效应大大高于负面效应。现在，798 艺术区成为我国坚持改革开放的一个重要的风向标，比如，法国

《问题》周刊就刊登了名为《新北京已经来临》的文章，认为798 的出现是中国正在苏醒的标志之一。不可否认，一些国外艺术机构支持 798 艺术区也包含着试图改变中国思想和艺术环境的意图。但无论是何种情况，只要不违背中国法律法规，只要有利于提升我国的国际形象，只要有利于促进中国艺术的多元发展，我们就应该持积极的态度。持开放的态度对待 798 艺术区，乃至其他艺术区，是保证艺术区发展的关键。

（二）提高 798 艺术区的管理层级

798 艺术区是一个具有世界影响的艺术区，是展示中国改革开放形象的一个重要窗口，其发展状况关乎国家形象。而且，798 艺术区艺术家来自世界各地，层次很高，与国际社会有广泛的联系，是一个既十分重要，也比较敏感的地方。对此，北京市政府明显认识不到位，由七星集团组建管委会对 798 艺术区进行管理，与 798 艺术区的影响力严重不相称。因此，应提高 798 艺术区的管理层级，选择由丰富管理经验、层级较高的公务员和知名专家学者等组成管委会。管委会直接对北京市政府负责。这样做，一是有利于提高管理水平，二是提高决策能力，三是显示政府对 798 艺术区的重视，有利于获得良好的国际形象。

（三）探索艺术家自治式的管理模式

798 艺术区管委会既是业主，又代行政府管理职能，这种管理模式有很大的弊端。国内其他城市由物业公司管理艺术区的也有同样的问题。杭州 LOFT49 艺术区就是一例。因艺术家和画廊对艺术区经济效益的贡献较少，杭州 LOFT49 艺术区吸收了许多其他类型的公司，使该艺术区性质发生了很大变化，逐渐失去原有的功能。尽快改变上述状况的具体做法包括：其一，物业公司与管委会应彻底分家，承担各自的职责。其二，改变目前管委会既是裁判员，又是运动员的双重职能。管委会应退出文化市场运营的一切活动，将管委会定位在只行使公共管理职能上。其三，强化艺术区的自治性。根据 798 艺术区专业性强、艺术家聚集的特点，成立通过选举产生的艺术家协会（或理事会），由艺术家协会协商决定艺术区管理和发展的重大事宜，让艺术区自主管理，自主发展。[1] 管委会的职责主要是代表政府对艺术家协会运行进行监督，并拥有在重大问题上对艺术家协会形成的决议行使否决的权利。

（四）以法治区

对艺术区的管理应尽快走上规范化、法制化的轨道，其核心是公开透明、有章可循、增加可预期性。如：其一，在园区规划上，园区重大发展规划、重要拆迁、改造计划必须预先在园区内通报，广泛征求艺术家的意见，尽可能形成共识。切忌单方面或仓促行事。其二，在租房收费上，管委会应在与艺术家充分讨论的基础上，参照物价指数等标准，按照国际通行做法，结合国内情况，制定一个原则性的意见，使房屋租金涨跌有章可循。其三，在内容管理上，应根据我国宪法和有关法律法规，结合园区

---

① 目前，北京市政府对 798 艺术区最有效的支持主要在资金层面。但艺术家则认为，798 艺术区最不缺乏的就是资金。因为鉴于 798 艺术区的国际影响力，只要运营得当，获取资金并不困难，关键是管理体制要理顺。

特点，制定一个内容管理意见，明确艺术内容的底线。其四，每年至少发布一次园区发展报告，通报园区发展状况、政府对园区建设的设想、对园区年度重大事件的评估等，使艺术家明了政府园区发展的思路等。

（五）以品牌增值作为衡量艺术区经营状况的主要标准

地方政府应该转变观念，不能只看 GDP、只重视艺术生产创造的经济价值；应把提升艺术区的品牌价值作为衡量艺术区经营状况的主要目标和主要标准。可考虑建立艺术区经营状况评价体系，具体指标可包括：艺术机构数、艺术家数量、全年展览数量、艺术家满意度、全年来艺术区参观人数、游客满意度、艺术区品牌价值、年度文化产业产值、对提升所在地区的价值和作用等，委托第三方机构通过因子加权系数进行评估，作为上级机构考察 798 艺术区管理的重要依据，以促进 798 艺术区管理的规范化和科学化。

后记

本文完成大约三个月后，中国青年报刊登了一篇由该报记者撰写的文章，题目为《艺术家败退 798》（载该报 2008 年 11 月 5 日）。文章披露，艺术区艺术家郝光于 10 月 16 日在其博客上发表了题为《吁请北京市领导关注 798 的种种问题》的公开信，列举 798 管理者的"六宗罪"，对 798 艺术区的管理问题提出了严厉的批评。这再次说明，798 艺术区艺术家和管理者之间的矛盾在激化，也说明改善 798 艺术区的管理已经刻不容缓。

思考题

1. 艺术区应该采取什么样的管理模式？是采取艺术家自治式的管理模式，还是政府主导的管理模式，还是其他管理模式？

2. 如何评价艺术区的价值？

3. 如何对艺术作品的内容进行管理？

主要参考资料

1. 798 艺术区网站

2.《北京"798"当代艺术区面临"生死选择"》新华网，2004 年 12 月 22 日

3. 王维佳等：《798 艺术区调研报告》，北京旅游局信息网

4. 崔永福等：《大山子 798 厂艺术区调研报告》，《美术研究》2006 年第 5 期

5. 左林：《798——北京城市名片的由来》，《中国新闻周刊》2006 年第 2 期

6.《北京 798 从军工厂到艺术区》，《中国国家地理》2006 年第 7 期

7. 周文翰：《798 艺术区被指管理混乱》，《新京报》2008 年 6 月 20 日，C21 版

8. 刘芳、王菲宇：《798 艺术园区的改造故事》，《瞭望东方周刊》2008 年 7 月

9. 《〈北京798〉一个词条的诞生》,《北京青年报》2007 年
　　7 月 27 日,B6

10. 黄锐主编:《北京798》, 四川美术出版社 2008 年出版

宋庄：从画家村到原创艺术集聚区

孔建华

孔建华，北京市委宣传部文化产业改革发展办公室副主任宋庄是北京市通州区的一个镇，位于东长安街延长线，距离天安门广场24公里，镇域面积116平方公里。经过15年的培育和发展，宋庄聚集了上千个从事架上绘画的艺术家。艺术家聚集对宋庄的经济、社会和文化发展产生了重要影响。以宋庄镇小堡村经济发展和居民收入变化为例：艺术家租用村民住宅和工业区厂房，村民收入和集体收入均有提高；村落内兴办文化艺术机构，艺术产业迅速崛起；村落文化街规划引导兴办特色餐饮，形成特色餐饮一条街。与国内同期出现的其他"画家村"、"艺术村"相比，宋庄无论是在艺术家的集聚规模、艺术家的知名度、艺术作品的拍卖行情还是艺术产业的发达程度方面都处于前列。虽然现在和将来一段时期内部分村民与艺术家之间在售房问题上存有争议，但由于其比例较小（艺术家最集中的小堡村售租比例不足1/10），对宋庄地区艺术产业发展的负面影响可以控制在一定的范围之内。艺术集聚给宋庄的影响总体是积极的，它促进了宋庄原创艺术集聚区的培育和形成，成为推动地区经济、社会和文化发展的引擎。

小堡村党支部书记崔大柏（2007）指出，仅出租给艺术家民房一项，小堡村村民年均增收7600元，这一数字相当于新中国成立58年以来小堡村从事农业生产的人均收入，而发展艺术产业仅用四年的时间。笔者2005年11月至2006年5月曾在宋庄镇小堡村驻村观察半年，发现宋庄艺术产业发展对当地经济、社会和文化的影响程度日渐深入，艺术产业对新农村建设，特别是创造就业机会、提高村民收入、提升文化形象等方面作用显著。

从文化市场管理的角度看，艺术作品内容的监管问题在宋庄比较突出，这是由宋庄作品创作生产规模的量级决定的，我国艺术品市场管理及其立法滞后，宋庄也无从例外地呈现出一些新情况新问题，但这不是宋庄的特殊性问题，而是一个普遍性问题。由于宋庄集聚规模较大，因此在可预见的将来，艺术品的监管问题呈现的将是一个放大的趋势。

从文化经济研究角度看，宋庄艺术产业发展本身所植的农村社会环境的典型性和艺术家集聚的规模性，为研究艺术产业集聚和相关文化经济政策提供了重要的研究对象。宋庄对于中国文化产业发展的贡献，不仅仅是经济和社会层面的，也是文化层面的，不能仅仅把它作为一个提供简单的文化创意产品的地方和艺术创作生产的场所，或仅仅是一个日渐兴起的文化消费场所，重要的是它提供了一个特定类型的文化经济政策研究和投放的重要实验场所。在我国社会主义市场经济高速发展、民族国家文化自信普遍增强的背景下，研究宋庄艺术集聚现象具有重要的理论和实践价值。

一 宋庄艺术家群体结构分析

一个地区艺术产业发展的关键，是其对创意阶层的吸纳能力和水平。从1993年艺术家黄永玉第一个进驻宋庄，到2006年两百多个艺术家入驻宋庄，宋庄原创艺术集聚区的形成，经历了一个从自然到自觉的过程。艺术家作为宋庄创意阶层的重要组成部分，是宋庄发展文化创意产业和规划建设文化经济特区的核心资源和决定性的竞争优势。

（一）宋庄艺术家来源

宋庄艺术家主要来自中国内地和美国、法国、加拿大、英国、德国、瑞士、马来西亚、菲律宾等国家。据对1993—2006年682位宋庄艺术家来源地分析，国外艺术家11个，占1.61%；中国艺术家671个，占98.39%（见表1）。

表1　　　　宋庄682位艺术家来源地分布情况　　　单位：个

来源地	数量	来源地	数量	来源地	数量	来源地	数量	来源地	数量	来源地	数量
河北	87	四川	29	福建	16	广东	9	海南	3	法国	2
山东	64	湖北	27	天津	16	贵州	8	台湾地区	3	加拿大	2
北京	58	湖南	25	安徽	14	江西	6	重庆	2	英国	1
吉林	54	甘肃	21	广西	14	云南	5	香港	1	德国	1
辽宁	39	江苏	19	内蒙古	14	上海	4	澳门	1	瑞士	1

续表

来源地	数量	来源地	数量	来源地	数量	来源地	数量	来源地	数量	来源地	数量
黑龙江	38	山西	18	浙江	12	宁夏	3	西藏	0	马来西亚	1
陕西	30	河南	17	新疆	11	青海	3	美国	2	菲律宾	1

数据来源:《宋庄艺术家进驻时间表(1993—2006)》(不含来源地不详的21位艺术家)。

国外艺术家中欧洲艺术家占45.45%,美洲艺术家占36.36%,亚洲艺术家占18.18%。国内艺术家按地区分,华北地区193个,占28.76%;东北地区131个,占19.52%;华东地区135个,占20.12%。上述三个地区艺术家共459个,占68.40%,其他地区艺术家212个,占31.60%(见表2)。

表2　　　　宋庄671位中国艺术家行政区划分布情况

地　区	艺术家(个)	比重(%)
华　北	193	28.76
东　北	131	19.52
华　东	135	20.12
中　南	95	14.16
西　南	44	6.56
西　北	68	10.13
港澳台	5	0.75
总　计	671	100

数据来源:《宋庄艺术家进驻时间表(1993—2006)》(不含来源地不详的21个艺术家和11个国外艺术家)。

国内艺术家最多的10个省市是河北、山东、北京、吉林、辽宁、黑龙江、陕西、四川、湖北、湖南,共有艺术家451个,

占 66.13%。2004—2006 年，中国内地艺术家入驻宋庄最多的 15
个省市是河北、山东、吉林、辽宁、北京、黑龙江、四川、陕
西、甘肃、山西、福建、湖北、湖南、河南、天津。上述 15 省
市艺术家分别占 2004—2006 年入驻宋庄艺术家的 85.92%、
73.15%、76.28%，占此期间入驻宋庄艺术家总数的 77.16%。
其中，河北、山东、吉林、辽宁、北京、黑龙江六省市艺术家占
此期间入驻宋庄艺术家的 49.75%（见表 3）。

表3　　　2004—2006 年入驻宋庄艺术家排名前 15 位省市情况

单位：个

年份 省份	2004	2005	2006	合计
河　北	3	14	27	44
山　东	12	7	22	41
吉　林	10	11	14	35
辽　宁	6	5	19	30
北　京	4	7	13	24
黑龙江	5	5	12	22
四　川	4	6	9	19
陕　西	2	5	9	16
甘　肃	8	2	1	11
山　西	1	4	6	11
福　建	2	1	8	11
湖　北	2	3	5	10
湖　南		3	7	10
河　南	2	3	5	10
天　津		3	7	10
合　计	61	79	164	304

数据来源：《宋庄艺术家进驻时间表（1993—2006）》（部分）。

据对 1993—2006 年的 682 个艺术家性别构成分析，男性艺术家 557 个，占 81.67%，女性艺术家 125 个，占 18.33%。

（二）宋庄艺术家集聚进程

艺术家入驻宋庄，经历了从自然到自觉的历史过程（见表4）。

表4　　　　　　　　1993—2006 年艺术家入驻宋庄情况

年度	1993	1994	1995	1996	1997	1998	1999	2000	2001	2002	2003	2004	2005	2006	合计
小计（个）	1	15	20	18	13	32	30	48	38	35	59	71	108	215	703
比重（%）	0.14	2.13	2.84	2.56	1.85	4.55	4.27	6.83	5.41	4.98	8.39	10.10	15.36	30.58	100

数据来源：《宋庄艺术家进驻时间表（1993—2006）》。

1993—2002 年 10 年间，宋庄地区艺术家呈现自然增长态势，年平均入驻艺术家 25 个。其中，入驻艺术家最多的年份 2000 年为 48 个，其他 9 个年份均未超过 40 个。2003 年入驻艺术家首次突破 50 个，2003—2006 年年均入驻艺术家 113 个，是过去 10 年年均入驻艺术家的 4.5 倍。从 2002 年至 2006 年，入驻宋庄的艺术家年均增幅达到 57.43%。2005 年入驻宋庄的艺术家首次突破 100 个，2006 年入驻艺术家达到 215 个，呈现倍速增长（见图1）。

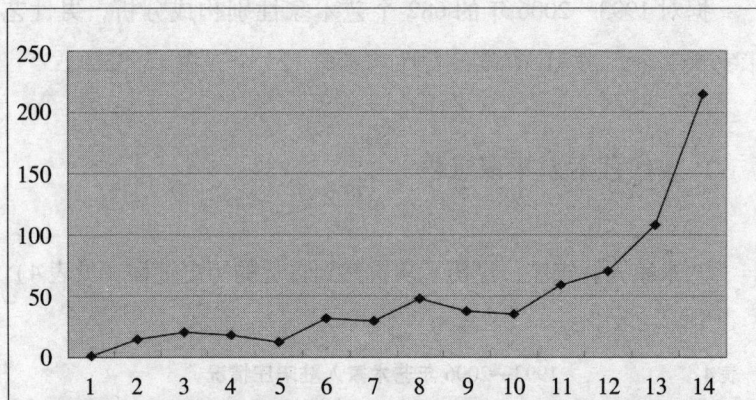

数据来源：《宋庄艺术家进驻时间表（1993—2006）》。1993—2006年14年间入驻宋庄艺术家增长趋势图（703个艺术家）

（三）宋庄艺术家聚居地理分布

据对宋庄703个艺术家分析，小堡村域艺术家375个，占53.34%；环绕小堡村域艺术家152个，占21.62%；外围层艺术家176个，占25.04%（见表5）。现在一般所称宋庄原创艺术集聚区，主要指小堡村域和环绕小堡村域，有艺术家527个，占74.96%。其中，营造或租用民居艺术家293个，占41.68%。知名艺术家方立钧、岳敏君、高惠君和评论家栗宪庭等居住在小堡村，对吸引艺术家入驻宋庄产生一定的心理和文化影响。从目前宋庄艺术家居住的27个聚居点来看，艺术家规模比重超过5%（35个）的聚居点有5个，分别是小堡村（41.68%）、小堡村画家大院（10.53%）、辛店村（9.10%）、大兴庄（6.83%）、任庄（6.40%），上述5个聚居点的艺术家524个，占艺术家总数的74.54%。宋庄艺术家主要集中在村落中，这是宋庄艺术家群落集聚的一个重要特征。

表5   宋庄艺术家聚居地理分布情况（703 个艺术家）

区　域	具体位置	数量 （个）	比重 （%）	合计 （个）	比重 （%）
核心区	小堡村	293	41.68		
	小堡村画家大院	74	10.53	375	53.34
	佰富苑环岛和东区艺术中心	8	1.14		
环绕区	瞳里	14	1.99		
	宋庄	17	2.42		
	大兴庄	48	6.83		
	大兴艺术空间	12	1.71	152	21.62
	喇嘛庄	28	3.98		
	艺术工厂区	29	4.13		
	徐辛庄	3	0.43		
	大庞村	1	0.14		
外围区	北寺	11	1.56		
	辛店村	64	9.10		
	任庄	45	6.40	176	25.04
	白庙村	17	2.42		
	其他	39	5.55		
合　计		703	100	703	100

数据来源:《现居住在宋庄的艺术家名单》。

　　从宋庄艺术家聚居情况看，截至 2006 年底，散居在自然村落中的艺术家占绝对比重，这一特征有别于国内和国外艺术家集聚区。宋庄艺术家与当地村民的生活已经很好地融合在一起，宋庄艺术家体现出与以往原创艺术家群体不同的一个特征，即由不断迁徙到趋于相对定居状态。这与宋庄地区宽容的社会环境、便利优越的地理位置、北京市作为艺术市场的中心所在地紧密关联。

二 宋庄原创艺术集聚区核心区小堡村美术馆、画廊和艺术家群落分析

近几年，小堡村文化艺术机构的兴办与艺术家的集聚出现倍增现象。据不完全统计，小堡村域美术馆、画廊和艺术家群落总建筑面积达到 16 万平方米，投资 2 亿元以上。[①]

（一）小堡村域美术馆

截至 2007 年底，小堡村域有宋庄美术馆、和静园美术馆等 13 家，小堡文化馆、宋庄艺会馆等艺术交流中心 5 个。其中，美术馆总面积 4.7 万多平方米，投资 8300 多万元。

13 个美术馆中，2006 年建成 4 个，2007 年建成 9 个。从投资主体看，村委会兴建 4 个，投资 3000 万元，占总投资额的 36.12%；村民兴建 2 个，投资 660 万元，占总投资额的 7.95%；吸引村外投资 4646 万元，占 55.94%（见表 6），美术馆的规划建设晚于画廊，村内和村外投资额大致相当。

① 本节原始数据取自小堡村村委会，李学来、王春光、曹英、张羽等在原始数据收集和整理过程中提供了重要帮助，特此感谢！表 7 至表 9 数据来源同此。

表6   小堡村域美术馆投资建设情况

投资主体	美术馆（个）	比重（%）	面积（平方米）	比重（%）	投资（万元）	比重（%）
村　　民	2	15.38	18300	38.52	660	7.95
村 委 会	4	30.77	17550	36.94	3000	36.12
村外投资	7	53.85	11660	24.54	4646	55.94
总　　计	13	100	47510	100	8306	100

数据来源：小堡村委会（投资数根据当地建设成本推算）。

从美术馆建筑面积看，平均面积 3654.62 平方米，最大面积 12300 平方米，最小面积 300 平方米，其中 1000 平方米及以下 5 个，1000—5000 平方米 4 个，5000 平方米以上 4 个。5 个艺术交流中心平均面积 312 平方米，最大面积 760 平方米，最小面积 100 平方米。

从美术馆地理位置看，艺术园区 6 个，村落中 3 个，文化街 2 个，工业区 2 个。其中，艺术园区美术馆面积达到 26630 平方米，占总面积的 56.05%，投资 6968 万元，占总投资额的 83.89%，显示政府的规划引导产生宏观调控作用。上述 13 个美术馆中，10 个为新建，3 个由过去的厂房转型改建。其中，新建美术馆面积 39510 平方米，占总面积的 83.16%，投资 5906 万元，占总投资的 71.11%。从经营主体看，小堡村村干部负责经营 3 个，村民经营 2 个，艺术家经营 6 个，职业经理人经营 2 个，美术馆经营以艺术家为主。

（二）小堡村域画廊

截至 2007 年底，小堡村有画廊 47 家，面积 11920 平方米，投资1196万元。2003年建成2家，2005年建成2家，2006年建成8家，2007年建成35家。从投资主体看，村民个人投资32家，村委会投资4家，村外投资11家，分别占总投资的69.11%、4.11%和26.67%（见表7），画廊投资以小堡村村民为主。

表7　　　　　　　　　小堡村域画廊投资建设情况

投资主体	画廊（个）	比重（%）	面积（平方米）	比重（%）	投资（万元）	比重（%）
村委会	4	8.51	497	4.17	50.5	4.22
村民个人	32	68.09	8238	69.11	826.5	69.11
村外投资	11	23.40	3185	26.72	319	26.67
总　计	47	100	11920	100	1196	100

从画廊建筑面积看，平均面积253.62平方米，最大面积1000平方米，最小面积15平方米，其中100平方米及以下15家，100平方米以上200平方米及以下11家，200平方米以上300平方米及以下9家，300平方米以上500平方米及以下7家，500平方米以上1000平方米及以下5家。

上述47家画廊中新建画廊43家，由过去厂房改建4家。从画廊地理分布看，村落中23家，文化街13家，艺术园区5家，工业区6家，画廊主要集中在村落和文化街。

（三）小堡村域艺术家群落（工作室）

截至2007年底，小堡村已建成和在建艺术家群落10个，总面积105060平方米，总投资10600万元。其中，2005年投入使用1个，2006年2个，2007年5个。10个艺术家群落中已完全建成群落4个，工作室148个；已投入使用群落4个，工作室148个，规划工作室250个；将投入使用群落2个，规划工作室180个。上述10个群落已租艺术家工作室296个，正在规划建设工作室430个。

10个艺术家群落中村委会投资建设2个，村民投资建设3个，村外投资5个，分别占总投资的10.38%、55%和34.62%（见表8）。工作室租金收入较为稳定，且逐年上涨，村民投资建设热情较高。

表8　　　　　　　　小堡村域艺术家群落投资建设情况

投资主体	群落（个）	面积（平方米）	比重（%）	投资（万元）	比重（%）
村外投资	5	33760	32.13	3670	34.62
村　民	3	58300	55.49	5830	55.00
村　委　会	2	13000	12.37	1100	10.38
总　　计	10	105060	100	10600	100

10个艺术家群落平均每个群落建筑面积10506平方米，最大面积35000平方米，最小面积3300平方米，其中5000平方米及以下3个，5000—10000平方米4个，10000平方米以上3个。

10个艺术家群落中规划新建2个，由厂房改建8个。其中，由厂房转型改建面积63060平方米，投资6600万元，建成投入使用工作室228个，规划工作室260个，占绝对比重（见表9）。

表9　　　　　　　小堡村域艺术家群落及工作室投资建设情况

类型	群落（个）	面积（平方米）	比重（%）	投资（万元）	比重（%）	工作室（个）	比重（%）	规划工作室（个）	比重（%）
转型	8	63060	60.02	6600	62.26	228	77.03	260	60.47
新建	2	42000	39.98	4000	37.74	68	22.97	170	39.53
总计	10	105060	100	10600	100	296	100	430	100

从 10 个艺术家群落地理分布看，村落中有 3 个，文化街 1 个，艺术园区 1 个，工业区 5 个。其中，村落和文化街有工作室 88 个，规划工作室 260 个；艺术园区和工业区有工作室 208 个，规划工作室 170 个。

（四）画材商店

伴随美术馆、画廊和艺术家群落（工作室）的兴建，围绕架上绘画所提供的画材商店等陆续开办。据不完全统计，截至 2007 年底，小堡村有画材商店 16 家，经营面积 2469 平方米。其中，画材商店平均面积 154.31 平方米，最大面积 600 平方米，最小面积 20 平方米，其中 100 平方米以上的有 10 家。

（五）艺术产业对小堡村经济发展和村民增收的影响

从目前看，艺术产业已对小堡村文化经济地理的空间重塑产生巨大影响。先期村民闲置房产得到充分利用，在艺术家入驻和艺术产业机构兴办的需求带动下，小堡村利用村域范围内的东六环取土坑废弃用地规划建设艺术园区，工业园区企业也将闲置厂房和收益较低的房产稍加改造转型发展文化创意产业。以艺术园区为例，园区占地1000多亩，2007年已建成艺术家工作室40多个，已入驻成名艺术家20多个。园区西区拟规划建设画廊13个、工作室100个，东区拟规划建设画廊25个、工作室80个。其中，2008年计划建成画廊12个，占地110亩。

艺术产业的发展与村域产业结构变化及农民人均收入增长呈正相关。从小堡村三次产业结构的变化来看，第一产业就业人员比重由1993年的96.16%持续降至2003年的36.86%，从2004年起，小堡村已经没有从事第一产业的就业人员，第三产业从业人员比重从2003年不足15%，增加到40%以上，并保持相对稳定的水平（见表10）。

表10　　　　1993—2007年小堡村三次产业就业人员情况

年份	第一产业从业人员（个）	第二三产业从业人员（个）	总就业人员（个）	第一产业就业人员比重(%)	第二三产业就业人员比重(%)	第二产业就业人员（个）	第二产业就业人员比重(%)	第三产业就业人员（个）	第三产业就业人员比重(%)
1993	702	28	730	96.16	3.84	22	3.01	6	0.82
1994	624	59	683	91.36	8.64	51	7.47	8	1.17
1995	610	74	684	89.18	10.82	50	7.31	24	3.51
1996	540	120	660	81.82	18.18	70	10.61	50	7.58
1997	455	221	676	67.31	32.69	160	23.67	61	9.02
1998	428	207	635	67.40	32.60	170	26.77	37	5.83
1999	405	244	649	62.40	37.60	198	30.51	46	7.09
2000	362	302	664	54.52	45.48	240	36.14	62	9.34
2001	327	342	669	48.88	51.12	280	41.85	62	9.27
2002	307	367	674	45.55	54.45	280	41.54	87	12.91

续表

年份	第一产业从业人员（个）	第二三产业从业人员（个）	总就业人员（个）	第一产业就业人员比重（%）	第二三产业就业人员比重（%）	第二产业就业人员（个）	第二产业就业人员比重（%）	第三产业就业人员（个）	第三产业就业人员比重（%）
2003	237	406	643	36.86	63.14	310	48.21	96	14.93
2004	0	657	657	0	100	380	57.84	277	42.16
2005	0	654	654	0	100	364	55.66	290	44.34
2006	0	667	667	0	100	380	56.97	277	41.53
2007	0	682	682	0	100	382	56.01	300	43.99

数据来源：小堡村村委会。

艺术产业的发展给小堡村带来显著经济收益。2002—2006年，小堡村年人均收入从 7992.9 元增加到 13607.1 元，年均增长 14.23%（见表 11）。村民收入由 2002 年人均不足 8000 元，到 2003 年首次突破万元大关，从 2003 年到 2006 年，平均年增1000 元。艺术家入驻规模的持续扩大，租金价格迅速蹿升，小堡村民收入预期进一步提高。

表 11　　　　　2002—2006 年小堡村年人均收入变化情况

年份	2002	2003	2004	2005	2006	年均增长（%）
人均年收入（元）	7992.9	10017.8	11719.5	12547.1	13607.1	14.23

数据来源：小堡村村委会。

据对小堡村村民住宅租金的个案分析，近几年房租价格以20%—30% 的速度递增。小堡村文化街一处 60 平方米的经营用房租金价格 2002—2007 年年均递增达到 31.95%（见表 12）。

表 12　　2002—2007 年小堡村某经营用房租金价格变化情况

年份 项目	2002	2003	2004	2005	2006	2007	年均增长 （%）
60 平方米的 经营用房（元）	5000	7000	10000	12000	15000	20000	31.95

数据来源：小堡村村委会。

艺术家集聚给小堡村带来的显著变化之一是餐饮业的迅速兴起。2003 年小堡村有餐饮场所 4 家，2007 年有餐饮场所 36 家，[①]形成特色餐饮一条街，并由数量扩张转向质量改善。36 家餐饮场所每年上缴工商管理费 3.2 万多元。在 36 家餐馆中，由本村村民兴办的仅 2 家。据对 36 家餐厅经营者原籍的分析，排前五位的是河北省、北京市、河南省、安徽省、黑龙江省（见表 13）。

表 13　　　　　　　　小堡村餐饮场所经营者情况　　　　　　单位：个

经营者原籍	数量	经营者原籍	数量	经营者原籍	数量
河北省	9	黑龙江省	4	山东省	1
北京市	5	甘肃省	3	山西省	1
河南省	5	湖北省	2	辽宁省	1
安徽省	4	四川省	1		

数据来源：小堡村村委会。

---

① 期间一度达到 47 家。

三 宋庄镇政府推进文化创意产业发展的主要做法、经验和启示

从 1993—2007 年宋庄艺术集聚的历史进程看，大致可分为两个阶段：一是自然形成阶段（1993—2002），二是自觉发展阶段（2003—2007）。与自然形成阶段相比，自觉发展阶段对宋庄地区经济和社会发展的影响更深更大。分析 2003 年以来入驻宋庄艺术家持续快速增长、村落餐饮业和艺术产业兴起的主导性诱因，宋庄镇党委和政府发挥了不可替代的重要作用。

（一）宋庄镇发展文化创意产业的主要做法

从小堡村的发展实践看，自 2004 年第一产业正式退出历史舞台。小堡村实际已经不是一个北方平原从事农业生产的传统村落，它站在城市化的门槛上，面临深刻的产业选择和转型。在这样的背景下，2004 年宋庄镇党委书记胡介报提出"文化造镇"的发展思路，这是根据宋庄地区产业结构调整的实际，利用地区具有的不可替代的战略资源——艺术家工作室集群和艺术产业发展作出的历史选择。在三年时间里，宋庄地区艺术家集聚呈现快速增长态势，美术馆、画廊等文化艺术机构纷纷创办，"中国宋庄"的知名度和影响力越来越大。面对新兴弱势产业，宋庄镇党委、政府承担起推动者的角色，保护和促进原创艺术，倾力营造适宜艺术产业发展的环境。

一是地方政府利用思想库研究论证和发布合理的文化经济发

展战略规划。宋庄镇政府明确将"文化造镇"的理念体现于其规划和政府行动中,并对未来几年的发展思路、工作目标、重点任务和保障措施作出明确约定。

二是在镇域范围内进行系统的文化经济发展的政府动员。宋庄镇政府将鼓励和支持发展文化创意产业的理念体现在地区国民经济和社会发展任务的推进落实中,注意在各种工作会议上反复宣讲北京市发展文化创意产业的政策精神和发展艺术产业的可行性,将之传达到镇域的每一个角落。自上而下广泛地思想动员,形成共同推动文化创意产业发展的宋庄共识。

三是通过创办大型艺术节庆活动实现宋庄文化品牌的营销和升级。宋庄镇 2005 年创办中国宋庄文化艺术节,每年一届,从 2007 年起纳入中国北京国际文化创意产业博览会。宋庄文化艺术节在开阔的村落中展开,形成具有村落特征、艺术特色,又不同于一般文化活动的人文景观。以第三届宋庄艺术节为例,根据小堡村村委会提供的数据,艺术节期间举办主题展 13 个、特色展 30 多个,参展艺术家近千人,艺术品交易额达到 1 亿元。2007 年宋庄创办低门槛的艺术集市,倡导现代艺术作品进入寻常百姓家,有 400 多个艺术家的作品进入艺术集市,现场成交额达到 500 万元。宋庄文化艺术节的学术交流和作品交易功能日渐凸显,显示了宋庄影响力的切实提升。

四是通过创办宋庄艺术促进会和宋庄文化创意产业发展有限公司服务艺术家、促进产业发展。宋庄艺术促进会是艺术家与政府双向沟通的重要渠道,艺术促进会反映艺术家的愿望和要求,并以良好的服务赢得艺术家和政府的认可。宋庄艺术促进会创办艺术网站和艺术家群落接待中心,使之成为宋庄面向世界的重要窗口。宋庄文化创意产业发展有限公司是政府推动地方文化创意产业发展的平台，在筹办艺术节、推进艺术项目落实等方面，发挥了重要作用。

　　五是积极规划文化创意产业园区和引进知名文化创意机构。2006 年正式规划建设宋庄原创艺术集聚区，并于当年得到市政府支持，成为北京市首批认定的 10 个文化创意产业集聚区之一。宋庄根据区域发展规划，引导和选择文化创意机构进驻宋庄，并提供有效的政府服务支持。从现阶段看，这一策略已经发挥了明显作用，北京市文化创意产业发展专项资金和北京市文化创意产业集聚区发展专项资金已经或即将对宋庄原创艺术集聚区项目给予资金支持。宋庄 2007 年引进的一家卡通企业已经出资 1 亿元启动园区规划前期建设项目。北京宋庄原创艺术集聚区投资开发有限公司已经正式组建，具体负责文化创意产业用地的前期一级整理。

　　六是实行积极干预以留住和吸引更多的艺术家。由于房租价格以每年 20% 的幅度上涨，2007 年小堡村村民代表大会讨论通过决议对村内出租房屋价格进行调控。具体包括：筹建总建筑

◀宋庄上上美术馆外景，由厂房改建而成，总面积 2 万平方米，是宋庄面积最大的美术馆

面积 10000 平方米的国防工事艺术区，可容纳 70 个艺术家，每平方米年租金 140 元，五年保持不变，转型企业出租房屋价格每平方米年租金不超过 200 元；成立流动人口管理办公室和村落闲置资产配置中心，为艺术家提供出租房屋信息来源。上述举措有助于稳定艺术家群体，使他们安心从事艺术创作。

（二）宋庄发展文化创意产业的经验与启示

宋庄原创艺术集聚区是自发形成的以艺术家工作室集群为主要特征、带动相关产业发展的集聚区。作为一个相对偏远的村镇，宋庄既没有大型文化创意企业，又没有庞大的文化消费人群，能够成为市级文化创意产业集聚区并得到市政府的直接支持，与地方党委、政府工作团队的远见和集体努力是分不开的。它的经验和启示主要有以下几点：

1. "顺势引导"是最好的政府管理

宋庄发展文化创意产业是水到渠成而非刻意谋求。它依托艺术家集聚宋庄的特点和需求，给予引导、规范和服务。地方政府根据艺术家和艺术产业发展的要求，配置公共资源和服务，有别于一般园区圈地建楼招商引资的模式。宋庄较好地规避了产业雷同现象，也走出了具有自己特色的文化创意产业发展道路。

2. "重镇现象"合乎当前北京实际

北京地区文化创意产业发展的一个重要特点是以特色村镇为主。大兴、怀柔、密云、平谷等区县也都不同程度地出现"重镇现象"。这一现象的出现，与镇作为一级地方政府的强势协调整合能力有关，也同文化创意产业项目的特性和量级有关。引导优化配置文化资源、指导文化特色明显的村镇选择适合自身特点的主导性文化创意行业，推行差别化发展战略，符合首都产业结构调整和经济发展方式转变的现实要求。

3. "竞争优势"是根本的战略选择

北京文化创意产业的发展，宜立足于全球，积极参与世界文化创意产业分工体系。一个地区文化创意产业的发展，要根据资源要素禀赋，选择最具竞争力的产业，以形成自己的比较优势和竞争优势。宋庄选择艺术产业作为文化创意产业的核心产业，就是基于宋庄原创艺术的国际性。在文化资源相对贫困的农村地区，当它因为偶然的因素自发形成具有核心竞争力的资源时，政府应当给予适当的配套支持，以加速集聚区规模的扩大，帮助提升这一决定性的竞争优势。

宋庄文化创意产业发展启示我们，在社会主义新农村建设的总体框架下，农村发展文化创意产业的问题应当引起足够的重视，使之成为农村经济、社会和文化发展的重要组成部分。2007年宋庄文化艺术节期间，村民仅提供劳务一项，人均增收1000元。发展文化创意产业，给农村居民带来的不仅仅是热闹，更是实实在在的收入的提高。从根本上说，就业机会的创造、村民收入的提高、村民生活的改善和环境的优化，是农村工作的重心和目标。

四 引导建设宋庄文化经济特区的若干建议

在全球化和信息技术迅猛发展的背景下，很难把宋庄仅仅视为远离城市生活中心区的一个普通村镇。今天的宋庄，国外艺术家和艺术机构频频造访，艺术交流活动日趋活跃，它已经成为中国与世界进行现代艺术交流的国际化场所。站在全球化的门槛上,宋庄比其他同类型的艺术区更大气、更深邃、更淳厚,它在原创艺术领域所展示的中国民族文化自信的精神表达也更加充分。作为一个承载中国现代艺术发展的重要集聚区,政府应当成为成熟的推动者,并在现代艺术作品的市场管理上,从公共利益出发,提出挑战,强化管理,使之纳入稳定、合理的社会秩序。本文即从推动宋庄原创艺术集聚区发展和谋求引导建设文化经济特区的角度提出建议。

1. 更新发展理念

集聚区的发展要旨是把握具有比较优势和竞争优势的文化经济资源,消除影响竞争优势发挥的不利因素,保持和扩大区域决定性的竞争优势。宋庄原创艺术集聚区的规划和建设要摆脱把宋庄定位为区县所属的一个普通村镇的意识,突破传统认识局限,建立一种大北京地区乃至全国和全球的宋庄意识,也即"中国宋庄"意识。从整体布局的大视野中规划设计集聚区发展,切忌盲目的投资建设行为,更不宜以文化创意产业项目的名义从事大规模的房地产开发。适时发布宋庄文化创意产业项目投资指南和宋庄艺术产业政策白皮书。

2. 合理调整规划

由于创意阶层和文化机构的集聚,使得宋庄镇定位和功能性质增添新的变数,原先规划的基础设施不能保障文化经济发展要求。自发集聚所带来的规划调整是必然的,政府需要及时结合实际调整规划并提供集聚区所需基础设施和公共服务平台。集聚区形成之后,政府需要进一步加强管理、优化结构、提升档次,与所在区域整体规划协调一致,以推动区域经济、社会和文化和谐发展。

3. 改善内容监管

由于创意个体和文化机构的特殊性，以及文化产品和服务的内容属性，原先小规模的简单文化产品的展示、传播和交易很大程度上在私人空间举行，私人作坊性质的场所因为客流的激增而转变为开放空间，形成文化展示和交流性质的场所，在这些场所举办的文化展示和交易活动日渐频繁，由过去从不被注意的私人空间转变为具有准公共性质的文化空间，政府就有义务进行监管，这是保护文化产品消费者权益的重要体现，是政府监管的重要职责所在。

4. 完善基础结构

宋庄原创艺术集聚区既要提供运输、电信、公共服务等一般园区建设所需要的效率基础结构，又要提供包括研发设施、风险投资、知识产权保护和宜居宜业的生活环境等创意基础结构。比较而言，效率基础结构不完备的集聚区的发展将是十分困难的，但是没有创新基础结构的保证，集聚区将没有任何前途。创新基础结构是保证集聚区发展的不可或缺的组成部分，这是集聚区与一般工业园区的重要区别。文化创意产业集聚区特别是文化经济特区的规划和建设，对创新基础结构提出了更高的要求，满足这种要求的深度很大程度上将决定集聚区的发展速度。作为艺术村的宋庄原创艺术集聚区将是一个内部拥有城市生活和工作的便利设施、外部保持田园生活风貌的区域。

5. 培育宽容氛围

创意可以通俗地理解为能够创造价值和财富的成熟的想法。宋庄原创艺术集聚区是工作室和文化机构的集聚，是创意的集聚，也是创意阶层的集聚。宽容的社会氛围有助于促进文化交流和沟通，吸引不同国家、地区和民族的有创造力的人才集聚。集

聚区的规划和基础设施建设应体现以人为中心。未来的宋庄文化
经济特区将是一个推动产生创意的地方,一个文化生产与文化消
费合一的地方,一个享受工作和生活的地方,一个文化经济政策
的实验场所。

6. 加强服务管理

集聚区自发形成的初级阶段,规模体量较小,与所在环境之
间的矛盾和冲突不明显。当核心文化资源要素的聚集达到一定规
模而将服务于该生产要素的相关产业服务和支撑机构卷入到集聚
区,形成相对完整的文化生产链条和具有生态性质的文化消费群
落的时候,市场本身难以解决由于文化经济迅速发展所提出的公
共资源的配置问题,政府管理机构的介入和专门的管理部门的组
建就显得十分必要(集聚区管理机构的性质是需要深入研究和探
讨的问题)。集聚区的管理应确立适应型的管理体制和运行机制,
并组建集聚区专门管理机构。集聚区的服务管理要从发展所面临
的问题导入,探索建立因需配套服务的管理方式。

五 结论

经过 15 年的培育发展,宋庄由一个普通村镇,成为在现代
艺术领域具有重要国际影响的辉煌而又朴素的中国艺术名镇。宋
庄艺术集聚现象不仅是一个经济现象,也是一个文化现象,即在
文化上更加自信的中国艺术家正在努力构建一个自己的艺术话语
系统。宋庄原创艺术集聚区是北京市政府支持和文化经济政策引
导的产物,是一个集文化生产和文化消费于一体的文化经济的生
态群落。规划建设以宋庄原创艺术集聚区为核心的"宋庄文化经

济特区"，具有重要的示范引导作用和重大的理论及实践价值。

今天的宋庄正站在一个十字路口。宋庄艺术集聚现象能否成为一道持续的人文景观，取决于地方政府能否适应挑战，继续担当高水平的推动者的角色。宋庄文化创意产业的发展宜将艺术产业作为宋庄地区主导性产业予以鼓励引导和支持发展，吸引更多的创意阶层和文化艺术机构入驻宋庄，持续保持和扩大决定性的竞争优势，化解艺术家生活创作所面临的矛盾和问题，为文化艺术机构提供周到良好的服务。在全民族文化自信普遍增强的社会背景下，我们有理由相信，当代宋庄艺术家、官员、村民和投资者完全有能力破解这道历史性的文化经济命题。从政府行动角度，本文认为现阶段宋庄原创艺术集聚区发展需要更新发展观念、合理调整规划、改善内容监管、完善基础结构、培育宽容氛围、加强服务管理。

本文也回应了两种偏见：一种是简单地认为文化创意产业在城市，农村不具备发展文化创意产业的条件。宋庄原创艺术集聚区发展的实践证明，农村也可以利用自己的文化资源优势，发展文化创意产业。另一种是片面地认为政府和现代艺术尖锐对立。宋庄地方政府和艺术家之间的良性互动表明，现代艺术与政府之间的"假想敌"思维是站不住的，政府是现代艺术的重要资助力量之一，也是重要的推动者。从宋庄艺术家作品风格来看，历经 15 年宋庄没有形成西方艺术集聚区所素见的画派，而是呈现出广泛的多样性，也正是这种多样性源源不断地为宋庄也为中国现代艺术提供养分。本文提出规划建设宋庄文化经济特区，是基于全球视野倡导参与全球文化创意产业分工体系、提升国家文化软实力，它是一项重要的探索和艰难的实验。

思考题

1. 农村地区如何利用特色文化资源发展文化创意产业?

2. 以单一文化产品创作和生产为主的村镇如何做大做强文化创意产业?

参考文献

1. 杨卫主编:《宋庄艺术 2006》,湖南美术出版社 2007 年版,第 14—22 页

2. 刘丽、张焕波:《北京文化创意产业集聚发展问题研究》,《中国农业大学学报(社会科学版)》2006 年第 3 期

3. 王缉慈:《创意产业集群的价值思考》,厉无畏、王如忠主编《创意产业——城市发展的新引擎》,上海社会科学院出版社 2005 年版,第 36—48 页

4. 孔建华:《北京宋庄原创艺术集聚区发展研究》,《北京社会科学》2007 年第 3 期

5. 孔建华:《北京文化创意产业集聚区发展研究》,《中国特色社会主义研究》2008 年第 2 期

深圳大芬村的油画传奇

吕露

吕露，深圳行政学院副教授

大芬村是深圳市龙岗区布吉街道下辖的一个村民小组，占地面积0.4平方公里，原住居民300多人。1989年香港画商进村租用民房招募学生和画工进行油画的临摹、收集和批量转销，由此将油画经营这一特殊产业带进了大芬村。随着越来越多的画家、画工进驻大芬村，"大芬油画"成了国内外知名的文化品牌。1998年，当地区镇两级政府开始规范、引导大芬油画市场，改造环境，加大宣传力度，把大芬油画村作为独特的文化产业品牌来打造。目前，居住于大芬村内的画家、画工多达5000人，各类门店近800家，其中多数经营油画。大芬油画村以艺术品复制为主业，附带有油画、国画、书法、工艺品、雕刻等原创和画框、颜料经营等配套产业。以大芬村为中心，辐射闽、粤、湘、赣及港澳地区的油画产业圈业已形成。大芬油画的销售市场以欧美及非洲为主，遍及全球，成为世界闻名的商品油画集散地。

一　大芬油画村发展情况

1989 年初夏的一天，一个中年男子在深圳关（深圳设立的特区二线关口）外的布吉镇大芬村走走停停，似乎在寻找什么。这儿远离市区，却又离关口不远；虽然有十几栋两三层高的新楼房，但村子里大多是客家风格的破旧房子。男子转悠了大半天，了解到这里的三百多村民以种田为主，平均年收入只有两百多元，他向村民提出要租房子画画。村民虽感惊疑，但还是以便宜的价格租给他一栋房子，而且是当时的大芬村村长刚建好的新房子。

中年男子带着 26 名画工住进了大芬村。这名男子是 1970 年从深圳蛇口偷渡到香港的广州知青，是早在 1981 年就进入内地办厂的"吃螃蟹者"，是后来被称为大芬油画村"教父"的人。他就是香港画商黄江。那个夏天，他为自己设在市区黄贝岭的画厂租金上涨、成本压力陡增而焦灼不安，正四处寻求租金低廉的场所以降低企业运作成本。租到大芬村的房子令他喜出望外，他和弟子由此掀开了大芬油画传奇的第一页。

（一）大芬油画的兴起：香港画商的不经意举动带动了一个产业

黄江的"画厂"到底画的是什么画？为什么他身边那些画画的人被称为"画工"而不是"画家"？大芬村民开始搞不懂黄江们弄的是啥名堂，好好的深圳市区不住，跑到这个只有一家小杂货店，连买个肉菜都不方便的穷村子，不顾蚊叮虫咬，没日没夜地挥舞画笔，他们到底在干什么？

他们是在制作油画行画。"行画"即临摹复制名画或模仿名作风格的作品，也称"商品画"。这种画缺乏原创性，并且是批量生产且价格低廉。黄江的独特之处在于把耗时耗工价高的艺术品纳入了流水作业的生产模式。客户送来图案样板，画工们只管照样临摹，这种方式被称为"来样加工"。当客户订购的数量较多时，便组织数十或数百名画工在一个作坊里同时作画，每人专画一部分，这样制作出来的油画，不仅符合大量复制必须高度统一的要求，还能做到高效率，熟手一天可复制十多幅凡·高的名画《向日葵》。因而，这种制作方式又被称为"油画生产流水线"。正是这样的"行画生产线"，使大芬村油画越做越大，造就了今日的产业规模。

开始几年，黄江是到香港拉订单，接到订单后就关门画画，画好后通过经纪人从香港转销到国外。由于所有的操作都是私下进行，操作过程比较隐秘，销量相对比较稳定。后来除了自己招徒制画，黄江还向周边地区发单收购，大芬村人气渐聚，油画制作的产业规模逐渐壮大。当时有香港画商每月定期到布吉镇收购油画，画家们到了那天就背着自己的作品，赶到画商的收购点排队卖画。集中生产、采购和外销一条龙体系的大芬油画村雏形逐渐形成。

开始时，画家、画工不多，没有形成规模，简陋的民房就成了画家的工作室和油画仓库。进入20世纪90年代，随着油画销售额的上升，那些跟着黄江画画的画工、画师相继走出师门，租用村里临街的房子开门设店，自己接单销售，另立山头做老板了。现在，大芬村许多店铺的老板还都是黄江当年的学生，这也是黄江被誉为"大芬油画第一人"的主要原因。

1992 年黄江成立了深圳市新世纪油画公司，把更多的时间用于拓展香港业务，订单也越来越多。那两年，曾同时聘用 2000 名画工赶货，常常出现十几个集装箱货车排队出关的壮观场面。

一开始就进入市场化运作的大芬油画，依托黄江和他的画工们打造的产供销体系，规模越做越大，吸引了数以千计的画师和画工到大芬安营扎寨。此时，大芬村油画需要拓展市场了。黄江凭着敏锐的眼光，依循市场规律，再次领头先行。他开始把接到的订单转派给别的画室、画厂做，把大多数学生变成他的代理，另外他还通过网络领单交货，变身画商经纪人。

大芬村油画这支产业大军，在黄江的带领下，起步就瞄准了国际市场。黄江清楚，他的画店生存不能仅靠便宜房租和低廉的劳动力成本，最终要靠市场销售。而"油画是外来品，市场还是在国外"①，黄江通常在香港接欧美画商的订单，回来派单生产后再经香港代理商转口进入欧美市场。② 大芬村紧邻深惠公路，方便人货进出香港。可以说，大芬村凭借天时地利直接打通了国际销售渠道，一开始就走上了一条以市场为主导的产业道路，这对我国刚起步的文化产业具有重要的标本意义。也正因此人们认为，黄江和他的新世纪油画公司，为大芬村的油画通往世界各地架起了一座桥梁，他是使大芬油画村走向海外市场的第一功臣。③

---

① 温友平：《大芬村的崛起》，海天出版社 2006 年版，第 20 页。
② 这种情况通常代理商要收取画价的 30% 作为佣金。
③ 温友平：《大芬村的崛起》，海天出版社 2006 年版，第 21 页。

（二）大芬油画的发展：政府适时介入为油画产业注入动力

1. 产业规模不断壮大

大芬油画村油画产业规模壮大主要体现在产业空间的扩张和市场主体的增加两个方面。现在的大芬油画村已经超越了地域上的含义，有很多企业把厂区设在大芬村之外的地方，如龙岗、坪地、坪山、惠州、中山等地，大芬油画村的影响力已经辐射到周边地区。为大芬油画村供画的画师、画工也散居在包括布吉街、长龙、新三村、水径、木棉湾、南岭村等周边社区。画家公寓和油画交易广场的建成并投入使用，使大芬油画村的核心经营区扩张到了布吉街道布沙路对面的油画交易广场、大芬卢浮宫、集艺源油画城与茂业书画交易中心，市场中心逐渐形成。

据 2007 年的统计，在 0.4 平方公里的大芬油画村内，聚集了三十多家骨干企业，775 家画廊、工作室以及经营工艺品、画框、画材等的门店。经营门店数量比上年同期增长 24%。775 家门店中，从事油画经营的有 582 家，从事国画、书法创作和销售的有 53 家，从事画框、颜料等相关配套产品经营的有 73 家，从事工艺、雕刻、刺绣、装饰、喷绘及书画培训的共有 67 家。

2. 交易额大幅度提升

随着大芬油画村知名度的提高，大芬油画村企业的年交易额也呈逐年快速递增态势。据统计，2003 年交易额约为 8000 万元，2004 年 1.4 亿元，2005 年 2.79 亿元，2006 年达到 3.43 亿元。2007 年文博会期间，大芬油画村交易额和投融资金额达 1.79 亿元，2008 年文博会交易额比 2007 年增长 30%。① 大芬油画村企

---

① 《南方日报》2008 年 5 月 19 日。

业在广交会上的成交额也在稳步提高，2005 年春秋两季广交会成交额为 300 万美元，2006 年达到了 650 万美元，2007 年春季广交会已有 2000 多万美元。

3. 配套设施更加完善

改善经商环境和加强配套硬件设施建设是当地市区政府扶持大芬油画村美术产业发展的重要举措。从 2004 年第一届文博会以来，区、街道对大芬油画村先后进行了四期改造，特别是 2006 年以来布沙路改造的完成，使大芬油画村的交通环境和村容村貌发生了质的变化。

在基础设施建设方面，建成了大芬美术馆、公共租赁住房（画家公寓）和油画交易广场。投入近 1 亿元建设的大芬美术馆，占地面积 11243.5 平方米，建筑面积 16866 平方米，已于 2007 年 5 月开馆使用，成为文博会的一大亮点。另两处重要基础设施是大芬油画村公共租赁住房（画家公寓）和油画交易广场。这是龙岗区为了改善大芬美术工作者的创作和生活环境，平抑大芬村及其周边上涨过快的房价，投入 8000 多万元兴建的项目。首期公共租赁住房占地 6500 平方米，总建筑面积 2.76 万平方米，一二层为 5000 平方米面积的油画交易广场展厅，三层以上有 268 套画家公寓。大芬油画交易广场占地达 2494 平方米。这些硬件设施大大改善了大芬油画村的经营环境，也使大芬油画村向建设重要国际油画交易中心的发展目标迈进了一大步。

此外，龙岗区还分别投入 497 万元和 200 万元建设大芬美术馆广场浮雕和咖啡休闲街。据统计，近些年政府在大芬村的投入已经达到 2 亿元人民币。

4. 市场拓展成果显著

随着大芬油画村美术产业"蛋糕"越做越大，寻找市场成为大芬油画村企业生存和发展的关键。在寻找市场"奶酪"的道路上，大芬油画村企业经历了"被动接单加工—自觉参会参展—主动出去设点"三个阶段。近年来，大芬油画村企业在走出去拓展国内和国外市场、延伸产业链条方面迈出了坚实步伐。

一是在国内市场积极寻找突破口。将突破目标选定为文化氛围浓厚、大众艺术修养相对较高的北京和上海。2007年，大芬卢浮宫与北京"集美家具世界"合作，在北京丰台区南四环路联合兴建"北京卢浮宫油画城"，该油画城占地面积5万平方米，现有20多家大芬油画村企业以统一的"大芬油画村"品牌入驻，经营面积6000多平方米，另有1万多平方米为画家公寓和工作室。该油画城设立原创画区、写实画区、装饰画区等不同风格的经营区域，出售的每幅画均粘贴条码，明码标价，形成超市型售卖基地。同年，大芬油画村的集艺源、银波和太阳山等三家实力较强的企业正式登陆上海滩，分别在卢湾区的太康路、徐汇区的文定路开设画廊和油画销售网点，经营面积共计1000多平方米。2008年4月达派恩在江苏周庄兴办油画大卖场，计划建成一个游客与画工、作品之间可以直接交流，通过洽谈、看样、下单、运输等活动完成交易的城市生活场所，其规模堪称目前中国同类市场之最，将于2008年年底前完成。①

二是走出国门积极拓展国外市场。继2006年到美国参加"大纽约中国文化艺术节"之后，2007年大芬村又组团到韩国、日本和澳大利亚，主要考察当地美术馆、油画街及特色文化项目，并与美术管理机构、经营机构进行洽谈和交流。2008年大芬原创油画到澳大利亚南威尔士州美术馆展出，大芬油画村企业参加了悉尼皇家复活节展览会。另外，大芬油画村还通过有关美

---

① 《苏州日报》2008年7月30日。

术机构与"俄罗斯圣彼得堡画家协会中心"达成了合作意向，2007 年 11 月，俄罗斯圣彼得堡画家原创作品到大芬油画村展出，2008 年 8 月，大芬的原创油画作品将到圣彼得堡画家协会中心展出，展览同时可进行交易。

5. 高素质人才队伍不断壮大

大芬油画村是以复制艺术品起家，但要实现产业升级和可持续发展，需要不断创新经营方式和生产创意产品。近年来为引进高水平的原创艺术家，市政府特批省级以上美术家协会会员 20 多人入户大芬，以扶持原创油画，引导大芬油画村企业开发自主知识产权产品。龙岗区还举办了两场考试，使 60 多位大芬油画村画工成功入户大芬。[①]

通过不断努力，目前大芬油画村拥有一支初具规模的原创画家队伍，创作了一批具有市场前景的原创油画作品，参加国内高级别美展亦捷报频传。如黄胜贤、谢非、何永兴、马英良等人的作品相继入选北京国际双年展、全国风情风景小幅油画作品展，并获中国美术家协会新人新作奖等。收藏家和市民普遍反映，大芬油画村原创作品水准与几年前相比有了很大提高，国内美术界也给予了充分肯定。

2004 年以来，大芬油画村相继被国家文化部、中国美术家协会、文化部文化产业司、中国创意产业年度大奖评选活动组委会、广东省版权局、广东省旅游局、深圳市文化体制改革与文化立市工作领导小组和深圳市知识产权局、深圳市版权局等单位命名、授牌为国家"文化产业示范基地"、"文化（美术）产业示范基地"、"2006 中国最佳创意产业园区"、"广东省版权兴业示范基地"、"广东人文历史类最美（乡村）旅游示范点"、"深圳

---

① 中共深圳市龙岗区委宣传部 2007 年 10 月资料。

市文化产业示范基地"、"深圳市版权兴业示范基地"和"龙岗八景之一·大芬飘彩"。2007 年 10 月，第二届"创意中国·和谐世界"北京文化创意产业国际论坛组委会授予大芬油画村"新锐 2007！最具品牌价值园区"称号；国家文化部授予大芬油画村"优秀出口文化产品和服务项目"奖。2008 年龙岗区政府工作报告提出，要把大芬油画村规划建设成龙岗区文化产业总部经济。

二　大芬油画村的特点

（一）市场拉动为主，政府推动为辅

大芬油画村是在商品油画生产市场国际分工的大背景下自发形成的。1997 年《羊城晚报》报道了《深圳有个画家村》，撩开了大芬油画村的神秘面纱。龙岗当地官员甚为惊讶，不敢相信这个眼皮底下的小村子竟然有生产高雅产品的巨大能量，当即决定把这一独特的文化现象当作新的经济增长点进行引导和培育。事实证明，在大芬油画村经过近十年发展，急需走上产业规模的时候，政府的适时介入，为这一产业更快更好地发展起到了推动作用。

1998 年起，大芬村所在的龙岗区及布吉镇两级政府领导多次到大芬村实地考察。"既要做好服务，又不能越位，在科学规划的基础上引导大芬油画产业向系统化发展"。这是大芬村所在的龙岗区和布吉镇两级政府考察后对大芬油画村发展的定位。

区镇政府首先对大芬村进行环境改造。当年的大芬村环境"脏、乱、差"：村民的自建楼房横七竖八，街巷因乱搭乱建多

为死胡同，路面残破，垃圾满地，污水横流。所以要改善环境得先拆除小院墙和乱搭建的房屋，疏通村内道路。开始村民不配合，政府派人多次进村入户做工作，并发动村干部和党员带头拆自家违章建筑，几个月后，村内的乱搭建彻底拆除了，街道变宽了，村民也感觉走出门来亮堂多了。接着区镇两级政府及大芬村共同投资，把村内的沙土路铺为彩色砖道，敞开的污水渠改造成了暗箱道，并在上面建起了具有南国风情的油画一条街。经过改造后的大芬村，不仅有助于交易市场的形成与扩大规模，且呈现出一种独具艺术特色的城市风格，吸引了众多的游人。

▶大芬油画村村口

　　龙岗区政府按照属地管理的原则，由布吉街道办负责大芬油画村的具体管理工作。① 区政府于 2005 年成立了隶属于布吉街道

① 《龙岗区全部撤镇改街道》："我市城市化跨出重要一步，镇一级建制成为历史，布吉等 9 街道昨挂牌，9 月上旬完成'村改居'。"见 2004 年 8 月 27 日《深圳特区报》。

办宣传部的大芬油画村管理办公室，配备了 5 名编制。管理办公室主要负责市场规范、产业推广、项目策划、人才引进及文博会的组织筹备工作。市区则从整体规划、硬件建设、资金扶持和优惠政策上对大芬油画村的发展给予支持。

（二）以画工临摹复制起步，加大画家原创力度

大芬油画村的产业队伍由画家、画师和画工组成。据统计，仅居住在大芬村的画师画工就达 5000 多人，加上周边布吉新三村、木棉湾、南岭等地的画师画工，保守估计也有 1 万人以上。因此，画师、画工是这支产业队伍的主体，而在大芬管理办登记在册的原创油画艺术家才 102 人（2007 年统计），显然画家只是这个塔式梯队顶端的极小部分。

大芬村一般都是家庭作坊式的画廊，小小的店铺里往往是一个师傅带五六个徒弟，据说学徒半年左右就可以出师。这半年每月学费约 300 元，学徒出师后可以自立门户或继续跟着师傅干。一位画廊老板透露，一幅开价百元左右的行画，画廊扣除装帧费用和顾客还价，大约能赚 10－20 元。像深圳集艺源油画公司这样的大规模行画制造企业，采取流水线生产方式仿制名画和制造行画，经济效益相当可观。

所以，油画复制艺术是大芬美术产业的主要支点，批量生产的商业油画占七到八成，而原创油画只有两至三成。2004 年首届文博会之后，越来越多的人听说了大芬，了解了大芬。但对于一些艺术品收藏者来说，大芬仍然是个不值得一去的地方。"都是行画，"一个慕名而去的藏家说，"价值近 4000 万美元的凡·高《向日葵》满街都是，只要 30 块，听说一个熟练画工一天就可以复制 10 幅以上。"许多大芬村的原创画家则表达了这样的观

点："我们不是想贬低行画，但如果从收藏价值而言，只有原创作品才有生命力。"他们一般不太愿意把自己的原创作品拿到普通画廊跟行画放在一起出售，因为两种画"混杂在一起无法体现原创画的价值"。

那么，大芬村又凭什么吸引原创画家呢？吸引力来自可观的人流量。画家都期望能够有个大平台更好地展示自己的作品。然而，对原创画家而言，其中不少人发现自己的画作没多少人理解，更别说购买了。于是部分原创画家不得不兼带画"行画"，"因为行画不用创作，画得快，也好销，可以维持生计"。也有一些画家因经济窘迫"沦为画工"，每天十多个小时站在流水线式的画布前制作行画。

"我们希望行画和原创画能实现双赢，"有画家表示，"政府也希望能有更多的原创画家到大芬来。"要提升大芬油画的艺术品位，树立大芬油画的艺术品牌，就必须在行画产业的基础上，大力发展原创作品。同时，随着大芬油画村的声誉日隆，市场对画的质量要求也更高了。有画家说："竞争会更激烈，弄不好就可能被淘汰，所以有空也得搞点创作。"更有画家表示，一旦经济问题得到缓解，就会全力投入到原创中去，"毕竟那才是艺术的正道"。

大芬油画村的行画与原创画作就这样在人们的争议中一路前行，其发展轨迹是否体现了产业经济发展的一般规律？即先以低成本优势介入国际产业分工，待有一定的产业基础后，遂谋求从低端到高端、从初级到高级的创新与发展。

（三）以油画批发、出口为主，相关产品零售、内销为辅

大芬油画村的产品成交方式主要有两种：一是承接油画、画

框生产订单，批发交易；二是油画、画框的日常零售。前者占了大芬油画村交易量的 80% 以上。批发接单主要是通过广交会、文博会等大型展会以及电子商务网络，零售业的交易主要依靠大芬油画村近 800 家门店的日常运作，主要客户是到大芬村参观旅游的人群。

大芬油画的市场遍及全球，80% 的油画产品出口到以欧洲、北美、中东、非洲、澳大利亚为主的海外市场。据统计，举办文博会前大芬村每年有 100 万张油画产量，创汇 3000 多万港币。2003 年油画销售额达 8000 万元人民币。2004 年文博会后大芬油画村油画及相关产业的产值为 1.5 亿元；2005 年即达 2.79 亿元，比上年增长了 86.2%，数量超过 600 万张，出口比重达到 90%，成为全国最大的油画生产基地。美国是大芬村油画最主要的终端市场，据美国海关统计，2004 年美国进口中国装饰油画就达 3050 万美元。按世界行画批发商麦克维达的调查，在占美国油画市场份额 60% 的中国油画中，"大芬油画"占了其中的 80%。

随着生活水平和欣赏水平的提高，我国室内装修风格也日趋多样。国内酒店的室内装饰采用油画、普通民宅美化选用油画渐成风尚。因此，内销在大芬油画销售比例中呈现逐年加大的趋势。

（四）以村内生产、深圳展销为主，外地收购、拓展为辅

大芬油画村的油画生产主要依托大芬村本地 30 多家企业、500 多家画廊、工作室及居住在村子周围的逾万名画师、画工。大芬每月的油画生产能力在 1 万张以上。除了销售本地生产的油画，大芬部分企业也从周边的厦门、莆田等商业油画基地购画

销售。

布吉街道在引导大芬油画村发展的过程中，把为大芬企业拓展国内外市场作为一项重要工作。他们以深圳文博会这个平台为主要阵地，做好"请进来"的功课，大力宣传大芬油画村，吸引世界各地的客户。政府还帮助大芬村"走出去"拓展业务，每年参加广交会、厦门国际油画交易会及各地的文博会、家居装饰等展会，在北京、上海、南宁等地开设分销机构，并组织企业到中东、美国、澳大利亚、俄罗斯等地考察、参展。

（五）社会效益与经济效益并重

当地政府积极推动产业发展、规范管理市场运作，是大芬油画村成功的一个重要因素。其特点是管理与服务并举，干预而不包干。从政府的角度看，大芬油画产业的社会效益远大于经济效益：首先它带动了周边相关产业，为社会提供了大量的就业机会。随着大芬油画产业的发展，外来人口已过万，相继带旺了邮政、餐饮、书店、娱乐等服务行业，大芬村从只有一家小杂货店的穷村子，已经变身为一个功能齐全的小城镇。成千上万的大芬画工，大多是来自广东省内及福建、江西、湖北等周边省份的农民、下岗工人和待业青年，其中还有部分残疾人，大芬村给他们提供了就业环境，大大增加了这些人改变命运、实现梦想的可能性。其次是美化了环境，提高了村民的文化素质。政府着力打造的大芬村欧陆风情引人入胜，生活在大芬村，满目经典名画，满街艺术行家，处处翰墨飘香。村民耳濡目染，于潜移默化中接受艺术熏陶。人们对大芬村村民温文尔雅、互敬互重的文明风貌无不留有深刻印象。

（六）文博会带来的跨越式发展

2004 年初，深圳市负责宣传文化工作的领导到大芬油画村调研，对大芬油画村油画产业发展的模式给予充分肯定，并确定将大芬油画村作为当年举办的首届深圳国际文化产业博览会的分会场。为了迎接文博会的召开，区镇两级政府邀请专业规划设计部门对大芬村进行规划设计：一是修建沿街画廊及包装民房外墙；二是铺设广场及改造道路。区镇村三级政府为此投资 1000 多万元，先后进行了空中电缆电线入地、沿街画廊门面装修、民居外墙装饰、肉菜市场迁移等工作，同时还投资 400 多万元，拆除了村口四栋影响景观的居民楼，建起了油画艺术广场，并在肉菜市场旧址建起了油画展厅。

在 2004 年首届深圳国际文化产业博览会上，大芬油画村成了最具吸引力的分会场，受到各级领导及多家媒体的广泛关注。文博会期间，中央、国家部委多位领导先后到大芬油画村视察，指示要进一步创造条件，把大芬油画村的油画产业做强做大。

文博会对提升大芬油画村的社会环境与艺术氛围具有极大的促进作用，带动大芬村油画产业加快发展。2007 年大芬美术馆和公共租赁住房建成并投入使用，不久龙岗区和布吉街道又加建了大芬美术馆广场浮雕墙。这座以高体积、强对比的形式再现西方美术史中世界名画艺术形象的浮雕墙，让大芬美术馆更添魅力。2008 年 5 月文博会期间，大芬分会场举办了第三届中国美术院校师生油画作品展、中国当代女画家油画作品展、第三届中国（大芬）美术产业发展论坛等 11 项活动，受到各界广泛关注。商品贸易方面也成绩喜人，成交额达 1.6 亿元人民币，比上年增加 30%。① 人们普遍认为，大芬油画村已形成产业规模，成为品牌。②

三　大芬油画村目前面临的主要问题

（一）产业发展的空间不足

随着大芬油画村知名度的提高，近年来，国内许多城市纷纷到大芬油画村参观学习，也有的地方按照"大芬模式"在当地规划和建立油画村（画家村），如广东珠海、中山，福建厦门，浙江义乌，四川成都，山东大尼，江苏周庄等地都建起了大大小小的画家村，有的地方还推出优惠政策到大芬油画村举办招商活动。大芬油画村感受到了市场竞争的压力。大芬油画村 0.4 平方公里的有限空间内，已聚集了 30 多家企业，近 800 家画廊、工作室和门店，而且随着美术产业的不断发展，画材、快递、货运、设计、银行等配套行业的纷纷进入，空间更显拥挤，有限的地域空间成为制约大芬油画产业做大的主要瓶颈。此外，零散分布、各自为政的产业格局也阻碍了大芬油画村的发展。有人提出

---

① 中共深圳市龙岗区委宣传部 2008 年 5 月 23 日《龙岗区第四届文博会承办工作总结》。

② 2008 年 5 月 16 日下午，文化部部长蔡武一行到大芬和三联分会场视察。在听取汇报，并参观大芬油画村、三联水晶玉石文化村后表示，加快文化产业的发展，要充分发展市场的资源配置基础作用，立足于全球竞争；要加强同世界各国的文化交流，同时把中华文明推向全世界；要进一步推动文化体制改革和发展，掀起社会主义文化大发展的高潮，促进经济、社会又好又快发展。蔡武部长认为，大芬油画村已形成了产业，形成了品牌，其探索和成长过程对推进全国的文化产业发展具有典范意义，并提供了典型经验，见《龙岗区第四届文博会承办工作总结》。

"整合整个村的资源以摆脱小作坊的形式"，有人认为政府应出面解决这个问题，也有人觉得还是依靠市场自身的力量去调整为好。

（二）缺少拓展国外市场的资金

大芬油画村的企业以民营资本为主，多属中小企业，他们大部分有走出国门到国外寻求更大市场的愿望，但多数企业存在着资金不足的困难。

（三）缺少相关专业人才

油画业务的扩展，对大芬油画村企业的规范化管理要求越来越高，这就需要政府在人才引进方面提供信息，创造条件引进各种高素质的专业人才。

深圳大芬村村民以艺术与市场必须对接，才华与财富可以转换①的理念，创造了近20年的油画传奇。未来发展会怎样？人们拭目以待。

思考题

1. 大芬油画村是否需要从行画向原创方向发展？

2. 大芬油画村是否需要由目前小作坊的运作方式走向整合？

3. 大芬油画村未来的前景如何？

---

① 大芬油画村村口竖立着一个巨大的广告牌，上书："艺术与市场在这里对接，才华与财富在这里转换"，这也可以看作大芬油画的产业理念。

汶川地震后文化遗址建设的困境和选择

赵红川

赵红川，四川省文化厅信息中心主任

汶川地震发生以后，产生了三类文化遗址：一是受地震破坏的文化基础设施；二是文物保护单位和少数民族(主要是羌族)代表性设施；三是由于地震破坏而形成的新遗址、新景观，它们都属于需要恢复重建文化遗址的范畴。面对特大地震之后复杂的社会环境，如何推动这一系列文化遗址恢复重建，成为社会各界关注的重大问题，也是政府部门需要限期完成的重大任务。

2008 年 5 月 12 日 14 点 28 分发生在四川省汶川县的特大地震是新中国成立以来破坏性最强、波及范围最广、救灾难度最大的一次地震灾害。汶川地震重灾区域属于四川文化资源富集、文化生态脆弱、文化基础薄弱、交通极其不便、经济发展滞后的民族聚集区、贫困山区和革命老区。在该区域中,既有较为发达的地区,也有民族地区、贫困山区等欠发达地区;既有充分享受改革开放文化建设成果的成都周边地区,也有文化基础设施薄弱的贫困地区;既有依托文化资源富集参与国际文化交流的民族地区,也有文化生活单调贫乏缺乏基本文化保障的农村地区。

汶川大地震,是在改革开放 30 年经济社会和文化建设取得重大发展的历史时期下,人民群众权利意识觉醒、文化自觉提高的社会背景下,信息化、市场化和国际化的客观条件下发生的。这次地震使灾区群众生命和物质财产遭受巨大损失的同时,也使灾区群众精神文化家园的物质基础受到极大破坏,文化遗产和非物质文化遗产遭到严重损毁,公共文化设施和服务网络受到极大毁坏,灾区群众的文化资源丧失、基本文化权益失去保障,迫切需要恢复重建灾区群众精神寄托的物质场所、民族文化记忆的核心载体,从而构建人文关怀、心灵抚慰的服务网络和维护灾区和谐稳定、社会安定团结的文化环境。因此,恢复重建三类文化遗址就成为保障灾区群众基本文化权益,丰富灾区群众精神文化生活,发展特色优势文化产业,培育新的经济增长点,促进震后灾区政治、经济、社会和文化协调发展的重要前提和基础。

一　汶川地震的文化灾情

（一）公共文化设施损失

地震使 11375 个公共文化机构受损，倒塌业务用房 18.43 万平方米，造成危房 40.13 万平方米，受损 34.4 万平方米，损毁设备器材 60194 台（件），损坏图书 346.7 万册，受损的公共文化设施占全省文化单位机构数的 27.8%，直接经济损失达 25.5亿元。其中，39 个严重受灾县（市、区）共有 5774 个公共文化机构受损，倒塌业务用房 11.61 万平方米，造成危房 35.57 万平方米，受损 15.68 万平方米，损毁设备器材 25321 台（件），直接经济损失达 19.53 亿元。

（二）文化遗产损失

1071 处不可移动文物（其中，83 处全国重点文物保护单位，174 处省级文物保护单位，814 处市（县）级文物保护单位）、3167 件可移动文物（其中，珍贵文物 220 件）和 71 处文博机构办公用房、文物库房遭受不同程度损毁，造成直接经济损失48.22 亿元。39 个严重受灾县（市、区）共有 38 处全国重点文物保护单位（占受损国保单位的 42%），101 处省级文物保护单位（占全省受损省保单位的 58%）受到严重破坏，20 处博物馆、文管所的馆藏文物受损严重，损毁文物 2731 件，直接经济损失26.09 亿元。非物质文化遗产代表性传承人遇难 12 人，受伤 105

名。其中，国家级代表性传承人 1 名，省级代表性传承人 8 名，市州级代表性传承人 30 名，县级代表性传承人 66 名。26 项国家级非物质文化遗产名录严重毁损，88 项省级非物质文化遗产名录受损严重，118 项市级非物质文化遗产名录、150 项县级非物质文化遗产名录严重损坏，14369 件非物质文化遗产珍贵实物、1774 万字文字资料、24444 幅图片、9497 盒（碟）音像资料严重受损。66 个非物质文化遗产专题博物馆，21 个民俗博物馆，325 个传习所倒塌或受到不同程度的损毁。受损非物质文化遗产占当地的 44%、全省的 30%。

▶世界文化遗产都江堰二王庙修复后将成为地震区域新的人文景观

（三）羌族文化损失

羌族聚居区是此次汶川地震核心区，羌族文化赖以生存的生态环境遭到严重破坏，部分处于半山、高半山的羌族民众被迫离开自己的家园。北川羌族民俗博物馆大量珍贵实物和普查资料全部被废墟掩埋，茂县羌族博物馆、汶川羌族萝卜寨房屋全部垮塌，列入《世界文化遗产预备名录》的羌藏碉楼与村寨部分垮塌。羌族非物质文化遗产受损占 14%。以大禹文化为特色的民间传说载体、民族信仰及相关遗址受到严重毁坏。羌文化代表性传承人受到损伤，在羌族社会中享有很高地位的羌文化传承人中的"释比"有一定伤亡。

（四）文化产业和文化市场体系损失

全省演出展览业、艺术教育培训业、音像业、艺术品业、对外文化贸易及其他重点文化企业和项目有 3990 个单位受损，面积 55.8 万平方米，直接损失合计 21.9 亿元。与 2006 年数据对比，文化产业和文化市场直接经济损失占成都、德阳、绵阳、广元、阿坝、雅安六个重灾区文化部门所属文化产业总资产的 10.62%，直接、间接经济损失占重灾区文化部门所属文化产业增加值的 54.27%。

二 文化遗址建设的社会环境

汶川地震造成三类文化遗址：一是受到地震破坏的文化基础设施；二是文物保护单位和少数民族代表性建筑；三是由于地震破坏而形成的新遗址和新景观。

（一）国家层面的部署

5 月 22 日，重回灾区的温家宝总理再次视察北川县城后说：

"我们要再造一个新北川。这座老县城可以作为一个地震遗址保留，将来变成一个地震博物馆。另外，北川是我国唯一的羌族自治县，要保护好羌族人民特有的文化遗产。即使将县城迁建到新的地址，也要做好这种保护工作。"之后又提出文物保护要制定单独规划的要求。随后，李长春、刘云山、刘延东等中央领导同志先后考察了四川地震灾区抗震救灾工作，亲切看望并慰问灾区文化系统干部职工，实地了解文化系统灾情，听取文化系统受损情况汇报，并就文化系统抗震救灾工作作出重要指示，特别是对民族文化抢救和保护作出多次批示。

6月8日，《汶川地震灾后恢复重建条例》，以中华人民共和国国务院令（第526号）的形式发布。

6月29日，《国务院关于支持汶川灾后恢复重建政策措施的意见》出台。

7月3日，《国务院关于做好汶川地震灾后恢复重建工作的指导意见》公布。

8月5日，中共中央政治局常委、国务院总理、国务院抗震救灾总指挥部总指挥温家宝在中南海主持召开总指挥部第24次会议，讨论汶川地震灾后恢复重建总体规划，决定在对规划作进一步修改后对外公布，征求社会各界的意见。

8月27日，温家宝主持召开国务院常务会议，审议并原则通过《汶川地震灾后恢复重建总体规划》。

（二）政府部门的举措

5月21—23日，文化部党组成员、副部长赵维绥代表文化部到四川地震灾区察看受灾情况，慰问灾区文化系统受灾干部职工，指导抗震救灾工作。

5月22日，四川省绵阳市政府向全球发出紧急倡议，征集北川地震遗址保护方案和地震博物馆策划设计方案。

5月30日，国家民族事务委员会召开四川地震灾区羌族民族文化抢救与保护座谈会，一批来自高校和科研单位从事羌族历史、文化研究的专家参加了座谈。

6月3日，文化部副部长、国务院抗震救灾总指挥部灾后重建规划组成员周和平到四川灾区调查了解地震灾情。

6月16—17日，文化部主办召开地震灾区非物质文化遗产保护工作座谈会。文化部成立"羌族文化保护工作协调小组"，由文化部部长蔡武任组长，文化部和国家民委有关领导任副组长，下设专家委员会和文物、非物质文化遗产、羌族文化生态保护区三个工作小组。

6月中旬开始，文化部先后在北京和成都召开了四次专家论证会，编制《四川文化恢复重建规划》，对2008—2010年恢复重建公共文化设施、抢救保护非物质文化遗产、建设羌族文化生态保护实验区和重大文化产业与市场项目等提出统一安排规划。国家文物局局长单霁翔直接指导四川省文物局编制完成了《四川省5.12汶川大地震文化遗产抢救保护规划大纲》。

6月30日，四川省人民政府和国家文化部、国家文物局在都江堰市举行了世界文化遗产都江堰古建筑群抢救保护工程开工仪式。

7月15日，四川省人民政府、国家文化部、国家文物局在阿坝藏族自治州理县桃坪羌寨举行"羌族碉楼与村寨抢救保护工程开工仪式"。

8月1日，四川省文化厅、省文物管理局再次组织、邀请省内外的 11 家专业资质单位，就四川灾后文物抢救保护第二批技术援助事项召开对口技术援助会。

8 月 17 日，由中国古迹遗址保护协会（ICOMOS/CHINA）和四川省文物管理局联合主办，中国华夏文化遗产基金会捐助，四川省阿坝州文管所承办的"四川灾后第一期羌族地区传统建筑维修保护技术培训班"，在四川省阿坝州理县桃坪羌寨正式开班。

（三）社会各界的关注

5 月 21 日，中国科学院专家提出高度关注四川汶川县地震灾区羌族民族文化抢救和重建的建议。随后有专家建议，在灾后重建过程中，从中央到地方必须高度关注羌族物质文化、非物质文化的抢救和重建，在灾后总体重建方案中，应当体现对民族文化特质和象征符号的运用；把家园恢复重建与羌族文化保护、传承、抢救和重建有机结合起来，并向社会公布方案，择优选用。有专家建议推进国家级"羌族文化保护区"的规划建设，建立羌族文化产业基地和区域性文化产业集群，形成灾区经济恢复重建新的增长点，有效保护羌族文化。有专家建议引入现代数字化技术手段，对灾区羌族民族文化遗产的资源历史、规模分布进行统计，有重点地对文物古迹、建筑民居、民族服饰、民族文学等羌族民族文化遗产进行数字化处理，建立形象、生动的抢救和重建数字平台。

6 月 1 日，中国民主促进会、中国民间文艺家协会、中华文化学院联合召开"紧急保护羌族文化遗产座谈会"，来自北京和四川的文物、历史、民俗、民间文艺、非物质文化遗产方面的著名专家学者纷纷为如何抢救、传承、延续羌族文化建言献策。会上成立了紧急保护羌族文化遗产工作委员会，决定成立由冯骥才任主任的专家调研组，迅速组建工作小组赴灾区调查民族民间文化遗产受损情况，提出保护规划。座谈会向全国民间文化工作者发出倡议书。

6月18日，由中国文联副主席、中国民间文艺家协会主席冯骥才率领的由历史学家、羌族文化研究专家、古建筑专家、民俗专家等方面专家学者组成的调研队抵达成都。次日，紧急保护羌族文化遗产四川工作基地在成都挂牌。

7月12日，中国民间文艺家协会主席冯骥才在汶川震后两个月之际，接受新华社记者专访时表示，我国应向联合国教科文组织紧急申报羌族古碉楼与古羌寨为世界文化遗产，同时将其列入世界遗产的濒危遗产名录。

四　面临的问题

（一）如何处理不同人群对地震遗址建设的意见

问题一：对地震文化遗址功能和作用认识的差异

（1）建设汶川大地震遗址旅游公园。舒明武、蔡建华、周游三个职业创意策划人在大地震仅四天之后，就开始热情地着手设计、描绘一份"建设汶川大地震遗址旅游公园"的蓝图：保留和利用一部分最具典型性的大地震灾难现场景象，在此基础上创建一个全景（真实与缩微相结合）再现型的"汶川大地震遗址旅游公园（或纪念公园）"，让成千上万来自海内外的游人在此追悼地震死难者，了解和体验大地震带来的巨大灾难，回忆抗震救灾期间上下同心、举国一致的不眠日夜，向那些奋不顾身的救灾勇士们表示敬意，获得丰富的、真实的、生动的地震知识教育……

（2）5月20日，冯骥才向各界呼吁建立汶川地震博物馆，以表达对遇难者的哀思并警醒后人。此想法得到了各界人士的普遍赞同。他认为，博物馆应该由三部分组成：一是废墟遗址，二是博物馆，三是纪念碑。他提出，地震博物馆应该包括北川中学至县城整个区域。博物馆不是展览痛苦，而是让参观者感受到人类面对灾难所表现出的生命的顽强与人性精神。

（3）唐山专家建言汶川大地震遗址保护。5月18日，在建设部组织的山地城乡规划与防灾减灾专家座谈会上，全国城市抗震防灾审查委员会委员、河北理工大学建筑工程学院院长兼河北省地震工程研究中心主任苏幼坡教授结合唐山大地震恢复重建的经验教训，论述了废墟清理、地震遗址保护以及总结汶川大地震经验教训等问题，得到与会领导和专家的一致肯定。

（4）6月2日，四川省文化厅和文物局召开汶川大地震遗址博物（纪念）馆、纪念地前期准备及地震文物征集会，包括省文物局、地震局的专家组成考察组于6月3日至5日赴都江堰、绵竹、什邡、绵阳、青川等地进行地震遗址、博物馆选址考察。提出由四川省统一规划，地震纪念设施修建注重点线面结合，总体原则是在汶川大地震涉及的300公里长龙门山断裂带修建地震纪念碑、博物馆、纪念馆等设施，地震纪念设施布局将形成一个整体，展示汶川大地震的历史面貌。根据专家的前期选址，共拟建12处地震遗址纪念地，计地震遗址博物馆1处（北川县城）、地震遗址公园1处、地震遗迹3处、纪念点4处、纪念地3处。

（5）国家文物局部署地震遗址筹建工作。在国家文物局6月

6 日举行的新闻通气会上，国家文物局领导表示，建立地震遗址博物馆极富意义和前瞻性。国家文物局工作组在四川调查时就召开现场会议，研究部署下一阶段文物系统抗震抢险工作及地震遗址博物馆的筹建工作，提出地震遗址的保护应该在清场时就要加以注意，不能破坏有意义的信息，尽量做到完整性与真实性的统一；要考虑通过地震留下的一切，对全民实行地震知识及防震减灾知识的普及和教育，并为相关科研人员的研究提供重要依据。

如何综合众多对地震文化遗址功能和作用认识上的差异，提出能够为社会各方都接受的设计概念和规划，是做好地震文化遗址重建的前提。

问题二：如何处理省部级部门在地震文化遗址建设上事权的划分

（1）根据《汶川地震灾后恢复重建条例》，国务院地震工作主管部门应当会同文物等有关部门组织专家对地震废墟进行现场调查，对具有典型性、代表性、科学价值和纪念意义的地震遗址、遗迹划定范围，建立地震遗址博物馆。6 月 11 日，中国地震局和国家文物局有关领导在中国地震局召开会议，共同研究开展地震遗迹、遗址保护及建立地震博物馆等相关工作。中国地震局和国家文物局等部门负责组织专家对地震废墟进行现场调查，对具有典型性、代表性、科学价值和纪念意义的地震遗址、遗迹划定范围，建立地震遗址博物馆。

（2）7 月 25 日，国家文物局在北京国际新闻中心召开新闻发布会，向参加北京奥运会采访的中外记者介绍了"5.12"汶川大地震中文化遗产受损及中国文物系统抗震救灾的情况。在回答记者提出的关于地震遗址博物馆的选址问题时，有关负责人表示，北川县城、汶川县映秀镇、绵竹市东汽汉旺厂区和成都市虹口深溪沟，这四处典型的遗址已初步划定为整体保护区域。根据这个方案，"5.12"地震博物馆在建设上将采取点、线、面结合的展示体系，内容包括：上述四处准备整体保护与展示典型的地震遗址；具有收藏、保护、展示、研究等功能的博物馆；典型的实物，比如遇难者纪念构筑物，里面可能涉及到遇难者的遗物、照片、姓名、年龄组成的纪念墙和其他设施。方案还将"5.12"地震博物馆的主要功能定位为见证和展示、纪念和凭吊、警示和反思、科普和教育、科研和发展等功能。

（3）在7月27日完成的《四川汶川地震灾后生产力布局和产业结构调整专项规划》中，提出"重点建设中国汶川地震遗址保护及纪念地规划项目，形成世界级的地震遗址公园体系，打造世界级的地震纪念旅游产品"，规划重点项目9个，其中包括地震科学博物馆1个，纪念馆1个，遗址纪念地1处，遗址博物馆和旅游景区各1处，遗址公园、志愿者公园和地质公园各1个，教育基地1处，遗址博览园1处。

地震遗址规划涉及国家地震、文物和旅游等部门，如何在具体工作中落实不同部门在事权划分上的管理要求、功能定位等，是必须认真解决的问题。

问题三：如何处理灾区政府挖掘地震遗址资源恢复经济的决策

（1）6月5日，四川绵阳市旅游局灾后旅游重建长远规划初步完成。按照规划，将新建包括北川地震博物馆在内的特大地震遗址旅游区新景观，全面恢复绵阳旅游产业。

（2）7月13日，四川绵阳市规划局初步完成北川地震遗址博物馆的概念规划。四川省绵阳市计划对北川县异地迁建，为保留新中国成立以来最大的地震灾害实物见证，北川老县城将建成北川地震遗址博物馆。绵阳市规划局表示，对于北川地震遗址博物馆的规划，规划部门严格按照党中央、国务院的指示，按有关专家的建议，由建设部规划工作组会同规划业务组及北川羌族自治县县委、县政府共同努力，目前已初步完成了北川地质博物馆的概念规划。

（3）7月14日，成都彭州市建设局提出建一座占地50亩的龙门山地震遗址公园的规划，在公园内修建一处"5.12"抗震救灾纪念碑（墙），并面向全社会公开征集设计方案。7月30日，彭州市正式公布了最新推出的地震"一日游"线路，并将派出专车前往成都免费接送首批游客。届时，游客可以在丹景山欣赏自然风光，免费品尝农家生态风味菜；前往安置点体验灾区人民的生活，前往全国重点文物保护单位、东南亚地区最高佛塔——龙兴寺，为灾区人民祈福。每位参加者还可获得"5.12"地震纪实光盘、爱心文化衫、爱心安全帽等纪念品。目前，彭州市正在加紧培训专职解说员。

（4）9月中旬，通过四川大学、成都市文化局及都江堰市建设局、国土局、规划局、防震减灾局、文物局等的专业人员近一个月的前期实地考察，经过广泛征求意见，深入讨论，由四川大学谢和平校长及国家重点学科、岩土工程四川省重点实验室主任何昌荣教授执笔的《都江堰市地震遗迹保护建设方案》正式出炉。根据方案，都江堰市决定将在主城区和虹口乡建立5处地震遗迹保护地，保护地分为"地震地质类遗迹"和"地震建筑类遗迹"两类。

主要的地震地质类遗迹点均在虹口乡境内，即虹口乡五组、深溪沟村、高原村。汶川大地震震源位于映秀附近，断裂带穿过岷江，经龙池晏家坪进入虹口乡深溪沟村、高原村、虹口村等后进入彭州市。目前，初步选址已经确定，都具有典型的地震遗迹特点，不仅特征明显，富有震撼力，同时还在具有保护意义的基础上，能够继续开发利用。

虹口乡八角庙基岩错动遗迹

位置：虹口乡虹口村五组唐贤良宅基地。

特点：该宅基地完全坐落在断裂带上，各种设施震前震后显示清楚，高差 4 米左右，其房侧煤泥岩露层处清楚显示 5.12 地震的过程和形式，也是全灾区唯一能清楚显示其岩层错动的点。

保护意义：具有重要的科普、科考、旅游价值。

保护措施：首先是保护好原状，由虹口乡及相关村组负责，在煤泥岩层处搭建雨篷，防止雨水冲刷造成遗迹损毁，唐家房屋也不宜在原址重建。

深溪沟村地表连续破裂带遗迹

位置：起点为虹口乡深溪沟村五组沟桥处。

特点：映秀镇附近是 5.12 地震的起破点段，而深溪沟也是一个破裂点段，沿乡村公路（宽 3.5—4.0 米）长 5—6 公里，隆升高差普遍 3—4 米，一半公路震后倾斜 25°—30°，是整个灾区震动最剧烈、特征最典型的点段。

保护意义：由于特点明显不同于映秀镇、北川县城、青川等，因此具有特别的科考、旅游价值。

保护措施：首先是保护好原状，防止人为破坏，同时收集与此遗迹有关的震前资料。

开发利用：今后规划建设时，原公路完好或基本可利用的则保留利用，不能利用的可沿公路右侧另修路基绕行。

高原村地表错动遗迹

位置：虹口乡高原村广场。

特点：高原村是断裂带的上盘，所有 5.12 地震均是上盘逆冲隆升。此处是上盘推挤下盘，下盘隆升 2 米以上；沿"大寨墙"标牌处的道路上行，路面混凝土块左右错动均有，并有一处两板块被挤压成"人"字形。

保护意义：该点的地震运动有别于他处，有科考价值，同时高原村又是猕猴桃基地，且震前旅游是其支柱产业，保护好该处遗迹，可增添一道独特的景点。

开发利用：今后规划建设时，仅公路口削去隆起土块，沿明显遗迹带建条小道，供游人参观，不涉及房屋搬迁，其余变动不大。

地震建筑类遗迹有两处：

腾达体育俱乐部遗迹

位置：位于都江堰市蒲阳路 171 号。

特点：三层框架结构，部分坍塌，体现了地震对建筑物的破坏力。

保护意义：具有十分重要的科普、旅游、科考价值。

保护措施：目前，该处遗址已打围保护，由都江堰市文广新局临时守护。待确定为保护遗迹后，在开发建设前需修建临时围墙、管理房，并请专人看护。

开发利用：今后开发建设时可以地震遗迹为中心，建一个小型广场，遗迹周围建栅栏式围墙，以防止游人靠近，避免发生安全事故。同时建设 500 平方米工作用房（含接待室和展览厅），以加强对遗迹的保护管理。

机械公司家属区遗迹

位置：位于都江堰市太平街金平巷 8 号，原都江堰市木质防火门厂和都江堰市机械公司家属区。

特点：该区域内建筑坍塌形状多样，地震波表现生动，特征较为明显，富有震撼力。

保护意义：具有十分重要的科普、旅游、科考价值。

保护措施：目前该处遗址已打围保护，由都江堰市文广新局请人守护。待确定为保护遗迹后，在开发建设前需修建临时围墙、管理房，并请专人看护。

开发利用：今后开发建设可以地震遗迹为中心，建一个小型广场，遗迹周围建栅栏式围墙，以防止游人靠近，避免发生安全事故。

各级地方政府部门利用地震遗址发展经济的强烈愿望，使有关经济发展和城市部门参与到地震文化遗址规划，这必将影响文化遗址建设规划的统一性和完整性，增加协调的层级和时间。

问题四：如何回应社会各界对地震遗址的不同设想和建议

（1）四川雕塑家倡议修建"汶川大地震雕塑公园"。这将是一个户外的雕塑作品的大聚合，在这些雕塑作品中，他们希望用装置艺术的形式来还原地震现场。目前四川的二三十位雕塑家正在为雕塑公园的建立进行前期筹备工作。

（2）"5.12汶川大地震举世瞩目，尽早开放地震遗址旅游可带动四川旅游业全面振兴"。四川省政协委员、省社会科学院区域经济研究所研究员王新前提出一项尽快开放"黑色旅游"的建议，并在省政协网站公开发布，引起激烈争议。有人认为，如果将灾难遗址参观或纪念命名为"黑色"，这既是对当地受灾幸存民众的不恭，更是对那些死难者的不敬，这是将经济利益置于人性道德的价值之上。有人指出，在地震博物馆没有建立起来之前，在灾区安全还没有真正得到保障之时，受灾地最需要得到的是休养生息，死者要得到安息，生者要得到安置。有人要求，地震哭墙与整个博物馆、遗址都应当永远免费向世人开放，国家理应承担起公共纪念建筑的费用，即便有机构或个人愿意参与其中，也应首先签订合作协议，不得企图以此牟利，不得侵犯死者尊严，以此保证逝者安宁、生者慰藉。有文章写道："如果地震博物馆不承载精神记忆，几十年后，地震博物馆或许会可悲地沦为靠门票赚钱的景点。"有人忠告，这次地震造成的损失很大，对整个国民经济都产生了不利影响，建地震遗址博物馆必须遵循勤俭节约的原则，想方设法少花钱多办事。

如何回应和吸收社会各界对地震遗址的不同设想和建议，用什么方式、在什么时间将其合理的部分纳入政府规划，是政府部门面临的问题。

（二）文化遗产以及非物质文化遗产遗址面临的问题

问题一：如何把握文化遗产和非物质文化遗产损失认识差异

冯骥才在接受记者采访时表示："发生在汶川的特大地震不仅造成了大量人员伤亡和家园被毁，也使很多文化遗产遭到重创，特别是独具特色和魅力的羌族文化遗产正面临毁灭性劫难。"国家文物局在 6 月 6 日的新闻通气会上，向媒体展示了国家文物局工作组在地震灾区拍摄的大量文物及建筑照片，包括一组高高耸立、极具特色、在这场摧毁性极强的地震灾害中屹立不倒的羌族民居建筑碉楼。国家文物局专家介绍，阿坝地区的羌族碉楼数量众多，风格各异，最高者达五六十米，只有一两座碉楼被震塌，其他碉楼虽有裂缝，但安然无事，这充分体现了羌族碉楼的坚固性。对地震中受损的碉楼将按原位置、原形式、原材料、原工艺的"四原"原则进行修复。面对社会舆论与行业主管部门的不同认识，如何正确评估文化遗产和非物质文化遗产的损失，准确把握文化遗址恢复重建的重点和方位，是个需要认真思考的问题。

问题二：如何对待不同文化遗产抢救保护措施建议

中国民间文艺家协会成立了工作委员会，专门进行羌族文化遗产保护工作：现场调查，不仅针对羌族，还包括藏族、土家族、彝族和汉族，调查文化遗产、传承人情况，特别是灾后的情况；对调查结果进行归纳分类，并列出等级；根据等级，提出保护方案。国家文物局在新闻通气会上强调：自 2003 年起，相关文物部门对全国重点保护文物陆续建立起了完善的档案资料，为日后的原样修复提供了依据，震区文物及建筑的修复将严格遵照文物保护法进行；目前最急迫的任务是抢救和清理仍在废墟下的文物及构件，以免对文物造成进一步损毁，同时要抢修即将坍塌的文物建筑及文物管理机构的危房；为保证文物安全，文物管理部门需立即搭建临时办公场所，添置必要设备，国家文物局将集中最有力的施工、监理率先做好都江堰二王庙的修复。妥善处理民间保护手段与政府主管部门保护措施的关系，才能既积极支持民间的力量又充分发挥政府的主导作用。

（三）文化基础设施遗址规划面临的问题

问题一：如何处理好文化服务设施恢复重建与公共服务基础设施恢复重建的关系

按照政府职能分工，公共服务设施建设的牵头单位是发展和改革部门，涉及的相关部门有教育、卫生、就业和社会保障、人口和计划生育、广播电视、体育、福利、社会管理等八大部门和行业，因此，公共图书馆、文化馆、博物馆、剧场、电影院、乡镇（街道）综合文化站、村文化室等公共文化服务设施遗址建设，必须纳入发展和改革部门牵头编制的公共服务设施恢复重建规划中，必须处理好公共文化服务设施遗址恢复重建与公共服务设施恢复重建的关系。这就面临在政府组成部门内，如何协调文化管理部门的专业需要与综合管理部门的宏观平衡之间的冲突问题。

问题二：如何处理好文化产业和文化市场恢复重建与灾后生产力布局和产业机构调整规划的关系

文化产业和文化市场设施遗址是文化基础设施的重要组成部分，也是现代服务业的重要内容。服务业在政府序列中属于商务部门牵头协调编制规划的领域，凡属于文化产业和文化市场领域的演出展览、古玩艺术品、动漫游戏、图书音像发行分销、互联网上网服务、文化娱乐、电影发行放映、对外文化出口等文化服务网点，以及文化产业基地、园区、艺术教育培训机构等，必须与第三产业的相关政府部门统筹协调，必须处理好文化产业和文化市场恢复重建与生产力布局和产业机构调整规划的关系。这就面临在政府组成部门内，如何处理公共服务部门的基础设施建设与经济发展部门调整经济发展方式的生产力布局问题。

问题三：如何处理好公共文化基础设施与文物和非物质文化遗产设施的关系

文物与非物质文化遗产保护，分别属于国家文物局（在国务院系列是部委管理的国家局、副部级机构）和文化部管理，其政府拨款的渠道不同，在省一级分设相对独立的机构。而在具体的抢救保护对象里，既属于文物又是非物质文化遗产载体的文化物品很多，如羌族碉楼；既属于公共文化基础设施，又属于文物和非物质文化遗产载体的文化遗址十分普遍，如民族（民俗）博物馆等。必须处理好文物与非物质文化遗产抢救保护的关系。这涉及文化部门内部行业分工中如何协调重点、次序、经费和人员分配等问题。

五　解决问题的思路和办法

面对地震灾后恢复重建的社会环境，本着对人民群众负责、对历史负责的原则，在充分调研的基础上，四川省文化厅决定采取以下措施全面推动灾后文化恢复重建，带动文化遗址建设的快速启动。

（一）面对文化遗址建设的复杂性，统筹规划文化恢复重建，着力解决基本文化权益的问题

紧急成立文化恢复重建规划小组，抓紧编制灾后文化恢复重建规划，遵照国务院《汶川地震灾后恢复重建条例》，结合党中央推动文化大发展大繁荣的总体战略部署、国家"十一五"时期文化发展纲要、文化部《关于公共文化设施灾后重建规划指导意见》和四川省委省政府推动文化资源大省向文化强省跨越的目标定位，坚持以人为本、科学规划、统筹兼顾、分步实施、自力更生、国家支持、社会帮扶的方针，提出准备用三年左右时间在"十一五"期间初步完成文化恢复重建，在"十二五"期间继续巩固发展。为推动规划编制工作取得初步成果，规划小组先后在

北京和成都召开了四次专家论证会，编制完成了《四川文化恢复重建规划》，对 2008—2010 年恢复重建公共文化设施、抢救保护非物质文化遗产、建设羌族文化生态保护实验区和重大文化产业与市场项目等做了统一安排。

国务院公布的《国家汶川地震灾后恢复重建总体规划》全面吸收了《四川文化恢复重建总体规划》的内容，包括重建基础、总体要求、重建目标、空间布局、城镇建设、公共服务、产业重建和精神家园等 8 个方面，拟恢复重建 41 个文化馆、41 个图书馆、21 个县（市、区）剧场、15 个县剧团、39 个共享工程县级中心、4629 个共享工程基层点、1030 个电影院、884 个乡镇综合文化站、3735 个村（社区）文化室等公共文化服务设施；修复各级文物保护单位 153 处、受损文物 2731 件（套）、恢复重建 47 座博物馆（文物保护用房）、3 处区域性文物中心库房；建立国家级羌族文化生态保护实验区，恢复重建羌族标志性建筑物和基础设施；恢复重建受损的 157 项各级非物质文化遗产名录项目和数字空间建设 10 项，修复实物和抢救性征集资料 28 项；恢复重建非物质文化遗产博物馆、传习所（传习中心）88 处，救助、安置和资助代表性传承人 51 名，培训羌族非物质文化遗产传承人 1000 余人（次）；恢复重建受损的重点文化产业基地、园区 40 项，艺术教育培训机构 39 个和文化市场网点 2259 个。制定了《四川省乡镇综合文化站建设设计规划指导意见》，完成 9 种灾区乡镇文化站恢复重建规划设计图。落实 780 个集中安置点文化服务站项目和 57 台流动文化服务车，为每个集中安置点配置 5 万元设备（共计 3900 万元），为重灾县每县配送 1 万册图书。

（二）面对公共文化基础设施损毁状况，大力开展流动文化服务等办法，着力解决过渡期群众文化需求问题

面对特大灾难，全省文化系统紧急动员、打破常规，创新体制机制，克服重重困难，按照保基本安置、基本运转、基本文化服务的原则，主动承担起文化基础设施损毁以后公共文化服务的责任，用多种文化艺术手段，及时送达党和政府以及全国人民对灾区群众的关心和慰问，发挥了文化在抚慰心灵、缓解情绪、维护稳定方面的重要作用。全力整合资源，开展流动文化服务。以省内专业艺术院团、群众文化机构和基层文化服务队伍为主要力量，组织举办以"抗震救灾、重建家园"为主题的内容丰富、形式多样的文艺表演、电影放映和秧歌、腰鼓、广场舞、健身舞、少儿韵律舞等群众文化活动。开展"心理辅导"、"生产自救"、"疫病防治"、"农业科技"等各类专题的知识讲座、报告会、演讲会。开展图书流动借阅服务，满足受灾群众就近就便读书看报、获取时政信息和文化知识的需求。

截至 8 月底，四川省文艺工作者创作抗震救灾歌曲、舞台（剧）节目等各类文艺作品 131 个、美术书法摄影作品 1520 余件，出版专集 11 本、专刊 35 期。全省各级文艺表演团体在灾区开展各类文艺演出 850 余场次，其中省直属文艺团体和艺术院校开展赈灾义演和慰问演出 197 场，筹集义演捐款 4300 多万元。7 支文化小分队随四川省委省政府慰问团深入灾区慰问抗震救灾部队官兵。已建集中安置点文化服务站 224 个，提供流动图书 18 万余册，开展巡回艺术展览 1200 余场。向受灾群众集中安置点捐赠各类图书 6 万余册，分发各类抗震救灾资料 19 万余份。启动了"十万场公益电影进灾区安置点放映活动"，向 51 个受灾县

赠送 51 辆公益电影流动放映专用车及数字电影放映设备 491 套，为灾区集中安置点购买 10 万场电影放映场次。

（三）面对文化遗产抢救保护的严峻形势，率先启动标志性文物抢救保护工程，着力解决民族文化遗产保护的历史责任问题

率先启动文化遗产抢救保护工作。抢先编制《四川省汶川大地震文化遗产抢救保护规划大纲》并获得国家文物局批准，对因灾局部受损后又面临震后次生灾害严重威胁的物质和非物质文化遗产优先加固修缮，对列入世界文化遗产名录、全国重点文物保护单位和国家级非物质文化遗产名录的项目优先抢救修复，对对经济社会发展有重要影响、有利于灾区文化旅游恢复和增加文化就业的文化遗产区域优先保护修缮。经过充分论证，本着依法合规、特事特办、严格管理、保证质量的原则，在地震发生不到 50 天时即率先启动世界文化遗产都江堰古建筑群和列入世界遗产预备清单的羌族碉楼村寨两个抢救修复项目，在第一时间向海内外展示了中国政府在抢救保护文化遗产方面的坚定决心，回答了社会各界对文化遗产抢救保护的关心。

45 个受灾文物保护单位的抢救保护任务已落实到专业文物抢救修复单位进行技术援助。四川全省 39 个极重灾区所有全国重点文物保护单位和部分省级文物保护单位的维修保护方案已全部落实，完成了茂县羌族博物馆重建规划和陈列大纲编制。目前，财政部、国家文物局支持的灾后文物抢救保护应急资金 3000 万元已全部到位，这是国家动用的第一笔国务院总理应急专项资金。

（四）面对民族文化生态恢复重建的专业性、艰巨性，大力创新体制机制，着力解决组织领导问题

组织力量推动建设国家级羌族文化生态保护实验区，保持文化多样性、文化生态空间完整性、文化资源丰富性，抢救保护传承羌族文化。羌族文化生态保护实验区一旦建立，将成为我国第一个少数民族文化生态保护实验区。积极争取文化部启动羌族文化生态保护实验区申报工作，用文化生态保护实验区来促进地震灾区恢复重建工作，同时也进一步探索文化生态保护实验区建设的新途径。

四川省文化厅成立了以主要领导为组长、分管厅长为副组长、省直文化系统有关单位以及相关市州文化局领导为成员的"羌族文化生态保护区工作小组"，将羌族文化抢救保护和恢复重建作为重要内容，纳入四川省灾后恢复重建总体规划范围。统筹安排2008年四川省非物质文化遗产抢救保护经费，确定将347万元专项资金主要用于羌族文化抢救保护工作。对重灾地区的14名代表性传承人实施救助安置，为他们发放救助安置费30万元。举办了羌族地区传统建筑维修保护技术培训班，对67名工匠进行技术培训。加固维修14处羌族碉楼及其特有的民居、村寨、古村落等标志性建筑。理县桃坪羌寨抢救保护工程、汶川布瓦土碉抢救保护工程已经启动。

（五）面对灾区恢复重建的长期性、复杂性，统筹文化产业和市场恢复重建，着力解决满足文化消费、增加文化就业问题

积极推动文化部在成都召开了"全国文化系统恢复重建对口

支援会"，促进全国文化系统对口支援四川地震灾区文化恢复重建工作。协助支援方和受援方参照《公共文化设施灾后重建规划指导意见》，建设符合标准的坚固安全的公共文化设施，主动配合各省（市）文化部门的对口支援，发挥资金、人员、技术和项目雪中送炭的最大效益，增强自身发展能力。积极开展轻灾和无灾地区对口支援重灾地区，开展各类援助活动。

落实绵竹年画博物馆、茂县非物质文化遗产传习中心、北川羌族民俗博物馆恢复重建社会捐赠的启动资金 3434 万元。启动了重灾乡镇 300 余名文化专业干部的培训工作。已向灾区拨付抗震救灾专项经费 2815 万元。通过生产自救、争取社会支持、开展灾后重建招商引资活动等多种方式，一批文化产业园区、基地得到初步恢复。据抽样调查，广元市全市 1200 余家文化市场经营户，已经恢复正常经营的有 735 家，达到 60%。

六　关于地震文化遗址建设的思考

作为灾后恢复重建的重要组成部分，地震文化遗址建设是一项长期、艰巨、复杂的系统工程，目前发生的只是汶川地震灾后文化遗址建设的一个序幕。可以肯定，灾后文化恢复重建将从多个方面给我们带来深度思考。

（一）考验政府的文化执政能力

抗震救灾和恢复重建工作，一开始就纳入法制轨道，力求高度公开透明。6 月 4 日，国务院常务会议审议并原则通过《汶川地震灾后恢复重建条例》。26 日，全国人大常委会经表决批准了 2008 年中央预算调整方案，决定中央财政将从 2008 年起建立地震灾后恢复重建基金，专项用于四川及周边省份受灾地区恢复重建。《国务院关于支持汶川地震灾后重建政策措施的意见》、文化部《关于公共文化设施灾后重建规划指导意见》、国家文物局《关于做好汶川地震灾后文物抢救保护工作的意见》等也先后出台。四川省通过了《北川羌族自治县非物质文化遗产保护条例》《北川羌族自治县县城地震灾害现场及同类灾害现场清理保护规定》。但是，面对灾后恢复重建的长期性、复杂性，这些文件和政策规定等都没有对灾后恢复重建中政府部门的条块分割、行业垄断和公共服务的透明度等普遍存在的问题提出解决方案和办法。这些问题必将在文化遗址建设领域充分暴露，使政府的文化执政能力经受严峻考验。

（二）检验社会的文化发展观

围绕地震遗址建设的争论，集中凸显了市场经济条件下，社会发展模式的文化缺失，主要表现在：缺乏文化反思、政府问责和公共讨论。可以发现，政府成了推动地震遗址旅游的主导力量，专家成了发展"黑色旅游"的鼓吹手，轻视生命、追求经济的痕迹十分明显，从深层次反映出长期以来社会缺乏对生命的敬畏、自然的尊重和历史视野。主要原因是，改革开放 30 年来，"文化搭台，经济唱戏"的观念盛行，把文化从人的目的降为发展经济手段的倾向普遍，对文化建设在弘扬和培育民族精神，增强民族凝聚力，使全民族始终保持良好的精神状态等方面的重要作用认识不够。地震文化遗址建设将进一步检验社会的文化认同，将促进全社会对市场经济条件下文化的发展方向、发展途径、发展模式、发展目标等一系列重大问题进行深刻认识和反省。

（三）体现民间的文化力量

进入专业领域的恢复重建工作以后，民间的文化力量主要表现在：在信息上，让社会各界更加关注专业领域的问题，弥补官方媒体的不足；在人员、智力上弥补政府指导专业工作的不足；形成对政府在文化领域恢复重建工作的监督；节省政府的成本，特别是政府在专业领域咨询的时间成本。在长期的文化遗址建设过程中，民间文化力量将进一步介入到一些细微角落，深入到文化恢复重建过程和常态管理中，将在参与文化遗址建设的各个方面发挥更加积极的作用，提升全社会的文化管理水平。

（四）影响政府的体制机制

汶川地震发生后，迅速、开放、以人为本的应急措施，让人们看到了中国政府应急管理机制的卓有成效，中国政府以一个坚强有力的责任型政府的形象呈现在世人面前。灾后恢复重建是专业技术性极强的政府行为。从全局出发的科学规划关系到灾后重建的全过程以及相关地区的可持续发展。同时也要充分考虑到，这次灾后文化遗址建设是社会参与度极高的行为，需要政府与民间机构、志愿者和其他组织合作。而民间力量不仅希望看到更多的透明、更大的问责，还渴望更为密切地参与文化遗址恢复重建工作，这必将对政府的体制机制产生深刻而重要的影响。

思考题

1. 在地震文化遗址建设中，民间文化力量将在哪些方面发挥积极作用？

2. 围绕关于地震文化遗址建设的争论，反思改革开放以来的文化发展观。

3. 地震文化遗址建设将从哪些方面考验政府的文化执政能力？

附录（目录）

《汶川地震灾后恢复重建条例 》（中华人民共和国国务院令第 526 号）（2008 年 6 月 8 日）

《国务院关于四川汶川特大地震抗震救灾及灾后恢复重建工作情况的报告》（2008 年 6 月 24 日第十一届全国人民代表大会常务委员会第三次会议审议）

《国务院关于支持汶川灾后恢复重建政策措施的意见》（2008 年 6 月 29 日）

《国务院关于做好汶川地震灾后恢复重建工作的指导意见》（2008 年 7 月 3 日）

《汶川地震灾后恢复重建总体规划》（2008 年 9 月 19 日）

《文化部关于公共文化设施灾后重建规划指导意见》（2008 年 6 月 18 日）

《国家文物局关于做好汶川地震灾后文物抢救保护工作的意见 》（2008 年 6 月 21 日）

《北川羌族自治县非物质文化遗产保护条例》（2008 年 1 月 11 日北川羌族自治县第二届人民代表大会第二次会议通过、

2008 年 5 月 21 日四川省第十一届人民代表大会常务委员会第三次会议批准）

《北川羌族自治县县城地震灾害现场及同类灾害现场清理保护规定》（四川省人民政府令第 224 号，2008 年 6 月 20 日）

《四川省人民政府关于支持汶川地震灾后恢复重建政策措施的意见》（2008 年 7 月 10 日）

《关于扎实做好抗震救灾工作加快重建美好家园的决议》（2008 年 7 月 13 日中国共产党四川省第九届委员会第五次全体会议通过）

在辉煌中落幕的万博文化城

陈忱

陈忱，国家发展改革委员会国际合作中心文化产业研究所常务副所长

仅仅在三年前，只要在互联网上搜索"南戴河万博文化城"，就会有无数条相关的信息，虽然关联的多是"破产"、"拍卖"、"官司"，但"万博文化"依旧闪烁在世人关注的视野中。可如今，万博文化城已经开始彻底消失在媒体之外，任何力度的波澜和影响都已荡然无存。从往日的辉煌到几次拍卖和流拍，时至今日，只有关注者刻意细心地搜索才能隐约寻见它当年的踪迹，个中感慨和滋味应该不只是给"万博文化城"，给"文化城"，给"文化产业"了。

一　万博文化城的文化梦想与产业辉煌

　　万博文化城应该是一位经营者为主要身份、书画家为票友身份的"文化商人"梦想所成就的，"万博"二字，如今已经无法到另一个世界与命名者核定它的含义，也许是"万国文化博览"，也许是"万种文化展示"，因了这个"万"字，可以想见命名人当时的气吞万象与横扫千军。曾见到万博文化城如日中天时媒体的一番深情描述，如今重新细究，只可以约略记录：

　　　　万博文化城的总投资是1.6亿元人民币，在当时可谓数目惊人。投资者是一位民营企业家，他原是东北某市一位科级干部，20世纪80年代初带头下海，做生意赚了钱，后来又到深圳与外方合资做企业。他坦言，多年与外方合作的经历中感受最深的是：中国人不论有钱还是有权，在西方人眼中都是一个样，过去是东亚病夫，现在是东方乞丐。他最受不了的是：很多港台人从不直接说自己是中国人，而是强调香港人或是台湾人。"为什么？我不认为仅仅因为中国穷，还是缺点儿更重要的东西，缺少凝聚中华民族的文化！"于是，他义无反顾地选择了"万博"，选择了向文化投资的这条路。这位民营企业家曾底气十足地说：建万博城，既不与外国人搞合资，也不向国家伸手要一分钱，过去不会，现在不会，今后也不会。搞"经济搭台，文化唱戏"不仅可以造福子孙，而且能赢利、赢大利。他有很多文化项目的经营设想，只要运作起来，3—5 年就能收回全部成本。等挣了大钱，他要在美国迪斯尼乐园旁再建一座中国万博文化城。

现在追究万博文化城的"万"在今天可以代表什么，其实已经不重要了，重要的是当我们回顾当年的万博文化城，会感慨它的确是一个绝好的文化产业项目。无论是从它到南戴河海边的距离，还是紧邻高速的优势，如果换在今天，都用不着一位文化商人使劲挥动着文化的大旗去支撑着投资如此巨大、占地如此广阔、承载文化内容如此繁杂的万博文化城的运转。"遥想万博当年，小乔初长成，莺歌燕舞，慨而慷！"如果不是因为掌舵人的英年早逝，如果万博文化城可以坚持走到今天，文化产业的雏鹰可否成长为一只翱翔的雄鹰？！

万博文化城坐落在南戴河海滨，号称"北枕燕山，东依戴水"，占地 650 余亩，15 年前曾是南戴河的标志性建筑，至今城中旧址上还保留有 5000 余株长势在 20 年以上的稀有古树，以及 20 余处世界著名景观的微缩景观。

万博文化城 1992 年开工建设，1993 年剪彩开放，仅用了 14 个月的时间，在 650 余亩规划面积上完成了城楼、城墙、八个展馆近百间的展厅、亚洲最大的音乐喷泉、一个建筑一个样式的民族村以及布展、绿化、美化等一系列浩繁细致的工程，被当时的媒体惊呼为"创造令人振奋的'万博速度'！"当时甚至还流传着一些无法考证的高层评价，比如中央首长李瑞环来剪彩时说："当年我们的突击队可赶不上这个速度啊！"杨尚昆主席的保健医生建议老人在城里只可看 40 分钟，可他一看就是 4 个小时，还说："这么好的展览我哪能不看？明年我要住下来看它三天！"

来参观的外国游客更是惊叹："这里的样样东西都可以进入世界吉尼斯大全。"虽然受季节变更的影响，但万博文化城在黄金游览的两个月时间里，参观的人次就可达 18 万之多。万博文化城门票券上有醒目的两句宣传定位："万家博识三日览，千载文化一城收"，鼎盛之时更有"不去万博城，枉来南戴河"的豪言。

2004 年的万博文化城风貌尚且还可谓依稀，虽然杂草与人齐高，但还不能说是废墟。明媚阳光下的文化城全景郁郁葱葱，镜头远景中的"万博文化城"清晰可见，可以想象见当年的辉煌。

据说万博文化城中有近千块价值连城的天然巨石，面对拍卖后的财产清偿，它们的命运不知走向哪里。如今的万博城城门前尽是堆积如山的料石、沙土，零乱的钢筋、瓦砾，建筑材料是代表万博文化城可能出现复兴的奇迹，还是作为更加荒废的、不可能重现的现实，广阔的面积只能是新兴房地产的料场？

南戴河优越的自然地理位置和特殊的城市定位，依托它而形成的文化产业项目成为产业发展中十分独特的类型，不仅仅是万博文化城，很多文化项目同样被砖瓦石料所围，是自身即将修复还是另为他用，我们知道的只是变革。

文化面对产业，真如人工合成的钢筋面对天然的石料？传统，在天与地之间可以挺立多久？现代人的感慨在古人看来，可笑？在后来人看来，可叹？

二　产业运作背景下的文化万博城

万博文化城项目所依托的社会背景是 20 世纪 90 年代，其时中国的经济运行平稳提升，旅游产业经过初期的孕育开始进入发展快速增长的阶段，1993 年国内旅游人数首次突破 4 亿，国际旅游业排名进入前十位。旅游者的消费需求开始提升，人造文化景观开始出现，以深圳的"锦绣中华"成功赢利为代表，各地出现了以民族文化、世界文化、仿古文化为主题的各种人造文化旅游公园，仅深圳市一年内上报特批的文化旅游公园项目就达 60 多个。从 1990 年到 1993 年的三年中，全国各地共建起了能接待 1000 人以上的人造景观 1000 多处，景点主要集中在河北、浙江等省，总计耗资 50 多亿元，但众多项目中比较成功者寥寥，只有建于 1990 年的深圳世界公园、建于 1993 年的北京世界公园延续经营到今天。

万博文化城正是在这股以文化为核心元素的人造文化旅游景区热潮中开工兴建的，如今通过对项目策划和运营设想的梳理和审视，以及对经济技术要素的分析，项目的立项、设计、策划、定位是没有大的纰漏的。

统观各个成功的人造文化旅游景区项目，每一个项目在策划和确定之初必须综合考虑以下要素：

1. 项目周边需要具有适宜的地理区位及客源市场

万博文化城虽位于非大城市和特大城市的秦皇岛，但由于中国文化独有的特色原因，秦皇岛、北戴河具有不可比拟的市场优势，不论是在 80 公里或 1 小时汽车距离内的一级客源市场、游客能在一小时内自由往返的二级客源市场，还是流动人口特别是经商、会议、参观考察的群体游客三级客源市场，万博文化城在旅游产品的终端消费者环节上具有不可复制的优势和成功的必备条件。

2. 良好的对外交通、内部交通条件和可进入性

秦皇岛是比较早的由国家投资兴建高速公路的中等城市，并

以其特殊的城市定位获得了优于同类城市发展的交通、通信等基础设施发展条件。万博文化城正是众多受益者之一。

3. 空间集聚与竞争带来的正负影响

所谓空间集聚是指同一个城市或地区同类特点和类型项目的集聚，集聚可以增加地区的总体吸引力，但也可能产生空间竞争而使游客分流。万博文化城选择了刚刚起步的南戴河景区，既可以借助北戴河良好的资源，又正好避开了集聚的负面影响。

4. 区域经济发展水平及游客消费能力的影响

所有成功运作的要约中，只有这一点会对万博文化城的经营产生不利影响。虽然会议、参观考察的三级客源市场可以从旅游者的消费环节给予补充，但高投资的旅游项目是经济比较发达的地区才具备的投资能力，否则需要依靠引进外资或通过政府行为将有限的财政收入集中起来，如果不是这样，发展的后劲会不足。

万博文化城项目的确立以三优一劣的综合比分，可以轻松完成项目产业运作的第一个环节，项目立项优势明显，劣势可调。

▶图腾柱

但日后万博文化城的发展恰恰是受这个致命的劣势影响成为面对突然变故后的万博文化城致死的原因之一。

弘扬民族文化、民俗文化是万博文化城的文化定位，也是万博文化所号称的"特有的文化品位"。在城中，有通体朱红、融天安门的庄重、博采古代城楼建筑精华及万里长城魂魄的中国式典型的城门楼和城墙；有取材于出土的中国青铜器饰纹、高16米的沙陶图腾柱，雕刻有源于远古时期中华大地各个部族标志和偶像的各种造型的人面、龙、凤的浮雕像；有十二属相石雕群像；有巨型的现代风格的铜制浮雕"盘古开天"、"女娲补天"；有题为"华夏五千年"的彩色壁画，用象征性的手法描绘出甲骨文、半坡遗址、四大发明、马王堆汉墓、敦煌、云冈、嘉峪关、赵州桥等几乎所有我们知道的中国传统文化。

整个文化城的建筑是按照易经的八卦分布的，有八个展览馆，每个馆设有几个或十几个展厅，其中直接展示民间文化的展馆有五座，共计50个展厅，有艺术精品、民间艺术、民间收藏等五花八门、难以胜数的展品。有养鱼专业户的《双鱼图》，有产生于农妇剪刀下的剪纸，有奇巧的竹编工艺品《百子图》，有从民间珍藏中收集而来的彩玉雕花、桃木镂刻的宋代古床，有大型玉雕工艺品，有来自深山老林的巨石、根须等等。其中万博进行广泛宣传的珍品包括历时17年完成的、长7米、世界上最大的剪纸《清明上河图》，长15米、描摹从原始社会到秦汉时期我国荆楚文化不同特征及其汇合的竹墨刻画，八折11米长的《红楼梦》玉雕屏风，等等。

文化城八卦的中心是占地8000平方米的音乐喷泉。喷泉面积为2400平方米，由几千块玻璃拼合成的圆台构成，水上有灯480盏，水下有灯478盏，各类喷头2700多个，水下潜水泵58

台，最高扬程 70 多米，循环水流量每小时达 800 吨，号称"亚洲第一喷泉"。2004 年尚可看到些破碎和斑驳，现在连这些都没有了。

万博文化城中的民族村建筑同样是颇费心思的，白塔用料讲究、设计精美、工艺优秀，2008 年已经难觅它的身影了，拍卖使它荡然无存。

万博文化城中彩绘的壁画内容是中国传统文化历经的漫长岁月，其实文化历久弥新，仅仅靠为外人称道的长度、材料、手法是无法继承、传递、创新、交流的，我们要的是心灵深处的膜拜，产业要的是实打实的流程和模式。

如今，我们只能在拍卖公司、法院法律机构对万博文化城有价值财产进行分门别类清理的物品明细中品味它曾经的辉煌，这其中的很多精品已经破败，失去了颜色、失去了形状，在杂草丛生中风蚀、雨蚀、砂蚀，而我们更是感慨万博文化城所涉猎文化元素和内容的庞杂、芜杂、繁杂。失败的项目可以告诉我们：依托文化的产业开发，文化究竟应该是什么？产业究竟应该是什么样子？

三 产业运作的万象关联与文化背后孤独的特色

成功运作的人造文化旅游景观项目在运作和经营过程中必须纵深考虑多个环节的相关发展才可以形成以文化项目为主导、关联产业助推的良性产业运作链条。

强烈的个性与普遍的适宜性的有机结合是此类项目成功运作的必要前提，成功的文化产业项目必须具有不可替代的个性，如果处处模仿建设,最终必然难以逃脱失败的结局。同时还应该能满足不同年龄、不同文化、不同职业层次的游客的心理、娱乐需要,要有普遍的适宜性,这样才有可能吸引更多的游客。

现代旅游的发展特色是参与性与互动性,但主要采用的是被动游憩形式的经营管理方式,旅游消费的目的是让游客更多地围在表演场地观看,而不要求每个游客都积极参与表演。此种经营的好处是让游客有充沛的精力在公园多逗留一段时间,同时也有利于每个表演娱乐场地能容纳更多的游客。而游客逗留时间长则自然会产生饮食需求,公园的配套建设又产生了经济效益。

人造文化旅游景观通常都具有较大的活动范围和活动项目,自然就会增加投入。比如深圳世界之窗景区投资5亿元人民币(不含地价),占地0.44平方公里;广州世界大观投资6.8亿人民币,占地0.48平方公里,高投入的风险要求以高门票、高消费维持经营并赚钱,如何可以形成游客的回头率和重复消费,需要项目经营者在运作方式上有计划详尽的整体安排。

而对于以上三点必须遵循的文化项目产业运作的"军规",万博文化城在运作之初经营者并没有多层次地考虑周详。邀请中央领导人的高调政治亮相,已经将本应该产业运作的项目紧箍上了非产业的官方背景,项目文化定位总基调的模糊必然为后来的运作带来非润滑性的阻隔,当项目进展顺利时不良反应尚不明显,一旦出现波折,必然雪上加霜。万博文化城虽然运作了部分展览、活动,但所有活动文化含量的缺失、运作方式的低俗、经济链条的不完备,只会不断减弱"万博文化"最初设想和告知众人的高端文化内涵,更使得旅游消费者在消费奢求最高的冲动下,出现"被骗"的极大消费落差。非常态的、"拧巴"的项目经营运行轨迹,必然只能出现短期的赢利假象,最终难逃"全军溃败"的结局。

最重要的一点：成功的人造文化旅游景观必然要对邻近地区的经济产生极大的促进和影响，相关联行业受益最大的将是交通运输和宾馆酒店。譬如深圳的锦绣中华、世界之窗、中国民俗文化村聚集的华侨城，1991 年以前只有五星级酒店 1 家，到 1994年发展到 4 家，开房率也成倍增长。其次是要促进邻近地区的房地产开发与增值。1988 年华侨城原先的商品楼综合价分别为2015 港元和 3063.8 港元，远远低于中心商务区罗湖；而到 1992年，华侨城商品房的售价分别是 7556 港元和 7692 港元，与罗湖区基本持平。而万博文化城作为一个产业运作项目，即便在兴盛期间也没有为关联行业带来跨越式的变革，周边的酒店、运输并没有出现同步赢利，缺失了辅助性服务领域和可以产生产业升级的助推作用，万博文化城的陨落轨迹在剪彩之时就已经注定。

四 以产业为鉴的"文化万博"之痛定思痛

万博文化城的开发与项目的流失不能不说是文化产业界的滑铁卢，虽然在当时文化产业这个名词尚未出现，但当地领导对万博文化城支持的力度已经像今天的"建设文化产业大省"一样惊天动地。如果说已经消失在众人视线之外的万博文化城对于今天的文化产业还有什么作用，"前车之鉴"就是它最可以值得痛定思痛的意义。万博文化城的辉煌在 15 年前，陨落在 10 年前，被肢解和分割在 5 年前，财产分配执行在 1 年前，这是一个文化项目从生到死的完整过程，更是一个遵循社会程序、符合市场规则的文化项目的全经历，古语讲："以铜为鉴，可以正衣冠；以史为鉴，可以知兴替；以人为鉴，可以明得失。"以"万博文化城"项目为鉴，可以明了文化与产业的得失，知晓产业与文化的兴替。

得失一：如此庞大的地块，缺少科学有序的整体规划，虽然内容很丰富，但各自为战，彼此无法形成产业链条，大多都依靠项目策划者和执行者集于一身的"文化商人"的个人喜好和社会关系所能及的范围，所谓的"贪大求全"，这也就是内容万象、纠结万象的"万"字佛学的存在。

得失二：即便是在今天，博物馆概念的文化产业开发也很难凭借一己之力维系正常的产业运作，只依靠门票收入还很难支撑此类项目整体的运营费用。

得失三：文化项目的非常规运作和非产业运作，必然导致支持项目的领导在项目可持续的关注中无法保持延续性，无法保持政策的一致性。

得失四：据最新消息，万博文化城已被房地产公司开发为地产项目。这种现象并不是媒体时常披露的"用文化概念圈地开发

◀万博文化城全景

房地产"，而是闲置了多年，房地产拯救了这块土地，使它不再荒芜。

从原来万博文化城的旅游指南中可以看出创建者当年的雄心壮志，"中国万博文化城是一个具有较高民族文化品位，并融现代科技与娱乐观赏为一体的旅游胜地。是一座旨在弘扬中华文化、民族精神，集文化博览、现代娱乐、科技知识、军事教育、体育展示、商业贸易、旅游度假、民族风情和饮食服务于一体的综合性人文景观"。两年前笔者曾亲往此地考察，园中虽然杂草丛生，但城门依然很宏伟，生肖石柱依然坚挺，各种奇石百万之巨，民族特色的建筑虽已破败不堪，但依稀可见客房中的各种用品。

如今的万博文化城已经成为被覆盖的商业房地产开发，其实在万博奠基之时已经注定这个命运。不可再生的自然资源——土地远比可再生的文化资源价值高昂，尤其在市场为主导的商品社会。

作为西方文化典型代表的海洋，其后浪推动前浪的力量，以新覆盖旧的果断和创新，文化的差异应该预示着产业的差异吗？万博文化城希求以东方传统文化的万般基石面对大海，孤独、寥落，只是没有鸟儿的勇敢、稳定、超强的适应性，海鸟不分东方和西方，迁徙是自然赋予的本性，不问文化。

我们需要问什么？

世事流转，时光荏苒，万博文化城可以算是文化产业发展星空中一颗划过的流星，灿烂已过，轨迹留存，只是后来人只能疑惑地询问——南戴河上的万博文化城，文化产业在这里涅槃，成就了谁的梦想？！

思考题

1. 如何正确处理文化产业项目运作流程中的管理问题？
2. 文化产业项目的结构如何与飞速发展的信息时代相结合？
3. 如何实现领导者个人喜好与文化产业项目可持续发展的平衡关系？

相关链接

秦皇岛法院官方网站（www. qhdzfzzw. gov. cn）公布：2007年4月，各界瞩目的"万博文化城执行案"，涉及数百户被征地村民利益，涉案标的额仅本金就达1.3亿元。由于被执行人长期无法兑现征地补偿款，村民多次准备上访，数十家建筑施工单位由于无法得到拖欠的工程款，致使农民工工资长期被拖欠。省市两级法院从构建和谐社会的大局出发，成立了执行专案组，对涉及万博城执行的案件实行统一办理。执行人员几十次奔赴东北和北京等地，查找询问当事人500多人次，向全国其他法院致电联系1500多次，收集有关材料近2000份。在两级法院的不懈努力下，近日执行标的物被顺利拍卖，财产分配工作正在有序进行。

建川博物馆聚落：民营文化企业的酸甜苦辣

党跃武 徐敏 庞梅 王虹予

党跃武，四川大学公共管理学院教授；
庞梅，四川大学公共管理学院讲师；
徐敏、王虹予，四川大学公共管理学院硕士研究生

在当今的中国房地产界，也许有人还不知道樊建川和他的建川实业集团；但是，在当今的中国博物馆界，几乎没有人不知道樊建川和他的建川博物馆。

1957 年出生于中国四川省宜宾市的樊建川有着丰富的阅历和传奇的色彩：1974 年当知青，1976 年参军，1979 年考入西安政治学院，1981 年在第三军医大学教书，1988 年转业回到家乡，1991 年任宜宾市（县）常务副市长，1993 年辞职创办建川实业集团。政界的历练使他渐渐成熟，商界的风云使他更加自信。然而，真正让他成为一个完全意义上的全国性乃至世界性的公众人物则是在 2005 年。在四川省成都市大邑县的安仁古镇，经过两年筹建的建川博物馆终于在 2005 年 8 月 15 日开始对外展出。今天的建川博物馆不再是一个单体博物馆，它已经成为现今国内民间资金投入最多、建设规模最大、展览面积最广、收藏内容最丰的民间博物馆聚落，甚至被某些国外媒体冠以"世界最大的私人博物馆"称号。

2008 年初，樊建川公开宣布：建川博物馆的所有，连同 500 亩土地以及所有建筑物和藏品，都将在他死后全部无偿捐赠给成都市人民政府。而在 2007 年下半年，他曾与四川大学频繁接触，不仅洽谈合作，一度也表示要将建川博物馆全部无偿捐赠给四川大学。同时，他本人在境内外各类新闻媒体不断重拳出击，包括凤凰卫视的《文化大观园》、中央电视台的《小崔说事》和《东方时空》等还为建川博物馆制作了专题节目。2008 年四川汶川特大地震后，樊建川高调地买下了地震中幸存的一头猪，并命名为"猪坚强"。2008 年中秋，他邀约近 50 位四川商界名流齐聚建川博物馆，振臂高呼"我肥我坚强"。这样猛烈的宣传攻势和高调亮相，在很多人的眼中，似乎与他长期以来比较沉稳低调、以务实取胜的风格不那么吻合了。

那么，究竟是樊建川个人的风格发生了变化，还是建川博物馆的经营管理需要他发生这样的变化？联想到支撑建川博物馆的建川实业集团所处的中国房地产市场的风云变幻，我们不禁要问：难道是樊建川和他的建川博物馆也出现了某种"拐点"？

一　满座风生：建川博物馆发展之"谜"

建川博物馆聚落的出现和发展与它的主人樊建川自然有着紧密的关系，因为所有藏品均来自樊建川 30 余年的个人收藏。在樊建川的博物馆文化中，责任、现实和未来是最关键和最核心的精神支柱。发于责任、成于现实、功在未来，是建川博物馆崇高使命感之所由。

建川博物馆的初始，源于樊建川个人的收藏兴趣。他的收藏兴趣与他的个人经历有关，更源于他的社会责任感。他深刻地认识到，近代中国的一百年既有历史的辉煌、革命的成功和文化的灿烂，也有不能忘却的苦难和沉痛的教训。作为理想主义者的樊建川说："忘记历史就意味着背叛。所以，我要收藏百年历史。"目前，建川博物馆聚落共有藏品 800 余万件，其中国家一级文物 91 件。对于一个民间博物馆来讲，这是非常了不起的。

樊建川的收藏倾向可以说是一目了然——主要是与 20 世纪的抗日战争、"文化大革命"以及人们生活有关的一切。与传统的珠宝、古董或艺术品的收藏不同，他关注的不是祖父辈甚至更早的过去年代，而是父辈甚至自己和同辈所置身的难忘岁月。他的收藏更贴近现实，贴近生活，他的"藏品"来源也经常是废品站、旧货市场。所以，当年樊建川与地产界的老总们一起交流收藏经时，常常被嘲讽为"拾破烂的"。在今天的成都好几个文物市场，人们都私下流传着这样的"闲篇"：就是那个满脑子都是蒙着历史尘埃的文物的成功商人聚集了成都文物市场的人气，也抬高了成都文物市场的价格。事实上，樊建川自己也承认了这一点,他说:"我喜欢的就是这些。"

樊建川对抗战文物的情有独钟源于他参加过抗日战争的父亲和岳父。他获得的第一件抗战文物便来自父辈,"有八路军的臂章、水壶、望远镜"。他的父亲曾经是被八路军俘虏的伪军士兵,后来被改造成八路军的战斗英雄,在新中国成立后很长时间却受到了不公正待遇。这让同样当过兵的樊建川刻骨铭心,使他对抗日战争乃至抗战战俘的历史给予了更充分的关注。

▶不屈战俘馆

相对于抗战系列,樊建川收藏的"红色年代"文物,尤其是"文革"文物,规模和数量都非常巨大。他童年生活在十年"文革"的动荡之中。起初是看着自己的父亲被批斗和毒打,之后自己也参与其中。直至1976年"文化大革命"结束,他意识到了成长过程中的错误,同时也产生了用收藏来记录下这段历史的想法。樊建川可以说是中国"文革"文物收藏的第一人。

在樊建川的博物馆文化中,执著、融合和创新是最基本和最重要的生存方式。本于执著、利于融合、专于创新，是建川博物馆顽强生命力之所在。

对于收藏事业，樊建川形容自己就像吃苹果，吃出味了，想停都停不住。他的藏品早已不以件计数，有些藏品甚至以吨计数。樊建川对自己喜爱的藏品迷恋而一发不可收，只要是好东西一定会买下。在建博物馆前，他每年花在文物收藏上的资金超过2000万。他不仅一个人收藏，而且在全国组织了400多人的"淘金"网络，重点在东北、江苏、云南、四川等地帮他收藏文物。近年来，樊建川把"战火"烧到了日本。他在日本搜集了大量的画报、明信片和日记等文物，获得了许多鲜为人知的历史细节。目前，一批日本有识之士也在努力搜集这类文物，樊建川称这是"没有硝烟的抗日战场"。他说："做这件事情的人，要有股傻劲。我只是替国家保存记忆，这些东西是我私人搜集来的，但它们更属于这个国家。我立下了遗嘱，如果出了意外，所有藏品交还给国家。"

在收藏过程中，樊建川渐渐发现每一件文物都在倾诉一段历史故事。他不仅要为这个民族搜集历史的细节，更要避免后人集体丧失记忆。于是，随着藏品越来越多，樊建川开始产生了创办博物馆的念头。他认为，收藏文物就是收藏历史。收藏不是为了收藏而收藏，而是要把收藏展示给世人和后人。作为建川实业集团的董事长，他自信有这个经济实力来开办一家博物馆。

在筹建博物馆之初，樊建川为选址而举棋不定。他曾经在上海、广汉、都江堰等地选址，最初在都江堰购地签约。但是在2003年的秋天，他去了一趟大邑县安仁镇后，一切因此而改变。这里曾是抗日将领刘文辉、四川省主席刘湘、地主刘文彩的老家，素有"三军九旅十八团，连长营长数不完"的说法。当年的军阀豪门修建的公馆建筑基本保存完好，曾当过兵的他被硬朗的公馆建筑和军人气质所吸引。他产生了一个宏伟的计划，把博物馆聚落与老街、老公馆群街坊构成的古镇旅游区、刘文辉和刘文彩公馆田园风光区共同构成安仁古镇的三大旅游板块。同时，他还设想自己的房地产公司可以依托政策和文化的优势，在这片土地上开发体现"安仁天下"理念的新公馆群落。于是，建川博物馆从此落户川西名镇安仁。樊建川就是要透过建川博物馆这个庞大的文化载体，努力实现多元文化与传统文化的融合、企业文化与地方文化的融合、地产文化与旅游文化的融合、博物文化与休闲文化的融合、公馆文化与民俗文化的融合。

建川博物馆入驻安仁受到当地政府的欢迎和大力支持，在税收等方面给予了相当的优惠。同时，博物馆产业的发展迅速带动了当地经济的发展，解决了部分当地农村劳动力的就业问题。据介绍，建川博物馆招收的工作人员大部分是当地人，员工的工资每月基本都在 1000 元以上。因积极投身新农村建设，樊建川2006 年被中央统战部和中国光彩事业促进会授予"光彩事业奖章"，成为安仁镇的"荣誉镇长"。

今天的樊建川更喜欢把他的博物馆称为"聚落"，因为是他创造了"聚落"这个文化概念。由抗战、民俗和红色年代三大系列博物馆组成的建川博物馆聚落，被樊建川赋予了异常浓厚的文化内涵——"为了和平，收藏战争；为了未来，收藏教训；为了族魂，收藏传统"。樊建川在馆长自白中说道："不同内容、风格的博物馆聚集；不同行业、形式的服务业聚集；精神产品与物质产品融为一体，就是'聚落'的含义。"在樊建川看来，通过不懈的努力和奋斗，他不但要实现他的博物馆梦想，而且要打造一个全新的文化产业链和跨行业产业链，更要打造一个全新的文化生态链和社会发展链。建川博物馆聚落匠心独具地突破了传统意义上的单纯的"博物馆"概念，不仅超乎想象地在国内第一次将多达20余个博物馆汇集在一起，而且还进一步将各种业态的配套如酒店、客栈、茶馆、文物商店等各种商业等汇集在一起，让这些配套设施呈现亚博物馆状态，形成一个集藏品展示、教育研究、旅游休闲、收藏交流、艺术博览、影视拍摄等多项功能为一体的新概念博物馆和中国百年文博旅游及乡村休闲度假旅游目的地。很多人在参观了建川博物馆聚落后都感叹不已，觉得它"实在是一个创举，看后令人耳目一新，有种不可思议的感觉"。

据称，目前的建川博物馆不含藏品投入已累计投入近4亿元。现已完全对外开放的有11座博物馆、2个主题广场，包括抗战系列的中流砥柱馆、正面战场馆、飞虎奇兵馆、不屈战俘馆、川军抗战馆、"中国壮士"群雕广场和抗战老兵手印广场，红色年代系列的红色年代瓷器陈列馆、红色年代生活用品馆和红色年代章钟印陈列馆，民俗系列的老公馆家具馆、三寸金莲文物陈列馆，四川汶川特大地震主题纪念馆《震·撼：5.12-6.12日记》。同时，初步建成了三星级的红色年代生活主题酒店以及阿庆嫂茶铺、龙门阵客栈、红卫兵客栈、飞虎队酒水吧、工农兵大食堂、纪念报章陈列销售厅、精品文物商店、拓展训练基地、特色旅游商品店等配套文化服务设施。既有文化又有商业、既有精神也有物质的建川博物馆正在成为展示民间博物馆生存之道的亮丽而独特的风景线。樊建川的目标是在他的有生之年将25个博物馆全部建成开放。这是用一个中型房地产开发公司的钱支撑一个收藏一个世纪的中国的博物馆，用樊建川自己的话说："我是用小马拉大车。"这是一项伟大而艰巨的发展事业，也是一个有社会责任感的民营企业和民营企业家的创举。

二 登高眺远：建川博物馆发展之"势"

今天，樊建川和他的建川博物馆聚落以其不同凡响的、浩大的文化系统工程，已经成为抗战和"文革"历史收藏的代名词，为自身带来了良好的社会效益，赢得了社会的普遍推崇和尊敬。樊建川，这位建川博物馆的主人、建川实业集团董事长，名列2007年胡润中国富豪榜第397位，已经成为四川省政协常委、中国抗日战争史学会副秘书长、四川省收藏家协会副主席。2006年樊建川荣登《凤凰周刊》的封面，被誉为"百年信史的民间布道者"。2007年樊建川获得"建设成都杰出贡献奖"，是当年获此殊荣的唯一民营企业家。2008年樊建川因修建飞虎奇兵馆，和美国前总统乔治·布什同获美国布莱恩特大学荣誉博士。博物馆先后被批准为全国文化产业示范基地、全国光彩事业重点项目、四川省青少年爱国主义教育基地、四川省文化产业示范单位、成都市爱国主义教育基地、成都市国防教育中心，也是多个高等学校的教学实习基地和文化素质教育基地。2007年11月，国务院副总理回良玉在四川省和成都市领导的陪同下参观了建川博物馆聚落。他认为，建川博物馆聚落符合和谐社会发展的要求，对社会主义新农村的文化旅游建设很有意义。2005年8月，建川博物馆聚落开馆之际，国民党主席连战、抗日名将吕正操、知名人士陈香梅女士等曾经题词表示祝贺。2006年4月，全国政协副主席李蒙一行考察了建川博物馆聚落。2007年9月，凤凰卫视控股公司主席刘长乐一行参观考察建川博物馆聚落，并赠言"难得明白"。

从极其挑剔的同行那里，樊建川和他的博物馆聚落同样得到了极高的评价。中国人民抗日战争纪念馆馆长王新华认为："建川博物馆建馆理念新颖，提出'小型馆聚落'、'展馆超市'的特色，符合现在'红色旅游'的潮流。"东北烈士纪念馆馆长刘加量认为："建川博物馆聚落是一个有胆识、有远见的文化产业开发典范。建川博物馆真正做到了企业和文化的结合，企业做文化产业能更多地拉动文化的发展，吸引更多的游客。"侵华日军南京大屠杀遇难同胞纪念馆馆长朱成山认为："现在国内博物馆普遍重建设轻陈列，就陈列内容而言我们更多地注重形式的东西，而非内容。建川博物馆聚落以'文物说话'的方式为我们提供了借鉴。"上海淞沪抗战纪念馆馆长沈建忠认为："樊建川作为民间收藏者，每年投入高达 2000 万元。高投入保证了藏品的多样性、丰富性，对历史的还原程度就越大。社会力量的参与，将加大博物馆事业的建设步伐。"

面对纷至沓来的表扬和赞许，樊建川和他的建川博物馆聚落始终保持着异常清醒的头脑。他们坚持以发展博物馆聚落理念为中心，不断探索新的发展路子，努力向着远大的目标逼近。

从 2006 年的亏损 800 万左右，到 2007 年的亏损 400 万左右，再到 2008 年的基本收支平衡，建川博物馆已经完成了初始的摸索阶段。实际上，在四川汶川特大地震发生之前，建川博物馆的预期是 2008 年要实现年销售收入 1860 万，净利润 215 万。亏损的时候能够支撑下去，得益于建川实业的支持。现在能做到收支平衡，则主要得益于樊建川"聚落"的建设理念。据介绍，目前门票收入已经接近博物馆总收入的一半，而其他收入来自于酒店、餐饮和销售纪念品等方面的收益。建川博物馆聚落配套的金桂公馆酒店和位于博物馆园区内的龙门阵客栈、红卫兵客栈、阿庆嫂茶铺、飞虎队酒水吧等，可以满足不同层次的需求，也增加了不少收入。旅游纪念品也是收入的重要组成部分。与其他地方旅游纪念品不同，建川博物馆的旅游纪念品主要是关于抗战、民俗、红色年代三大主题的。樊建川提出了"以文物来养文物"的经营创意。有的纪念品本身就是文物，虽然大多价格不菲，不过是其独有而其他地方买不到的，具有一定的特色和优势，对参观者仍然有较强的吸引力。在纪念品销售上，建川博物馆开始采取"走出建川"的营销策略，在成都市区的罗马假日广场开设了文物纪念品专卖店，将特色文物纪念品的销售对象从参观的游客扩大到了整个成都市，并且将服务定位于特色服务和中高端人群。

建川博物馆的"聚落"理念，体现了它作为民营博物馆努力打造自我"造血"能力的发展思想，是把博物馆真正作为一种文化产业来运作。资金短缺几乎是当前所有民营博物馆面临的最突出的困难。中国最早的民营博物馆之一、北京观复古典艺术博物馆馆长马未都说，1996 年和他的博物馆一起被批准的民营博物馆一共有四家，现在只剩两家了。在商业与文化的激烈碰撞中，让民营博物馆拥有"造血"功能，是建川博物馆为民营博物馆的发展指明的一条正确道路。虽然建川博物馆目前能够做到收支基本平衡已经可以说是可喜可贺了，不过要想继续开设新馆甚至从现在的 11 个馆开到最终目标 25 个，困难依然十分巨大。建川博物馆一掷千金地请来国内外知名的建筑大师和雕塑大师如矶崎新、切斯特·怀东、邢同和、张永和、彭一刚、马国馨等担纲设计和创作，但视觉效果极其精彩震撼的博物馆里却无一装有空调设备。特别是以玻璃为主要建材的飞虎奇兵馆，采用水泵抽水浇在屋顶的土办法降温，目的就是尽可能地降低运营成本。所以，要做到真正意义上的收支平衡甚至赢利，建川博物馆必须更好地发挥"聚落"理念的经济效应，努力寻求新的发展点和赢利模式。

做好商业旅游仍然是建川博物馆发展的重要内容之一。樊建川选择将博物馆落户安仁，其实也是出于其独特的商业嗅觉。樊建川希望建川博物馆与安仁镇周围遍布的 20 多个公馆建筑形成一个整体，立体地反映出上个世纪中国的百年历史。其实，他也希望在创办之初借刘氏庄园等安仁老公馆的名气吸引更多的人气。不过就目前的情形看，反而是建川博物馆在带动安仁镇的旅游经济。建川博物馆由于自身的优势，完全可以发展成为一条非常有吸引力的红色旅游线路。在团体旅游方面，建川博物馆已经有了一些新的尝试。例如，与少年军校四川总校开展学员军训项目的合作，为军校学员提供日常军训场地，增加了博物馆文化元素。与人众人公司合作开展素质拓展训练，不仅增加了一笔不错的收入，也起到了一定的宣传作用。在个人旅游方面，建川博物馆则较为薄弱。首先，建川博物馆的宣传力度不够，市场人气不高；其次，从成都到安仁的公共交通极不方便，限制了个人游客的积极性；再次，建川博物馆的休闲和娱乐项目有所欠缺，形式较为单一。随着 2008 年年底将建设从成都直达安仁的快速通道，客观条件将逐步改善，增加新的休闲、娱乐项目应是建川博物馆新的发展任务和努力方向。

同时，做好宣传推广也是建川博物馆发展的重要内容之一。在宣传推广方面，早期的樊建川似乎更愿意把钱用在新馆的建设中，而在宣传的时候尽量采取有所侧重的做法。例如，通过跟媒体合作来代替在媒体上投放广告。目前建川博物馆已经和成都媒体《明日·快一周》进行合作，凭《明日·快一周》上的优惠券到建川博物馆参观门票可优惠 20 元。樊建川几乎每年一本的著作也起了不错的文化宣传效果，继《一个人的抗战》、《抗俘》、《荻岛静夫日记》之后，2008 年樊建川又编著了一本关于抗战的书——《兵火》。以《兵火》为例，目前总共印刷了 1 万册，大多是在园区内当作旅游纪念品销售或赠送，其更多的作用是帮建川博物馆做文化宣传。2008 年 3 月中央电视台《小崔说事》专题节目播出后，游客量迅速上升，甚至达到了一天 5 万元的门票收入。刚开放不久的地震展览馆也是一个有侧重宣传的成功案例。地震展览馆看似编外，超越了抗战、民俗、红色年代三大主题，却牵动人心。四川汶川特大地震让建川博物馆损失了不少瓷器文物，也让游客量急速下滑，甚至连续四天没有一分钱的门票收入。很多人通过网络，通过"猪坚强"认识了建川博物馆。地震展览馆的免费开放又让游客量慢慢上升，并再一次向外界宣传了建川博物馆。

在与政府的关系方面，樊建川称在将来会将建川博物馆赠送给成都市人民政府，在不少人的眼中，这似乎也有想在目前获得成都市人民政府更多支持与帮助的意味。目前，建川博物馆与安仁镇和大邑县政府的直接商业合作相对比较少。安仁镇对建川博物馆主要起到的是支持发展的作用。虽然大邑县旅游局也有对外宣传活动，但主要是将大邑县境内所有旅游项目打包宣传，并没有专门针对建川博物馆。所以，樊建川更多地想到的是与更高层的合作。为庆祝建国 60 周年，樊建川专门建立了"永恒的民间记忆（1949—2009）"陈列馆，当地政府就给予了一定的资金支持，并且对整个建川博物馆的税收提供很大优惠。成都文化旅游发展集团是经成都市委、市政府批准，市国资委授权的国有独资公司。建川博物馆和成都文化旅游发展集团已经开始紧密合作，下一步计划是在成都开设 100 多个门票销售网点并实行电子门票。

建川博物馆和建川实业集团的关系是不言而喻的。建川博物馆聚落每年的财政缺口都是靠建川实业集团来支撑，正如樊建川所说："博物馆是我的幺儿，也是个智障儿。集团别的公司都赚钱，只有这儿亏损。我得要想办法赚钱来养这个智障儿，不能让他太难受了！"作为局外人，我们无从知道建川实业集团到底为建川博物馆投了多少钱。建川实业集团通过投资建川博物馆对社会是有巨大贡献的，做的也并不完全是赔本的生意。很多人往往都是先知道建川博物馆，然后才知道建川实业集团。建川博物馆作为文化企业目前可能没有为建川实业集团赚到一分钱，但是的确赚到了名誉和声望。建川实业称其长远目标是依靠房地产带动博物馆，而近期规划中实际上也想依靠博物馆带动房地产。建川实业集团以文化产业项目而非房地产项目在大邑县安仁镇获得建川博物馆 500 亩土地。据介绍，本来大邑县承诺的是 1000 亩土地，所以整个项目不排除会进一步扩大的可能。整个项目当然不只包括博物馆，还包括房地产。将安仁镇发展成为一片特色文化旅游区，不仅博物馆会赚钱，相关产业也会发展起来，房地产自然也不例外。这也许是樊建川最初的真正打算，所以他押定了安仁这一宝。难怪樊建川会说，目前中国最有特色的镇就是丽江和周庄，五年以后就会添上安仁镇。但是从 2007 年开始，房地产业开始下滑，2008 年的房地产开发商更是面临巨大的考验。樊建川自己也应该感觉到不能一直依靠建川实业集团来维持他的建川博物馆聚落，最终他的博物馆一定要走上自给自足之路，一定要自己养活自己。这样，博物馆的发展之路才能走得更加长远。

三 路漫漫兮:建川博物馆发展之"痒"

经过快速和超常规的建设和发展,建川博物馆聚落的确面临着发展的"三年之痒"。樊建川和他的建川博物馆聚落已经成为博物馆界的名人名馆,甚至大大超越了博物文化领域。但是,出名并不代表赢利。一个真正意义上和原始意义上的博物馆要有强大的经济支撑和社会支持,它本身或许是不需要赢利的,更多的是一种"文化奢侈品"。然而,建川博物馆是一个民间博物馆而不是国家博物馆,是一个民营文化企业而不是国家事业单位。建川博物馆聚落在感动整个社会的同时,必须依靠自己的努力来延续生命和活力。因此,我们必须看到光环背后的一丝阴影,必须看到发展背后的潜在危机。

正如我们前面提到的,2007 年下半年以来,樊建川和他的建川博物馆聚落开始以高调的姿态展现在公众面前。有人质疑,樊建川由政府官员而房地产商人,转而发展民营博物馆文化,在房地产行业逐渐滑坡的大环境下,是出于无奈还是潇洒的转身?也有人说,建川博物馆的政治元素高于商业元素,难以在商业上有更大发展。对于这些说法,我们无法过早下定论。但是,至少有四个方面的问题制约着建川博物馆聚落的进一步发展。

第一是定位问题。综观中外,任何国家的博物馆都是一个投入成本高、经济收益小的事业,博物馆所体现的价值在于其无法用金钱衡量的社会效益和文化内涵。所以一般私人博物馆的规模都很小,规模越大收支就越难以平衡。中国的十大民间博物馆,除建川博物馆之外,包括中国紫檀博物馆、西安金泉钱币博物馆、观复古典艺术博物馆、古陶文明博物馆、深圳青瓷博物馆、东莞石龙家具博物馆、上海包畹蓉京剧艺术博物馆、天津粤唯鲜博物馆、上海四海壶具博物馆等。其中，建川博物馆聚落是民间博物馆中耗资最多、规模最大的，所以在经济上的压力也最大。当初樊建川也一定程度地意识到了这个问题，所以，他最初的设想是先将建川博物馆聚落与安仁古镇的旅游对接起来，通过建立自身的文化产业链来维持基本运行，通过文化产业与房地产产业的结合确保可持续发展。但是，这样的设想现在看来太过于自信和理想化了，缺乏周密的经济可行性分析。因此，由于没有国家资金的支持，定位于民营博物馆就必定要把它作为一个长期的事业，不可能希望在短期内能够赢利，保持收支平衡已经是相当不容易的了。

面对突出的资金问题，在发展初期，建川博物馆甚至采取了自给自足的经营方式，自己种菜自己养猪羊，一直努力降低成本，减少亏损。但是，自从 2007 年物价开始上涨以来，其他方面的成本仍在增加，原来正在缩小的亏损缺口又有了扩大的趋势。在建川博物馆聚落发展过程中，建川实业集团始终扮演着坚强的经济后盾的角色。在房地产行业整体下滑的背景之下，建川实业集团的年利润也在下降。虽然建设新馆的速度已经开始放慢，但樊建川的理想还是要在不久之后完全建成 25 个馆，资金缺口非常大。

对于建川博物馆来说，定位问题与资金问题紧密关联。如果能够比较现实地定位于民营博物馆和消费型文化企业，适度降低经济效益目标，重在社会效益和生态效益目标，那么资金问题就可能更加突出。这的确是一个十分矛盾的选择。同时，解决资金问题必须主要通过扩充融资渠道、增大外部经济投入等方式来解决，而不能单纯以扩大消费群体、降低服务水准等类似"逼公鸡下蛋"的方式来解决。

第二是机制问题。对于一个博物馆来说，管理机制是发展的关键之钥。除了严格规范内部管理机制之外，非常重要的是要在人力资源管理、公共关系管理等方面建立长期而有效的机制。在某种意义上，建川博物馆聚落的建设和发展几乎完全依靠樊建川的一己之力。任何企业的发展都离不开一大批优秀的专业人才。建川博物馆聚落由于其收藏内容的特殊性，加之发展速度很快，亟需大量博物馆学、档案学、文学、历史、军事、日语和英语等方面的专业人才。樊建川和他的建川博物馆拥有中国最多的抗战和"文革"文物，堪以吨来计量。大量的文物无序地湮没于仓库之中，没有足够的人力来进行整理和管理。从表面上看，樊建川和他的建川博物馆对于这些文物似乎是胸有成竹，并不急于进行科学的分类、筛选、甄别和典藏。因为当有人提出进行合作研究和合作整理时，樊建川和他的建川博物馆并没有给予积极的回应。在经营管理上，面对日益庞大的博物馆聚落，专业化管理人才也显得捉襟见肘。通过对部分员工的访谈和对管理与服务的观察，我们不难发现人力资源的开发和管理已经成为制约建川博物馆发展的一个重要的瓶颈因素。

在公共关系管理方面，早期的樊建川和他的建川博物馆宣传力度是不够的。公众基本都是通过网络、报纸杂志以及媒体对樊建川的采访了解建川博物馆聚落。就以中央电视台《小崔说事》为例，自从该节目播出之后，整个建川博物馆聚落的访问流量直线上升。这就是一个活生生的宣传实例。在成都市，人们却很少能看到建川博物馆聚落本身的宣传。这不能不说是公共关系管理和营销管理不到位的结果。最主要的原因也许就是广告宣传需要大量的资金，而现在他们所缺乏的主要就是资金。只建馆不宣传，想宣传时没钱宣传，就会陷入恶性循环。同时，建川博物馆针对政府、公司、企业、学校等机构开展的推介服务项目的公关力度也不够。虽然建川博物馆已经开始从被动吸引向主动联系方式转变，但是由于缺乏相应的机制保证，市场公关人才也相对比较缺乏，在公共关系管理方面仍然心有余而力不足。

第三是环境问题。尽管四川省大邑县的安仁古镇拥有许多传奇式的人物以及这些人物背后的故事，仅以旅游资源来说，绝对不输于成都周边的洛带古镇和黄龙溪。任何介绍建川博物馆的文章都会提到安仁镇是一个有着抗战背景甚至具有"文革"背景的古镇，如果保存完好的老公馆加古镇再加上建川博物馆，那一定是一条热门旅游线路。但是，从旅游资源的开发上看，安仁镇肯定不及洛带和黄龙溪等古镇。在成都的各大旅行社，洛带古镇和黄龙溪都是短线旅游的热点，经常可见平面媒体和电视媒体的宣传。而安仁古镇的宣传相对较少，甚至许多人还不知道有这么个地方。同时，前往安仁古镇的道路不佳，交通不便利，游客量自然锐减。在旅游资源的开发上，洛带和黄龙溪等古镇非常注重细节，让游客能充分感觉到古镇的文化氛围。反观安仁古镇，不仅街上道路不平整、建筑非常破败，并且建筑物上充斥着许多不旧不新的灯箱、塑料店牌。从建川博物馆出来走到安仁镇街上，不觉得置身于古镇，而感到是散乱的乡镇。距离刘氏庄园约50米处几个人为的石柱子不知道堵住了多少游客的脚步。

成都是一个闻名全国的休闲城市，而建川博物馆的主题相对比较严肃，目前的安仁镇休闲性不强。在节假日，一般的成都人可能会驱车两小时去一个地方休闲，而不大会驱车两小时去看一个严肃的主题。将成都这个休闲城市作为一个严肃主题博物馆的大后方,对这样的博物馆的发展是否有帮助、是否有影响,这是需要商榷的。但是建川博物馆已经建好了,搬不动、抬不走。建川博物馆更需要考虑的是如何让建川博物馆和成都的人文环境更加合拍,以此来促进其健康发展。要努力突出特色经营,开发特色服务项目。例如,可以结合川西餐饮文化在建川博物馆开展体验式餐饮服务,结合博物馆主题设计与抗战、"文革"、民俗有关的娱乐项目。这样既不脱离建川博物馆的主题,还能体现自己的特色,增强建川博物馆的吸引力。

第四是观念问题。其实对于建川博物馆来说,发展观念问题比其他问题更为重要。建川博物馆最珍贵的不是土地,不是馆舍,而是文物。文物及其蕴涵的文化和历史才是建川博物馆实现可持续发展的关键因素。坚持文化内涵优先发展的原则而不是文物展示优先才是建川博物馆发展的正途。文物展示是基础,据樊建川称,目前的建川博物馆只展出了所有藏品的万分之一。如果把文物收来仅仅为了放在仓库里,那是对文物的浪费。但建川博物馆目前没有资金、人力、时间和空间来完成所有文物的展示。如何进一步增强展览的文化内涵,任务十分艰巨。不是有年轻游客在参观红色年代系列的章钟印馆时,看见那一整面又一整面墙的钟而发出所谓"好伟大的时代"这样的感慨吗?

同时,一个好的博物馆既不能脱离实际又不能太过于注重眼前利益,必须坚持立足现实面向未来的原则,必须有科学发展和可持续发展的思维。樊建川希望在有生之年将所有的博物馆建成的精神是值得敬佩的。但是,如何形成良性造血机制和长效发展机制更为关键和重要。一味建馆而不先以馆养馆,必然会加剧"小马拉大车"的困境。建川博物馆聚落曾经也与部分高等学校和研究机构洽谈过合作事宜,但是如果只是希望通过合作在短期内让建川博物馆聚落焕然重生，没有互惠双赢的发展观念，这当然是不现实的。

要保证博物馆有文化内涵和可持续发展，必须坚持全面开发文化资源的原则，使建川博物馆聚落成为一个既有品位又有趣味，既能抓住人们的"眼球"，也能影响人们"大脑"的文化概念和文化实体。虽然所有文物的文化内涵是与生俱来的，但也是需要着力开发和挖掘的，甚至是需要深度开发的。文化资源的开发需要文化的积淀和知识的积累，不是简单地凭借兴趣就可以完成的，必须具有一种"科学研究"的精神和方法。建川博物馆已经有了非常丰富的文化素材，如果自身不能解决文化资源开发的人才问题，就需要转换思路，使高等学校和研究机构的人才为我所用。建川博物馆的背后是民营企业。对于民营企业来说，不能赢利的东西可能就不会去开发；对于高等学校和研究机构来说，没有价值的东西更是不会去研究。这完全可能形成一种文化的冲突。建川博物馆要发展，更需要在文化资源的深度开发中发现新的文化增长点。但是，文化资源的深度挖掘和全面开发是需要时间的，往往不是短期见效的。这不仅需要我们的文化工作者耐得住寂寞，更需要我们的投资者忍得住等待。

四　笔者观点

建川，是一个博物馆的名字，也是一个人的名字。樊建川用自己的名字命名他所拥有的公司和博物馆项目。他立下了要为中国人民乃至中华民族"补钙"的孤怀闳识，建川博物馆聚落就是他一生的希望和寄托。经过近三年的建设和发展，建川博物馆的确到了一个拐点，一个从外延发展到内涵发展的拐点。本来这个拐点的到来还没有如此的早,但是,作为其经济支撑的建川实业集团所置身的房地产行业在 2007 年开始进入远离泡沫的时代,建川博物馆不得不因此而提前迎接这样的转变。

建川博物馆聚落的发展,首先是发展定位和发展观念的问题,其次是建设资金和建设人才问题,然后才是其他方面的若干问题。要真正使建川博物馆聚落摆脱目前存在的发展困境,走上健康发展的快车道,必须努力做到以下六个方面:

(一) 坚持科学发展,实现发展转型

全面审视建川博物馆聚落,它明显具有多重属性:既是一个完全由私人创办的私人博物馆,又是一个依托民营企业的民营博物馆,还是一个自主确定主题的民间博物馆,更是一个有重大社会意义的人文博物馆。客观地说,它比一般的国家投入建设的博物馆面临的经济压力更大,比一般的自然博物馆或休闲博物馆面临的政策性制约更大。坚持发展是解决一切问题的关键。因此,建川博物馆聚落不仅要适者生存,而且要持续发展,更必须坚持科学发展的基本思想。要积极满足社会需要,全面服务区域经济,立足自身的"聚落"特点,把促进社会主义文化大繁荣大发展作为建馆之本,尽快从外延发展过渡到内涵发展,从重视建设新馆过渡到重视文化开发,从关注发展规模过渡到关注发展效益。一言以蔽之,建川博物馆聚落不仅发展前景是美好的,发展路向也应该是科学的。

(二) 搞好发展定位,合理调整目标

建川博物馆聚落是樊建川一生的心血之作。作为中国民间资

金投入最多、建设规模最大、展览面积最广和收藏内容最丰富的民间博物馆，占地500亩，投资数亿元的建川博物馆聚落几乎耗尽了他下海经商、开发房地产十多年来的全部收益，甚至为此卖掉了公司7000平方米的办公楼。要科学地分析建川博物馆聚落生存和发展的现实环境，尤其是在建川实业集团的经济支撑力度逐步减弱的状况下，必须首先为今后的发展定好位、布好局，把建川博物馆聚落的发展定位于短期的公益型文化企业、重在社会效益，中期的非赢利文化企业、社会效益和经济效益基本平衡，长期的微利文化企业、全面协调可持续发展。俗话说："有多大的头，戴多大的帽。"要服从这一科学的发展定位，在今后一个时期要根据开源和节流两个方面的要求，调整建设和发展目标，制定和完善建川博物馆聚落建设体系的阶段性和中长期规划，使之更加切实可行，更加符合经济状况和经营状况。

（三）打造文化精品，突出自身特色

建川博物馆聚落的生命在于特色，在于有什么样的文化精品。要实施分步发展的战略规划，首先要适度控制规模扩张，但是打造文化精品的要求不能降低。目前，建川博物馆聚落确立的"抗战、红色年代、民俗"三大主题的博物馆建设体系已经初步建成，建设25个左右的博物馆的目标已经基本确定。不仅要坚持"成熟一个建设一个，建设一个就是一项文化精品"的原则，而且要对已有的博物馆进行有意识、有目的的再造，尤其是对红色年代系列和民俗系列的博物馆要进行深度的文化包装，在政策和条件允许的情况下，努力做到凸显亮点、挖掘热点、激活需求、扩大影响，真正发挥其现实的文化功能。

（四）完善造血功能，保持稳定发展

资金来源单一是当前民营博物馆共同面临的最大问题。国家关于博物馆免费开放的政策出台后，大多数民营博物馆的生存状况无疑将更加严峻。近年来，不断开建的新馆、持续增加的藏品、十分有限的客流和日常庞大的维护管理费用已经让建川博物馆不堪重负。首先要维持自身的生存，而后才能谈其发展。无论如何控制成本和发展速度，都需要大量资金的不断投入。因此，作为一个民营企业，要最终回馈社会，必须提高自身的造血功能，形成良性循环的发展态势，这是摆在建川博物馆面前的一个严峻问题。樊建川常常说的"小马拉大车"的境况已经不可能维持下去了，何况小马自身的口粮也不像以前那样丰足了。要形成良好的造血功能，必须从观念更新、思想解放开始，以创造社会效益和经济效益双丰收为根本目的，尤其需要坚持多种经营，完善配套服务项目和设施；坚持主动出击，建立契合实际的营销体系；坚持精品取胜，开发满足用户需要的文化项目；坚持以人为本，高度重视游客的参与性和体验度。

（五）改善发展环境，推进文化融合

如果没有政府的大力促进和外部环境的不断改善，建川博物馆这样的民营文化企业很难实现可持续发展。要积极争取政府在各方面的大力支持，尤其是在规划建设、金融信贷、土地征用、税费减免等方面给予政策优惠，不仅可以适当化解投资风险，而且可以适度减少运营成本。对于建川博物馆来说，最为紧要的是，要进一步扩大融资渠道，积极引导民间投资，改变目前主要由建川实业集团承担投资风险和经济支撑的单一格局。要将多种文化要素有机地加以融合，真正融入地方文化之中，最大限度地获得地方和政府的支持，对于已有的利好政策更要运用到位。要开展有效的公关管理，积极借助政府的力量，努力改善目前大邑县安仁镇的周边交通状况和建设环境。

（六）实行开放办馆，促进互惠双赢

建川博物馆今后的发展已经不能再完全依赖自己的力量，更不是依赖樊建川一个人的力量。"酒好也怕巷子深"，建川博物馆同样离不开有特色的宣传和营销，必须面向社会、面向需求，在经营管理手段上实行开放办馆。要通过加强科学化和人性化管理、加大政府支持力度等措施，改善内部和外部的发展环境，在经营管理理念上实行开放办馆。更为重要的是，要加强开展与高等学校和科研机构的高水平合作，通过"借鸟筑巢"、"借鸡下蛋"，在文化融合中实行开放办馆。2007 年 12 月，四川大学锦城学院和四川安仁建川文化产业开发有限公司举行了校企合作签字仪式。这是建川实业集团首次与高校合作。建川博物馆要坚持互惠双赢的原则，更好地依托高校的教育资源优势，借助高校的人才优势、技术优势、信息优势提升文化创新能力，提高经营管理水平，提高文化企业的核心竞争力。

思考题

1. 作为民营企业，特别是民营文化企业，建川博物馆在发展道路上有哪些成功经验？主要存在哪些问题？

2. 民营文化产业应该走出怎样一条有中国特色的发展道路？

参考文献

1. 康晓蓉、吴燕子：《樊建川：天府聚宝盆博物第二城——专访建川博物馆馆长樊建川》，《西部广播电视》2008 年第 4 期

2. 王宏亮：《人：独行者的抗战记忆——樊建川与他的私人抗战博物馆》，《国际展望》2007 年第 13 期

3. 陈曦：《樊建川的"博物馆样本"》，《四川党的建设》城市版 2007 年第 4 期

4. 唐陌楚：《历史细节的还原与再现：樊建川和建川博物馆聚落》，《收藏界》2006 年第 2 期

5. 陈甜：《樊建川：旁证一个时代》，《青年作家》2006 年第 1 期

6. 戴超、戴文渠：《见证中华民族的抗战：访四川建川博物馆抗战馆》，《时代潮》2005 年第 15 期

附 录

建川博物馆聚落简介

抗战文物系列之中流砥柱馆

该馆规模居各馆之首，展厅面积为 2435 平方米，位于主道路最前方，是游客参观的第一站。通过三个主题单元——"民族的脊梁"、"敌后之岁月"、"根据地建设"，以历史照片、资料、

实物、文献和场景复原等方式，突出反映了中国共产党代表全中国人民的意志，领导和推动了伟大的抗日战争，浴血奋战于抗战最前线，成为全民族团结抗战的中流砥柱的光辉历史。

抗战文物系列之正面战场馆

该馆位于中流砥柱馆旁，取意国共合作抗击日军之意，建筑面积 1299 平方米。第一单元"抗战缘起"，简要介绍 1931—1937 年的历史，重点介绍国民党部分爱国将领的局部抗战；第二单元"正面战场"，主要展示国民党军队在抗日战争中的 22 个重大战役；第三单元"空中御敌"，展现当时空中战场的艰难残酷和中国空军以弱战强的无畏精神。

抗战文物系列之飞虎奇兵馆

该馆展示面积 1382 平方米。第一单元"援华概述"，介绍了抗日战争期间美军援华的整体情况；第二单元"飞虎神兵"，展示陈纳德将军和飞虎队的传奇经历；第三单元"友谊长存"，展示中美人民特别是二战老兵举行的纪念活动。

抗战文物系列之川军抗战馆

该馆展厅面积 2087 平方米，分为"30 万川军出川抗战"、"300 万壮丁奔赴前线"两大部分，突出表现居于抗战后方的四川提供巨大的人力资源前往前线浴血奋战所作出的特殊贡献的历史史实。

抗战文物系列之不屈战俘馆

该馆建筑面积 717 平方米，分为四个单元，是目前为止全亚洲唯一的一座战俘纪念馆，通过大量的十分珍贵的老照片和文物，反映在抗战中被日军俘虏的我军将士的情况。

抗战文物系列之中国抗日壮士（1931—1945）群雕广场

占地面积约为 1 万平方米，场上矗立 201 尊抗日著名将领的钢铁塑像，为建川博物馆聚落系列建设的一部分。

抗战文物系列之抗战老兵手印广场

整个广场占地面积 3000 平方米，呈 V 字形，寓意抗日战争的辉煌胜利。以老兵手印这样一种特殊的方式记住抗日战争和抗日老兵的巨大贡献。手印主人都是曾经参加抗战的老兵，年龄最小的 80 余岁，最大的 100 余岁。

民俗系列之老公馆家具陈列馆

该馆展示当年毛泽东、周恩来、邓小平等党和国家领导人以及老布什、西哈努克、胡志明等外国首脑到成都时使用的老家具。家具制作于晚清时期，是中西文化的合璧。

民俗系列之三寸金莲文物陈列馆

该馆通过数千双精致的小鞋和小脚女子老照片展现从五代到清末延续了 1000 余年的中国封建缠足历史——一部封建社会女性的辛酸血泪史。

红色年代系列之章·钟·印陈列馆

红色年代主要指新中国从 1949 年建国到改革开放这段时期。该馆通过红色年代中产生的毛主席像章、座钟和印章展示一段火热躁动的历史。

红色年代系列之瓷器陈列馆

该馆将收藏的红色年代瓷器集中陈列，以数千件瓷器画面链接成一幅生动的"清明上河图"。

红色年代系列之生活用品陈列馆

该馆主要由工人家庭、农民家庭、干部家庭、士兵营房等12个场景，书籍、搪瓷缸、收音机、奖状等22个专题以及57项精品陈列组成，形象直观地展现了当时普通百姓的生活状况。

（http：//www. jc – museum. cn/）

"千街万巷"串起城市的灵魂

——青岛特色文化街的打造

李爱玲

李爱玲，中国海洋大学文学与新闻传播学院硕士研究生特文色化街作为青岛市文化建设的内容之一，从一个侧面反映了青岛市文化发展现状、发展趋势及发展中存在的问题。本案例旨在通过对青岛特色文化街打造过程的剖析，总结经验，分析不足，发掘其对各地文化建设的启发意义。

一 青岛特色文化街的肇始

青岛位于山东半岛南部，是我国东部沿海重要的经济中心、港口城市及旅游胜地。青岛地区历史悠久，是古老文化与近代文明相互辉映的地方，悠久的齐鲁文化形成了深厚的历史积淀，开放的西方文明注入了浓郁的欧陆风情，移民文化、工商文化、时尚休闲文化、奥运文化诸多文化因素汇聚在一起，共同形成了独具特色的青岛本土文化。独特的文化特色、别具一格的城市风貌、迥异的建筑群体以及驰名中外的旅游资源，构成了青岛这座历史文化名城的鲜明风格和独特文化内涵。

"特色街"是一种全新的经济发展模式，青岛市率先对这种模式进行了探索。文化是一座城市的灵魂，是城市经济发展中的一种重要载体，而特色街正是这种将文化与经济融合统一，使之互为表里、相得益彰的独特经济文化现象，它不仅为青岛这座美丽的城市增添了特有的魅力，而且成为中国城市活力的代表和特色名片。因此，从一定意义上讲，特色街是传统商业街进化的产物，是一种文化创意产业，尽管它的表现形式是商业街，它的目的是促进商业的繁荣，但是它的最大特色及核心价值，仍然是通过特色产业的聚集、优化，通过注入和释放各种文化元素，形成独具特色的产业文化表现力和竞争力。这样说来，特色街群即是一座城市的吸引力所在。

青岛特色街，主要是青岛市各区政府为传承中华文化，根据区位特色打造的青岛文化品牌。其发展经历了一个从无到有、从小到大、从弱到强的过程。青岛作为一个海滨城市，极具旅游特色，青岛的特色街正是将旅游和文化充分融合，从而发挥其经济效益和文化效益。

本案例将重点选取如下几条特色街：市北区的啤酒文化街、天幕美食街、婚纱摄影街、昌乐路文化街、市南区的 1388 文化街、滨海步行道。

（一）市北区特色街

市北区位于青岛市区的中心地带，人多地少、面貌陈旧、基础设施较差。基于这样的现状，为适应新时代新青岛的发展，市北区正在不断加大老城区改造力度，但又不能仅仅停留在拆拆建建这一低层次上。于是，市北区意识到充分发掘老城区的人气、商机和文化等资源，才能更好地发展特色经济。

有哪些资源值得发掘，又该如何发掘呢？青岛市委书记阎启俊说过，"我们的历史积淀少但创新包袱轻，我们的风格不够深沉但始终保持创新求变的激情，我们的文化来源驳杂但包容性强"。一条老街一段历史，一段历史一份文化。由此，市北区的党政部门和政协委员们提出老城区改造必须充分挖掘其特有的历史脉络和文化内涵，突出文化特色，形成城市个性，进而促进旅游和都市经济的快速发展。就这样，"特色街"的概念和内核开始酝酿并一步步成形。

20 世纪 90 年代末，市北区按照"商贸兴区"的发展战略，在认真学习、充分借鉴深圳"东门步行街"、广州"上下九商业步行街"成功经验的基础上，积极响应青岛市创建特色街区的号召，首先对台东三路步行街、丰盛路进行整改。经过整改，台东三路步行街与原台东三路商业圈串联起一个超过千米，集购物、休闲、文化、旅游于一体的商业圈，形成山东首条特色街，成为青岛市人气最旺、商业气氛最浓的特色街。自此，台东商贸区也成为附近街区发展的助推力和地理上的中心坐标。

继台东步行街之后，市北区又积极挖掘"百年青岛 百年青啤"所蕴含的得天独厚的资源，依托"青啤"这一世界知名品牌，将青啤诞生地登州路老街打造成名副其实的啤酒餐饮文化特色街。现在，市北区已建成商业步行街、啤酒街、文化街、婚纱街、天幕城、文具街、体育街、科技街、家具街、电子街等10条主题鲜明、风格各异的特色街。特色街总长度超过10公里，聚集商家4000多家，被评为"国家AAA级商贸旅游景区"，并多次被中央电视台报道。2007年，特色街总营业额达85.5亿元，实现利税12.4亿元，吸纳就业4.3万人，为拉动青岛市经济发展、促进社会就业、优化城区环境注入了新的活力和动力。①2008年4月，市北区10条特色街被中国步行商业街工作委员会誉为"齐鲁金街"。这标志着青岛特色街的发展已经取得阶段性成果，并将逐步进入更高的层次和阶段。

1. 啤酒文化街

众所周知，中国茶文化历史悠久，而啤酒文化则兴起于现代，主要是在西方国家啤酒文化的影响下逐步形成的。青岛建埠之初是德国的殖民地，青岛啤酒最初就源于此，吃海鲜喝啤酒也渐渐成为青岛普通市民生活方式的主流标志。

为了打造青岛市的啤酒文化，青岛市政府决定将青岛啤酒厂（登州路56号）旧址门前的马路（即登州路）改造成啤酒街。2005年8月正式开街。现有各类门店约70处，其中酒店、啤酒吧、饭店等约65处，总营业面积3.3万平方米。

---

① 《特色街品牌再造新市北》，《青岛财经日报》2008年7月28日。

在啤酒街建设过程中，市北区利用"百年青啤"这一知名品牌和啤酒厂的历史建筑等资源，突出依托名牌、打造名街的主题，按照"精诚对待、精心打造、精益求精"的建设思路，拆迁破旧危房，规范门脸字号，粉饰建筑立面，铺设彩色路面（绿色），并建设标志性景观和文化小品。例如，啤酒街的入口处是以一瓶开启的啤酒为设计原型的雕塑，而喷射出的啤酒泡沫则形成一道彩虹拱门，加上百年青啤的老厂区内古典建筑和外围通透墙，使这条街道颇具啤酒文化的神韵；建设并开放啤酒博物馆，让游客和市民充分体验啤酒文化底蕴，感受啤酒作为酒文化的生命力；营造花园式厂区，打造酒吧式街道，满足旅游观光和休闲消费的需求。最终目标是将登州路建设成为一个集休闲、购物、娱乐、文化、消费为一体的啤酒文化区。

有人用八个关键词来定义"啤酒街"，即欧式街、酒吧街、文化街、彩色街、卡通街、亮化街、雕塑街、环保街。啤酒街的建设，既要"形似"，包括街道、店铺、建筑小品、树木等；又要"神似"，包括经营模式、经营项目、服务态度、服务水平等；最后还要"意似"，使整个街道的文化品位耐人琢磨，令人回味。啤酒街的发展应充分体现温馨、文雅、幽静、幽深的特色，热闹而不嘈杂，营造一种浓厚的文化氛围。总之，通过建设特色啤酒吧、开放啤酒博物馆、设立文化休闲场所等多种形式，充分突出了啤酒街浓郁的文化特色，展现了啤酒文化的独特魅力。啤酒街也成为岛城居民聚会畅饮、外地游客观光品酒的首选之地，成为岛城"永不落幕的啤酒节"。

2. 天幕美食街

天幕美食街，即天幕城，是市北区于2007年建设的一条特色街，旨在打造青岛市乃至全省唯一集旅游、餐饮、娱乐、文化、休闲等多种功能于一体的室内步行街。天幕城毗邻台东商贸区、辽宁路两大商圈，贯通啤酒街、文化街、婚纱街三大街区。天幕城共有 7 个入口，总长度约 460 米，总建筑面积 10 万平方米，总营业面积 7 万平方米，天幕面积 8900 平方米。[①]

作为中国第一家天幕街，天幕城的招牌是"天幕"，彰显的是一种设计理念和设计艺术。

首先，天幕城率先采用国际上先进的"天幕"设计手法，在室内空间营造蓝天白云、璀璨星空等室外感觉，以"天幕下的漫步"为特征，营造"旭日东升"、"正午阳光"、"夕阳晚霞"、"午夜星辰"四种壮丽的自然景观，化自然景观为人文景观，以人文景观展现自然景观。入口内侧的水幕墙及下设的水幕台阶面积广大，形成晶莹剔透的帘幕，犹如一幅鲜活的艺术品。天幕水幕交相辉映，意在衬托天幕城独有的艺术品位。

其次，市北区还为天幕城注入和谐的文化元素。一方面，创造性地把胶澳总督府、亨利王子饭店、青岛市民大礼堂、胶澳帝国法院、青岛花石楼、大港火车站等 20 多处具有代表性的老建筑做成微缩景观浓缩于此，形成了一道独特的万国建筑风景线。另一方面，还特意展示了一些现代的著名建筑，实现了古典艺术与现代时尚的和谐共鸣，充分展现了东西方古今建筑文化的浓厚艺术神韵。

这样看来，预想中的天幕美食街不仅是一条商业步行街，更是一条人文气息浓厚的青岛历史文化建筑长廊，呈现了"城中有街，街中有城，城街一体"的独特景象。遗憾的是，天幕美食街的实际经营现状没有预期中的理想。

---

① 《市北区大型特色餐饮街区——青岛天幕美食城建设落成》，青岛市北区政务网，2007 年 12 月 11 日。

3. 海云庵美食街

海云庵美食街（位于青岛市四方区）主要是在糖球会的基础上延续、发展开来的。

海云庵始建于明代，现在是青岛市重点文物保护单位，拥有悠久的历史底蕴和庙会文化。旧时，农历正月十六是海云庵的庙会，庙会之日，香火颇盛，茂腔、柳腔、皮影、杂耍、剪纸、年画、秧歌大赛、锣鼓大赛等民间艺术活动丰富多彩，造型各异的糖球琳琅满目，各种风味小吃和手工艺品应有尽有，前来赶会的中外游客都在百万以上。因庙会上卖山楂糖球的特别多，久而久之，人们便将之习称为"海云庵糖球会"。

1990 年，青岛市四方区人民政府正式命名并主办"海云庵糖球会"，将一天的会期延长为三天，定为每年的正月十六至十八日，旨在以糖球为媒介，发展成集经贸、旅游和文化活动为一体的新型旅游节庆活动。迄今，海云庵糖球会已举办了 15 届，规模不断扩大，知名度不断提高，影响越来越大，已成为国家重点旅游项目。

为了挖掘和保护这一民间优秀文化传统，从 2006 年起，四方区糖球会过后，海云庵民俗特色小吃街被保留下来（即海云庵美食街）常年营业，其初衷是让岛城市民和游客随时都能品尝全国各地乃至国外的名优特色小吃，然而其经营现状并不尽如人意。

4. 婚纱摄影街

现代婚纱摄影不仅是结婚庆典必不可少的重要内容，更发展成为一种都市时尚文化。市场需求的持续旺盛，岛城先天无可比拟的自然环境，同时结合我国传统文化中"海誓山盟"这个良好的寓意，2003 年青岛被冠以"海誓山盟之城"，因而声名鹊起，促进了青岛市婚纱摄影产业的蓬勃发展。

青岛婚纱摄影街位于青岛市延安二路，全长700米，于2004年5月28日被青岛市经济贸易委员会正式命名为"青岛市延安二路婚纱摄影街"，旨在延续和发展婚庆文化，发展婚庆产业。

就此，市北区政府加大了对婚纱街和周边道路的综合整治力度，别致的广告牌、欧式风格的罗马柱、具有代表性的天使雕塑标志物、富有情调的路灯、颇具艺术性的休闲座椅都为婚纱街营造出了一种温馨、浪漫、时尚的环境氛围。经过多年的市场培育，到今天，婚纱摄影街营业面积已达1.3万平方米，聚集了各类婚纱类门店49处，婚纱摄影专卖店20多家，从业人员共计1000多人。2006年，婚纱摄影街实现营业收入6780万元，利润总额1609万元，总税收260万元。经过近几年的不断发展，婚纱街不仅积聚了人气、商气，且集结了婚纱设计、婚庆创意策划项目等高附加值文化产品的新婚庆文化品牌，并给办婚事的新人提供了一站式服务，也为喧闹的街道平添了一份时尚和浪漫，形成了一道独特的亮丽风景。

▶婚纱街

5. 昌乐路文化街

青岛文化街的雏形是 1994 年兴建于昌乐路上的一处老旧文化市场。2005 年，市北区本着"政府引导、市场运作，内容丰富、形式别致，真仿并存、动静结合，配套齐全、互为联动"的原则，提出建设青岛文化街的构想。

文化街，顾名思义，直接承载的是文化内容，直接凸显的是文化内涵。青岛文化街独特的文化理念和定位是坚持以市场为导向，延续历史文脉，适应时尚节拍，突出城市个性，彰显文化特色。文化街是全面提升市民文化素质、文化修养、文化鉴赏能力的场所，是一所文化综合性的大课堂，也是文化休闲、娱乐度假的乐园，其标志性建筑是用 25 米高的抽象书卷垒起来的阶梯。2006 年 5 月，文化街被文化部命名为"国家文化产业示范基地"，成为目前全国唯一获此殊荣的文化街；同年 10 月，青岛市政府命名其为"青岛市文化街"。

目前，青岛市文化街总营业面积达 6 万余平方米，集聚了图书期刊、音像、民间工艺品、旅游纪念品等各类文化经营业户近500 家，集文化娱乐、收藏鉴赏、学术交流、购物休闲于一体，已经具备了商品交易、文化创作、文艺演出、文化展示等多种功能。文化街在充分挖掘和体现传统文化、民族文化、历史文化和时尚文化的基础上，注重雅与俗、动与静、专业与群众、实用与文化的结合，引进优秀文化产业项目，延伸文化产业链，开发形成了"藏品市场、文化店铺、展示创作、创意产业、综合服务、环境建设"六大文化产业板块，为文化产业的发展注入了生机与活力，成为青岛文化产业发展的重要载体。2007 年，营业额达到 4.2 亿元，实现利税 5000 余万元，正在发展成为市北经济新的增长点。

当然，青岛文化街有今天的规模和形式，主要是"看得见的手"在发挥作用，即所在地区委区政府和各级领导部门的直接关心指导，以及青岛文化街的全体业户的经营。青岛文化街已成长壮大为目前全国面积最大的综合性文化街，在亚洲文化市场中也占有重要地位。

（二）市南区特色街

市南区位于青岛市区南部，西与青岛经济技术开发区隔胶州湾相望，东与崂山区（青岛高科技工业园）毗邻，北与市北区相接，南面濒临黄海，沿岸是逶迤曲回的礁石和沙滩。

市南区拥有优美的自然风光，红瓦绿树，碧海蓝天，这一天然的优势使得市南区发展遥遥领先。在文化建设方面，市南区将创意产业率先纳入重点发展产业，打造"半岛文化创意产业核心区"。如今，该区以南京路为线，以"创意100"、"南京路122"、"浮山所1388文化街"等为点，"一线多点"规划设计产业体系，培育出一条"创意产业链"。2008年，市南区继续加大创意产业政策支持力度，加快产业园区的发展速度；引进3—5家中高端文化企业入驻1388文化街，建设名家创意园；加强国内外文化交流，承办国际小提琴比赛，办好海洋节、德国周、法国周等文化活动，逐步形成节庆文化产业链。[①]

青岛市各个区位都有各自不同的发展规划和特色，文化建设也不例外。市南区没有市北区那样系统打造的特色街群，但市南区的特色街建设也不可小觑。闽江路—云霄路美食街的繁荣发展

---

① 《青岛市南区延伸文化产业链 打造文化产业集聚区》，中关村创意网，2008年1月15日。

有目共睹，这里我们重点介绍"浮山所 1388 文化街"。

1388 文化街位于青岛市南区闽江三路，东邻福州路，北接江西路，南与闽江路相通，全长 275 米，地处东部商业发达地域，历史上曾是《明史》记载中的海域防倭"浮山备御千户所"所在地，拥有青砖铺就的城墙和城市的十字大街，不但成为明代当地规模最大、级别最高的首府和坚固的军事防线，也是市区最早的村寨。①

浮山所的历史承载着青岛的历史，为保存和延续岛城的历史文化财富，建设在闽江三路上的这条文化街，取名为浮山所 1388 文化街。全新规划的 1388 文化街以 600 年的历史文化为背景，力主营造历史与现实、传统与现代相结合的特色街区，以中国传统建筑文化基调为主题，将传统文化与街区现有的环境有机结合。在业态的选择上，文化街也力求形成富有文化产业特色的经营品牌，充分运用已经形成的高层次的传统书画古玩收藏以及荣宝斋、CHINA 公社等产业品牌资源，旨在挖掘浮山所悠久的历史文化内涵，促进多元化产业发展。

1388 文化街是市南区政府投资 700 多万元与浮山所集团共同建设，也是周边市民热切期待的，然而，现实和理想形成较大的落差。所谓的"有 600 多年历史"的浮山文化街，找不到一点"历史"的影子。两旁是灰白的直通通的现代居民楼群，这与仿古的院墙和 13 座楼门格格不入，中、洋、古、今杂陈，颇显尴尬。

鉴于上述问题，我们建议：将浮山所 1388 文化街两侧的高楼墙面用中国传统的年画形式彩绘、装饰，使其色调与文化街相

---

① 《青岛打造历史特色街区"浮山所 1388 文化街"开建》，《青岛日报》2007年 11 月 12 日。

协调；在文化街建设一处展厅，通过一些实物来展示当地居民的生活、风俗，使商业文化、军事文化与民俗文化有机结合；为接近本色的明清气息，建议将非文化业态单位置换出去，最好不要出现现代汽车等；继续重点引入和扶持泥人张、杨柳青年画、鲁锦、鲁绣、平遥漆器等，使渗透着浓重历史积淀的文化品牌落户文化街、壮大文化街；通过定期上演"古街故事"集聚人气，重现600年前浮山所社会、文化、人文风貌，提升知名度，最终将其打造为一座600年前浮山所微缩景观的博物馆。

（三）青岛滨海步行道

青岛滨海步行道是青岛市政府凭借着环海的自然环境优势全力打造出的海滨特色街。滨海步行道西起团岛环路，东至石老人，全长36.9千米。步行道主要以石材铺设为主，中间铺有木栈道，将青岛湾景区、汇泉湾景区、太平湾景区、浮山湾景区、八大关景区、石老人景区等青岛市主要风景区联系在了一起，形成一条在国内独具特色的海滨风景画廊，集中地展示了青岛红瓦绿树、碧海蓝天的海滨风光和百年名城的历史文化风貌。青岛市民曾赞道："滨海步行木栈道，弯弯曲曲海边绕，就像一条金项链，美景镶嵌像珠宝。"

我们之所以把滨海景观长廊也看作一条特色街，是因为"滨海长廊"也属于廊道，且具有浓厚的海洋文化气息，体现了海与天相连，自然与人文相融的特色。中国自古以诗画著称，滨海步行道典雅别致的道路、绿意盎然的草木、平坦舒适的沙滩、蔚蓝色的大海、草绿色的木栈道和栏杆以及凭栏赏海的市民和游客，展现的就是一幅海滨风景画，一首韵味十足的诗，一支无声胜有声的乐曲。

滨海步行道满载着历史文化和现代文化。历史文化主要呈现在滨海步行道西部城区段，比如百年栈桥、鲁迅公园、八大关景区；现代文化主要呈现在滨海步行道崂山段，比如东部海滨的"四颗明珠"——极地海洋世界、现代艺术中心、石老人海水浴场、青岛大剧院，滨海步行道由它们串起，连成一条文化长廊。

提起青岛人们就会想到"栈桥"，栈桥已经成为百年青岛的标志性符号。鲁迅公园，原名海滨公园，已有近 80 年的历史，公园里鲁迅雕像及其附近的文化名人雕塑使青岛老城洋溢着浓郁的人文气息，让市民在休闲的同时还感受着文化。极地海洋世界中的海洋动物馆饲养着珍稀的海洋动物，海洋科技馆中展示有科教意义和趣味性的科考标本，在这里游客们可以探寻海底的奥秘，与海洋生物、极地生物亲密接触，更深入地认识海洋。现代艺术中心是国内首个艺术主题园区，占地面积 50 亩，总投资 3 亿元，主要包括艺术家创作中心、艺术展示和体验中心、儿童艺术天赋发展中心三部分。"万花筒塔"是其标志性建筑，无论白天还是晚上，人们都可以感受到它的艺术"幻境"效果。青岛大剧院与青岛国际啤酒城、青岛博物馆、石老人海水浴场等毗邻，是青岛东部新的标志性大型文化设施，终结了东部大型室内演出场所的空白历史，给市民提供了一处艺术欣赏和休闲娱乐的绝佳场所。这些融自然与人文于一身的景观群共同构成了滨海文化长廊。滨海景观长廊今后还将充分把握"奥运元素"，发展后奥运文化，并将其注入以"山、海、城、文、商"为特色的青岛综合发展中。

从某种意义上说，正是这种像人的精神风骨一样的文化气息带动了旅游业的发展，深厚的人文底蕴和丰富的文化内涵加之天然的风景及奥运的旗帜，使得青岛旅游成为一种资本，一种将城市旅游竞争力骤然放大的强大资本。① 投资和付出得到了回报。市旅游局提供了这样一组数字：2002—2006 年，青岛累计投入资金 206 亿元，开工建设重点旅游大项目 100 多个。相应的，2001 年，青岛年接待游客为 1551.3 万人次，而到了 2006 年，年接待游客即达到 2886.45 万人次，增幅达 86%。

二　特色街与青岛文化建设

　　青岛市由一个小渔村到一个现代都市，在经济突飞猛进的同时，也在彰显其文化实力。文化体现在特色街的建设中尤其重要，文化挖掘和运用是否合理、到位，无时无刻不在影响特色街的整体发展。青岛有浓郁的海文化、山文化、道教文化，以及最新兴起并持续火暴的时尚文化、体育文化、饮食文化等。青岛特色街的生存和发展正是依靠着这些看不见、摸不着的文化气息。

　　就整体发展情况而言，上文中论述的啤酒街、婚纱街、滨海步行道是文化建设和经济发展共赢成功的特色街；而海云庵美食街、文化街、1388 文化街则是发展相对受挫、暂时尚未达到政府期待值的特色街；天幕美食街刚刚起步，目前还不能断定其发展前景。具体说来，一条街区，尤其是特色街区，想要取得良好的发展态势和产业效果，其自身的定位和亮点的突出非常重要。自身定位包括街区所属行业性质，所属档次，重点针对的消费人群和消费习惯等；而亮点的突出则主要是强调街区的与众不同之

---

① 《水碧山青打造海滨度假胜地　青岛旅游奥运亲密接触》，《青岛日报》2007 年 5 月 16 日。

处和吸引力所在。

登州路啤酒街确立了合理而明智的定位，锁定的是较为大众化的消费人群。依据所处的地理位置，挖掘出了自身的独特优势：青岛啤酒厂老厂坐落于此，提供了原汁原味的啤酒文化；邻近日新月异、繁荣的台东商贸区和婚纱特色街，形成市北区的人群聚集区，人气颇高；依靠崂山区啤酒城啤酒节的带动效应，延续了啤酒文化的狂欢时间和消费时间，借机打造成为"永不落幕的啤酒节"；规划建筑具有欧陆风情的特点，既是一条美食长廊又是一条休闲旅游走廊。

天幕美食街是由青岛市北区政府大力支持、山东海润投资集团投资建成的、以餐饮为主题的特色休闲街区。其规划、建设和运营的初衷在于提升市北区城区形象，提升特色产业街区规模和档次，然而自开街至今，街区尚未凸现预想中的热闹非凡、欣欣向荣的气象。天幕美食街究竟能否带动和辐射周边区域经济的快速发展，能否成为新的一处集餐饮、休闲、娱乐于一身，融商业气息、人文氛围、艺术创作为一体的旅游观光景点？其实际发展状况引起了公众的质疑。众所周知，无形的市场运作比有形的政府操控更加符合当今时代的发展需求。政府在筹划建立某工程或项目前，应以市场为取向，考虑人们的消费需求和消费习惯，而不是一味地兴建形象工程。天幕城在业态上定位为国内高端餐饮业，偏离大众口味，不符合当地人民的消费水平和消费心理，加之区位优势不够突出，这在相当程度上影响了客源，导致街区内的商户运转困难，也就不可避免地出现了人气冷清的局面。

天幕城的发展困境值得我们关注和深思。政府在大力支持的同时，还需结合市场因素和街区自身的优势和特色，培育更多更长久的消费者和游览者，以此拉动街区的整体发展。

海云庵美食街的招商引资和发展现状同样不如人愿。究其原因，海云庵美食街地理位置略显偏僻，位于四方区内部，交通相对闭塞，周边环境及配套设施较差，远远落后于市南区、市北区，没有秩序，更没有档次感，难以聚集人气。一方面，糖球会期间的文化活动和经贸活动不可能天天在这里上演；另一方面，中华优秀传统文化在如今的年轻人群里发生了文化断裂甚至断代。另外，这些不足和欠缺可以说是一个历史遗留问题，在城市发展过程中，政府政策自始就把脏乱杂的传统工业重心放在了北部的四方区和李沧区，这一发展规划和发展思维难以逆转。面对这样的窘境，海云庵美食街进退两难，正在苦苦思索、寻找新的出路。我们认为，海云庵美食街的独特之处即民间传统文化，应该根据自身特色及周边的消费档次定位，提高整体人文环境和社会环境，增加人气。同时，海云庵糖球会既已成为国家重点旅游项目，可借用这一点，定期开展广场民间艺术表演、歌舞娱乐周等活动，依靠旅游拉动文化繁荣，尤其是吸引外国游客的目光，促进旅游观光和旅游饮食消费并举。这一切都有待政府的政策和资金支持，还需慢慢摸索，才能走出自己的特色之路。

婚纱街在青岛是独具优势且长盛不衰的。第一，青岛婚纱街的兴盛与青岛美丽的天然环境是密不可分的。青岛碧海蓝天，红瓦绿树，风光秀丽，气候宜人，拥有浓郁的欧陆风情和独特的人文景观，这自然带动了婚纱产业、摄影产业的发展。例如，八大关风景区和其中的花石楼已被打造成一个绝妙的婚纱摄影场地，白色的婚纱裙角在顶楼和不远的海滨飘动，山与海的相接使青岛成为一座最适宜海誓山盟的城市。第二，婚纱街的兴盛与其所在位置也是密切相关的。婚纱街紧邻台东商贸区和登州路啤酒街，地理位置优越，交通十分便捷，附近配套设施齐全，街区本身就是最诱人的广告，市场需求潜力巨大。第三，据相关统计，我国每年大约有 1000 多万对新人喜结良缘，由此产生的婚庆及新婚用品消费总额高达 3000 亿元人民币，婚纱摄影成为一种时尚文化，婚庆产业已成为充满巨大发展商机和前景的幸福事业，在这种乐观的整体局势下，青岛的婚纱街发展充满希望。当然，鉴于青岛拥有的著名而又丰富的景观资源，我们还应深入挖掘产业要素，以彰显更为鲜明的城市特色。由此，青岛市政府可考虑在合适的地点建设海誓山盟主题雕塑，开发相关的旅游产品，着力打造新的形象，从而带动青岛旅游、婚庆文化等产业链条的诸多环节，催生一股"婚庆产业经济"的热潮。

青岛文化街的经营状况和实际产业效果并不十分乐观。其优势是硬件好，劣势是文化资源少，因此，文化街今后应把经营和运作放在首位，吸引、召集文化资源。首先，政府可通过组织或举行各种门类的城市群众文化活动聚集人气。其次，可考虑将文化街变成古旧书籍、古玩字画、民俗工艺品、陶瓷、雕刻、奇石藏品等艺术产业的集散中心，最后将文化街打造成城市文化产业与文化事业发展空间的青岛新文化载体。再次，文化街理应古色古香，发展店面与地摊并存的文化展示方式。最后，借用"文化商贸游"这一新颖的旅游形式，突出购物游这一概念。市北区已将文化街作为旅游景点列入八家旅行社的游客路线，将崂山风景游与市北购物游强强联合，形成"观光旅游在崂山，食客购物在市北"的旅游概念，打造"后半天"旅游特色。① 总之，文化街应当是青岛市文化建设和文化产业的旗帜，也最具有代表性和文化意义。因此，区政府乃至市政府要充分利用文化街的硬件设施，出台优惠的招商引资政策，吸引各地有竞争力、聚人气的行

① 《市北区与旅行社共促文化商贸游》，青岛新闻网，2007 年 11 月 9 日。

业业户，促进文化街突破性的发展和繁荣。

消费对于人气的提升和聚集是至关重要的。这一点，啤酒街和婚纱街的红红火火最具说服力，而海云庵美食街、文化街、天幕美食街的相对冷清恰恰是反例。现代社会是一个消费社会，现代文化是一种消费文化。法国著名社会学家鲍德里亚认为："当今社会从某种意义上说已成为消费社会。消费，不再是单纯的物品耗费和购买，也不是经济和效用的过程，而是一种涉及符号或象征的社会、文化过程。"① 特色街的发展应当把握这个潜在规律。

三 结语

文化是一个地区、一座城市的灵魂。青岛市市长夏耕曾对青岛城市的文化特色作出如下阐释："作为国家历史文化名城，青岛文化植根于传统的齐鲁文化，兼受海派文化影响，中西合璧，古今交融；作为一个移民城市，青岛多元文化既各具特色又和谐共存；作为中国优秀旅游城市，青岛山海城浑然一体，欧陆建筑风貌和现代城市景观交相辉映。"确实，青岛具有丰富的历史资源和文化积淀，在文化建设方面具有得天独厚的优势。

就特色街文化建设而言，青岛市非常注重对历史文化的保留和延续。不论是从经济发展角度出发，还是从文化视角考虑，富含文化韵味的特色街建设都没有割裂城市的历史文脉，这从根本上是一种科学发展观的问题。特色街在打造过程中注重以文化带

---

① 张芳德：《从物品消费到符号消费——鲍德里亚消费文化理论研究之二》，《湖北民族学院学报》第 26 卷第 2 期。

产业，以弘扬啤酒文化、婚纱文化、中国传统文化等特色文化为重点；将文化与旅游相结合，充分开发旅游资源，提升特色文化。例如，市北区以青啤文化、港口文化、民俗文化为内涵，大力开发青啤博物馆、丝绸博物馆、青岛山炮台、青岛天幕城等一批旅游资源，形成"市北特色游"的基本框架。总之，特色街的形成和发展最大限度地保持了城区的历史特色和文化特色，是成功的创新之举，且实现了环境效益、社会效益和经济效益三个效益的统一，实现了多方共赢。

最后，值得一提的是，2008 中国（青岛）城市特色街文化节已于 9 月 16 日开幕。这是全国首个以特色街为主题举办的节庆活动，目的是通过宣传推介、研讨交流、加强合作，不断提升特色街区的美誉度和知名度。山东省青岛市市北区区委常委、宣传部长陈金国说："目前，12 条特色街每天客流量达 40 多万人次，共吸纳从业人员 4.3 万人，1—8 月份，营业额达 75 亿元，形成了全国数量最多、规模最大、档次很高、业态最全的特色街区。"特色街文化节在青岛的举办，表明青岛的特色街建设得到了认可，取得了成就，同时又将吸引更多人的目光，进一步带动特色街的文化建设。

思考题

1. 昌乐路文化街和天幕美食街不景气的原因何在？如何解决？

2. 1388 文化街怎样才能突破发展的瓶颈？

3. 在青岛文化建设中如何贯彻落实"文化兴区引领商贸兴区"，实现文化与经济的双赢？

原创动漫产品路在何方

——以三维动画《巴布熊猫》为例

屠火明　张晓东　曹学艳　张娟

屠火明，成都大学党委书记，教授，硕士研究生导师；
张晓东，电子科技大学图书馆馆长，教授，硕士研究生导师；
曹学艳，副研究馆员，硕士研究生；
张娟，硕士研究生

随着中国市场经济发展模式的趋于成熟,人们对动漫作品及其衍生产品的需求进一步提升。动漫游戏产业在我国经济中的地位迅速提高,逐步成为继软件产业之后的支柱产业。2007年我国动漫产业产值达170亿元,其中80%出自品牌授权产值,原创产业产值不到20%。而在这不到20%的原创产业中,80%来自江苏、无锡、常州等地,四川在这之中所占的份额很少。本文以一个具有代表性的原创动漫作品——成都火车头文化传播有限公司制作的三维动画《巴布熊猫》作为案例,围绕该作品的立项、制作、宣传、推广等一系列环节,探讨四川动漫产业原创作品的发展现状及存在的问题。

一　四川动漫产业及原创作品《巴布熊猫》发展状况

（一）四川动漫产业发展现状

动漫产业，是指以创意为核心，以动画、漫画为表现形式，包含动漫图书、报刊、电影、电视、音像制品、舞台剧和基于现代信息传播技术手段的动漫新品种等动漫直接产品的开发、生产、出版、播出、演出和销售，以及与动漫形象有关的服装、玩具、电子游戏等衍生产品的生产和经营的产业。动漫产业作为一种新兴创意文化产业，已成为世界经济发展的重要组成部分。近年来，通过各级政府部门出台的一系列政策扶持和保障措施，中国动漫产业开始加速发展。

继上海之后，四川被作为全国第二个国家动漫游戏产业振兴基地于 2006 年 12 月在天府软件园正式挂牌。截止到 2007 年末，入驻基地的企业达到 62 家，主要涉及网络游戏、视频游戏、手机游戏和彩信、动画、动漫等领域；数字娱乐从业人员达到 7000 余人，年产值达到近 10 亿元。作为国内三大动漫游戏产品和产业研发中心之一，成都通过在政策、投资、文化、人才等方面的努力，已形成了集人才培养、本土优秀文化、原创研发、市场播映与出版发行等环节为一体的动漫产业链。基地在动画、动漫领域已经引进和扶植了以四川精锐动漫、恒风动漫、成都火车头文化传播有限公司、中轩数码、视魔映画、成都金海洋、阳光动画等为代表的骨干企业，拥有《天上掉下个猪八戒》、《巴布熊猫》等多款原创动画动漫，部分作品在中央电视台和地方电视台播映，以《巴布熊猫》为代表的动漫衍生产品已逐步开始走向国际市场。

（二）《巴布熊猫》的创意来源及内容概要

大熊猫是中国的国宝，是全球自然保护事业的标志和"旗舰"物种，也是 2008 年北京奥运会的吉祥物之一，更是世界和平的使者。四川大熊猫野外数量、栖息地面积和人工圈养种群均占全国 80% 左右，是名副其实的"大熊猫第一省"。从某种意义上讲，大熊猫就是四川文化的象征；大熊猫憨态可掬的形象早已深入人心，将大熊猫形象融入动漫游戏势必对动漫产业乃至整个四川的文化产业起到推动作用。

2006 年，在成都市委市政府大力发展动漫产业的总体部署下，动漫基地引进珠海市的一家动漫设计制作公司，同年 9 月更名为成都火车头文化传播有限公司。该公司当时已有五年多动画加工片的制作经验，有一大批高学历的专业动画制作人才，以及来自香港的技术、管理人才。随着成都火车头文化传播有限公司的成立，由火车头公司担当制作的三维动画片《巴布熊猫》也落户成都，此举填补了成都动漫产业的空白。

《巴布熊猫》是全球首部以中国国宝大熊猫为原型创作的大型原创三维动画，投资 5000 万元。《巴布熊猫》共 26 集，每集 13 分钟，主要讲述一只会功夫的布偶熊猫巴布一家的故事。故事围绕着他们的日常生活展开，剧情幽默、搞笑，妙趣横生，体现出家庭成员之间的信任和关爱。

火车头公司还计划在《巴布熊猫》的基础上创作《巴布成

▶巴布熊猫衍生品

语》，利用《巴布熊猫》原有的人物设定，结合中国传统文化中的成语文化，进行人物造型、故事情节、故事场景等元素的古今融合，通过动画片主人公巴布熊猫一家的可爱形象，拟人化、生活化地演绎著名的成语故事。

（三）《巴布熊猫》的发展现状

1. 《巴布熊猫》的技术应用

制作《巴布熊猫》的火车头公司吸纳了一大批高学历的专业动画制作人才，以及来自香港有多年三维动画制作经验的技术、管理人才，借鉴国际成功影视动画片的商业运作模式，吸取海内外影视动画产业先进的经营管理理念，引进了一流的动画及影音制作设备，建立原创动画的创作和生产，成功地开发了拥有自主知识产权的三维动画制作与应用技术平台。

2. 《巴布熊猫》的营销策略

《巴布熊猫》5000 万总投资中还包括品牌以及产业链的打

造，公司建立了一条卡通形象设计→节目制作→品牌形象授权→衍生产品以及市场营销的产业链。随着动画片在一些电视台播出，以动画造型为蓝本的熊猫玩具、个人饰品、家居用品、汽车用品等一系列衍生产品相继推出。2006年12月底，火车头公司与四川省工商联礼品行业商会联合举办了"巴布熊猫"产品发布会，吸引玩具礼品厂商与公司合作，生产更多关于巴布一家的各式商品。公司计划率先在成都开展彩话、彩铃、彩信、手机游戏等相应增值服务，专卖店和体验店也预计在2008年建成。

3.《巴布熊猫》的社会影响

《巴布熊猫》于2006年10月在成都电视台少儿频道及其他省市电视台播出获得一致好评后，又被中央电视台看中并购买，已于2007年1月19日开始每天黄金时间18点45分在中央电视台少儿频道播出，这在一定程度上标志着成都动漫产业的发展迈上了一个新台阶，也为成都进一步打造大熊猫这张闪亮的城市名片创造了更优越的条件，并为成都市乃至四川省各行业以大熊猫为主题进行商业运作提供了机遇和启迪。

2007年1—2季度，经各省、自治区、直辖市广播影视局（厅）、中央电视台初选，国家广电总局终选，《巴布熊猫》等18部国产动画片被国家广电总局列入2006年度第一批优秀国产动画片；同年第三届金龙奖奖项提名中，《巴布熊猫》获得了年度内地及港澳台地区最佳电视动画片提名；同时，《巴布熊猫》也是日本TBS（DIGICON6＋2）国际数字动画大赛入围作品。

4.《巴布熊猫》的经济效益

《巴布熊猫》通过在电视台的播放与部分衍生产品的推出，已收回部分成本，但对于成本的完全收回乃至赢利，该公司总经理李鑫表示还无法预计，并表示文化产业的成败是不能以经济效益的多少来衡量的。

二 《巴布熊猫》发展中的主要矛盾和问题

《巴布熊猫》在获得社会肯定和一定社会效益的同时，也凸显出了很多致命的问题，这些问题在一定程度上反映了整个四川动漫产业发展的普遍性问题。

（一）《巴布熊猫》的制作公司规模小，资金少

这是四川原创动漫产业发展的普遍障碍。《巴布熊猫》虽然在发展过程中获得了四川省政府和基地的一些政策扶持，但这在整个公司的发展需求中，无疑是杯水车薪。资金的匮乏导致《巴布熊猫》的电视台播出档期和频次、衍生产品的制作和营销等都遇到很大困难。公司总经理李鑫也表示，全部依赖政府的资金扶持，也不是企业发展的健康之路。但没有政府强有力的扶持，就目前来说，原创动漫产业的"投融资难"问题依然无法解决。

（二）动漫人才的流失非常严重

在动漫产业发展中，人才是关键，有了人才才有创意。就火车头公司来讲，目前人才的流失也是一个非常严重的现象，公司原有40人左右，但一直不稳定，好不容易培养起来的优秀动漫人才因为其他公司的诱惑或者其他原因，流失严重，这对公司的持续性发展是一个非常大的障碍。

（三）《巴布熊猫》的创意问题

对《巴布熊猫》观众的调查发现，他们首先对该动画片给予肯定，但也对动画片的形象设计、创作理念、情节设计、受众率等方面提出了不同的意见。美国大片《功夫熊猫》的上映，使观众对"两只熊猫"有了一个比较。一是形象设计。《巴布熊猫》从外形上对熊猫本身进行了艺术处理，如四肢和躯体变瘦、变灵活，保留头部的大而圆，针对不同的性别设计了不同颜色的头发；《功夫熊猫》则直接保留了熊猫本身的憨厚和笨重，包括熊猫懒惰和贪吃的特点，使熊猫的形象真实生动，抓住了观众的眼球。二是创作理念。"巴布熊猫"从一开始就身怀武功，对于没有挑战性的事情不感兴趣；"功夫熊猫"则是从一只弱小、平凡的熊猫，经过不懈努力和执著追求，变成武功高强的功夫熊猫，使观众弱者战胜恶魔的情结得到满足。三是情节设计。"巴布熊猫"有着与人类一致的生存方式，他们的生活习惯、生活空间、爱好、脾气等无一不拟人化，完全颠覆了熊猫特有的生活习性，让该形象有了可替代性；"功夫熊猫"则遵从了熊猫的生活方式，特点鲜明，形象不可替代，憨态可掬的熊猫和眼花缭乱的动作场面给影片上了双保险。四是受众。《巴布熊猫》的受众群主要是儿童，而《功夫熊猫》的制作理念让成人也乐在其中，受众面包括男女老少。当然，因为《功夫熊猫》是好莱坞动作大片，他们的投资规模和理念创作是"巴布"团队远远不能相比的，但是熊猫是中国和四川的品牌，却被国外的动漫企业当作原材料进行加工后又打入国内市场，而国产的"巴布"至今在很多省份都没有上映，这说明国内动漫企业的创意理念还需要进一步提高。

（四）为防止知识产权被盗，宣传策划不到位

据公司总经理李鑫介绍，《巴布熊猫》从创意开始到品牌形成、产品销售都只进行了比较低调的宣传，原因很简单——防止辛苦得来的文化创意和产品形象被剽窃。目前国内盗版比较严重，如一张正版 VCD 的制作成本在几十元左右，但一张盗版光盘仅需要几元就可以买到，商家的合法利益无疑受到严重的侵犯，《巴布熊猫》的发展也面临这样的困境。

（五）产业链循环不顺畅

目前，四川的动漫产业普遍面临资金压力，作品往往在产业链的初期（研发与制作阶段）就夭折了。没有自己的品牌，无法进行产品开发，就难以形成自身完整的产业链和规模效益，多数企业仅靠版权的发售和代工来维持企业生存，缺乏多渠道的赢利模式。大多数的动漫游戏产品仅仅停留在计算机网络、手机视频、电视屏幕上，而与之关联紧密并更为广阔的图书、音像制品、舞台剧作、服装、玩具等产品却未曾推出。《巴布熊猫》虽然在四川的电视台已播出两次，其衍生产品也开始登录南方的试点城市，但市场反映并不乐观。这是因为，动漫游戏产业链流转不顺畅，研发→制作→营销→衍生产品利用各环节基本是断裂的，有些甚至是空缺的。前期设计如何为制作服务，制作如何为导演服务，导演如何为电视台服务，电视台如何为市场服务，任何一个环节衔接不当都会对整个产业链的循环产生影响。

三　各方观点

（一）政府管理的角度

　　政府职能部门非常重视《巴布熊猫》等四川动漫原创作品的发展。四川省文化厅制定了《国家动漫游戏产业振兴基地建设暨四川省动漫产业发展规划指南（2005 — 2010 年)》。在四川省财政厅的支持下，设立了"鼓励优秀民族动漫游戏原创作品专项资金"，该项资金主要用于每年定期举办"国家动漫游戏产业振兴基地——动漫游戏原创脚本暨形象设计"大赛，对优秀作品和单位、个人进行表彰，目的是鼓励生产具有自主知识产权的以民族文化为内涵的动漫游戏产品。

　　另外，成都高新区从产业政策、技术平台建设、人才培训等多方面给予了基地入驻企业巨大的扶持，制定发布了《成都高新区鼓励和扶持企业利用多层次资本市场加快发展的暂行办法》等系列政策，从人才引进和培养、房租优惠、税收返还、产业扶持等多个方面对软件企业进行培育，扶持企业尽快做大、做优、做强；建立融资平台，降低企业融资门槛，积极帮助企业缓解融资瓶颈。据基地负责人介绍，高新区动漫企业的发展享受了政府最优惠的扶持政策。

（二）基地的态度

　　国家动漫游戏产业（四川）振兴基地围绕文化部"企业孵

化、产品开发、人才培养和国际合作"的指示，对引进和扶持的动漫企业做了大量的工作，也取得了一些明显的成效。但基于火车头公司和其他动漫企业目前的发展态势，基地负责人表示，基地在企业发展的很多问题上也是心有余而力不足，基地对于各个企业没有直接的领导关系和利益分配关系，基地的执行内容因此略显空泛，只能尽力为火车头等公司创造更好的交流平台和政策环境。

（三）动漫公司的看法

成都的确是有发展动漫产业的前提环境，从政府政策到人才培养都具备一定的优势，但并不是有这样的政策环境，动漫企业就一定能迅速发展壮大。动漫的投入非常大，一部作品从形象设计、故事构思到拍成动画片，公司必须要有雄厚的资金做保障。做事业还是要商业往往是一对矛盾体，艺术与商业的发展有时可能还会背道而驰。同时，人才也是制约公司发展的障碍，动漫创意需要复合型人才，首先是要会讲故事，其次是要会表演懂绘画，而许多高校这几项学科都是分别设立的。这些都是制约《巴布熊猫》进一步发展的瓶颈。

四　解决问题的思路与方案

四川拥有发展动漫产业的资源优势，文化沉淀非常厚重，动漫元素也呈现出多元化特征。而成都又是一座文化休闲城市，动漫产业的消费机制良好。因此，发展四川的动漫产业是非常有条件和基础的。发展四川的动漫产业需要政府、基地、企业共同努力，找准自己的位置，发挥各自的作用，才能有效推动动漫产业的发展。

（一）艺术与商业兼具

我国的文化产业是由文化事业发展而来的，我国动漫产业的发展也有不同于其他国家的特殊性。四川的动漫产业处于起步阶段，应坚持做事业的态度，在创作理念、造型、情节设计等方面坚持艺术上的精益求精。

动画片《孙悟空大闹天宫》是一部脍炙人口的佳作，该片从 1960 年至 1964 年，历时四年时间创作完成，当年的创作氛围非常好，大家都把这个动漫当成心中的事业来做。美影厂为万籁鸣先生配备了一套很好的班子，厂里的精兵强将都投入到这部片子的创作中。影片的筹备期达半年之久，大家在一起分析、讨论文学剧本，背着创作工具，冒着严寒在北京各地收集素材，了解古代建筑、绘画、雕塑等艺术。当时在没有电脑制作的情况下，用手绘制了近 7 万幅画作，成为一部鸿篇巨制，仅绘制工作就投入了近两年的时间。

但是，文化产业又不能完全当成文化事业来做，因为文化产业的创意内容必须要有商业价值，不能仅靠政府的资金扶持，应该通过自身的努力赢得市场的认可。市场不仅能够增加产品的文化附加值，还能使文化资源转化为财富，形成文化产业并拉动经济增长。动漫产业只有依靠自身的"造血"功能，才能获得无限生机。

（二）加强知识产权保护

动漫产业耗资巨大，投入的精力和人员比较多，需要大成本来支付人员费用。如果辛苦产出的创意和产品产权得不到有效的保护，这个产业一定走不远。当年《宝莲灯》上映三天，盗版VCD版本就冒出十余种，制片方仅此受损数百万元。湖南三辰公司的《蓝猫淘气3000问》遭16家盗版，损失过亿元。据统计，"蓝猫"品牌延伸的服装、书包、文具、童鞋等市场，正版蓝猫产品与盗版蓝猫品牌和形象的侵权产品销售数量之比是1∶100。诚如专家所言："盗版和侵权是中国动漫产业的拦路虎。"

要加强动漫产业知识产权保护，首先要提高动漫权利人权利保护意识。此外还应注意以下几个环节：（1）动漫形象这类权利客体潜藏着巨大的市场价值，无论是从事前预设还是从事后侵权判定角度，在立法方面应明确规定动漫知识产权侵权行为。（2）动漫产品正式命名、复制、上市之前，在未采取知识产权保护措施或未获授权时，应对产品计划做好保密工作。（3）加大惩处力度。实践证明，惩处力度过小不足以使侵权行为人产生畏惧，不足以保护权利人的权利。侵权赔偿标准问题是长期困扰法律界的一个难题。某著名漫画家称其获得的一笔3000元侵权赔偿已是业内高额。基于动漫作品的易受侵性和多重商业价值，动漫作品侵权损害程度可能是其他普通作品的数千倍、数万倍，宜立法为其单设高额赔偿标准，以遏制盗版侵权行为，引导产业健康有序发展。

（三）健全人才培养模式

四川省已有十多所国家级高校及近30所非学历教育机构设

立了数字媒体类相关专业课程，在校学生上万人，为成都动漫人才的培养提供了强有力的保障，技术与创作性人才储备充足。但是，为保证动漫人才的培养质量，不宜盲目在本不具备动漫教育资源的高校建立动漫专业和扩招，造成动漫人才的过快膨胀和知识不完备。

在人才培养模式上，要采取"学—研—产"的培养方式，即让该专业的学生首先在大学初期打下扎实的理论基础，然后学校给这些学生相应的研究平台，让他们把理论和实践相结合，最后当他们进入企业时，已经是一个理论和实践都具备的初级动漫人才，再经过实际工作的磨炼后成为优秀的动漫人才。如成都大学的动漫专业有着良好的教学模式，学生在大一至大三时打好理论基础，在大四时进入由学校和老师联办的动漫公司进行为期一年的实习。在这里，老师和高年级学生会对他们进行专业方面的"传帮带"，让他们从小项目开始，完成对动漫知识的深入了解、掌握和实践，当他们毕业时，就已经具备了扎实的专业知识和丰富的实践经验，为走上工作岗位打下了坚实的基础。

成都动漫游戏产业人才存在结构性矛盾，不乏原创性人才但高端制作及经营管理人才缺口较大。可以通过整合高校和企业资源的方式来搭建人才培训基地，集中力量培养高、精、尖人才。同时政府也要出台相关举措加大人才引进的力度，让人才能进得来、留得住、用得好，这样才能实现四川动漫企业强大的发展竞争力和可持续发展能力。

（四）形成完整的产业链

目前，动漫产业要形成完整的产业链，首先要敲开电视台的大门。动漫受众主要是儿童，原创动漫内容就是要通过电视台连续不断的播放，把博大精深的中国文化通过动画传授给他们。目前，对于《巴布熊猫》而言，第一部只有 26 集，每集 13 分钟，如果能制作成 52 集的年度播放集数（每周播放一次），则其动漫形象就会在受众群体中留下深刻的印象，从而扩大该品牌的社会影响，广告商和玩具商也会随之而来，为产业链的进一步发展打下良好的基础。

　　其次，要形成完整的产业链，必须进行充足的前期规划，对动漫作品的制作公司本身进行准确定位。首先应确定动漫公司是自己完成原创产品的整个产业链还是只充当产业链中的一环。如果是第一种，则要充分考虑到从设计到生产再到后期推广涉及的不同行业，形成完整的产业链，并进行多渠道的推广和赢利，这需要有相当大的资金、人力和物流，公司必须有充足的资金准备。如果是第二种，动漫公司只负责创意和制作，动漫公司与其他衍生产品开发商、销售商进行联合，动漫公司只成为整个产业链的一环，这对动漫公司来说不论从资金还是物流投入都相对少一些，对一些规模较小的动漫企业应该是一个非常不错的选择。但这样一来，该产业链中的每一个环节都要紧密相关，动漫产业首先要做好该产品的宣传和前期推广，吸引开发商和销售商参与投入，才能有良好的市场环境和受众群体来保证其衍生产品（如文具用品、玩具等）销售顺利，形成好的产业模式。否则，就会出现产业链的各个环节都发展不错，但总的产业链无法衔接、运转等问题。

（五）形成完善的融资机制

　　动漫产业与其他产业不同，它没有固定的资产做抵押，仅凭一种看不见摸不着的创意或观点是无法用来抵押贷款的，而资金又是一个企业发展的动脉。同时，成都融资环境的相对落后导致风险投资以及投资人不愿投资动漫产业。因此，如何解决企业所面临的资金问题是整个产业发展的重点，如何突破传统的融资观念为整个动漫产业找到发展的出路迫在眉睫。

对于动漫产业，因为其形式的特殊性，所以在融资机制上与别的产业有很大区别。对于有形的资产来说，在社会、企业中进行融资，因为有实际的东西存在，融资环境和条件都相对来说比较成熟。动漫作为一种创意是无形资产，它的融资机制目前还不完善。成都大学动漫专业的孙教授提出，在动漫产业的发展初期，政府应该伸出一把手，建立完善的动漫作品"价值评估体系"，对动漫产品进行价值评估，使有意投资的单位对该动漫作品的价值有一个量化的认识，也即对该产品进行定位，从而拓展出一条动漫作品的融资之路，这将是我国政府完善动漫产业投融资机制的一个"大手笔"。

通过建立动漫创意的"价值评估体系"和形成完善的融资机制为动漫企业提供有效的资金支持，将使动漫产业从创意、制作到衍生产品开发，获得持续的发展。

（六）有效发挥政府和基地的职能作用

面对中国日益成熟的市场经济，政府部门尤其是各级动漫产业行政主管部门（财政局、文化局、信息办、广电局、新闻出版局、高新区、文化产业推进办、数字娱乐产业）要协调社会各方力量，创造一个有利于动漫发展的大环境，服务于动漫产业。作为动漫产业的主管部门，应在各级人民政府指导下制定本地的发展规划，完善行业法律法规，使行业发展有法可依、有章可循。此外，政府应该制定合理完善的资金扶持和奖励政策。政府进行资金扶持和奖励时应以产业的长远发展为出发点，变"遍地开花"为"锦上添花"，适当加大对优秀动漫产品特别是原创产品的扶持，以有利于形成四川本地的品牌产业，再通过该品牌产业为宣传窗口，带动整个四川动漫产业的发展。政府有关职能部门（省财政厅、文化厅）可以在政府的年度预算中考虑扶持动漫产业的发展，在预算中预留出部分资金，对于火车头公司的《巴布熊猫》等比较优秀的原创作品，鼓励企业通过项目申请的方式获得奖励，支持优秀动漫原创产品的创作生产、民族民间动漫素材库建设等，以及建立动漫公共技术服务体系等动漫产业链发展的关键环节。这样既通过项目申请扶持了该创意的进一步发展，又为企业之间的交流、品牌提升提供了良好的平台。不少原创动漫企业长项在研发，但资源有限、渠道有限，这些方面都要借力于政府。

对于基地而言，应该充分发挥"桥梁"作用，构筑企业与政府的无障碍发展通道。作为全国第二个国家动漫游戏产业振兴基地，基地在动漫产业发展的过程中应该充分发挥政府和企业的"桥梁"作用，提供企业交流和发展的良好平台，定期举办四川省内动漫行业的交流活动。同时，把政府的扶持政策落实到位，创造更好的发展环境。带领四川的动漫产业多参加行业竞赛和展览会，扩大本地动漫产业的影响。据悉，基地将在 2008 年牵头成立"四川网络文化协会"，把动漫、游戏、软件等各行业通过协会的形式集中起来，促进企业交流和发展。另外，也从企业本身的角度，为政府提供动漫产业发展的建设性意见。

思考题

1. 在原创动漫作品的打造中，是纯中国元素还是中西结合更能赢得市场？

2. 如何创建动漫创意这种无形资产的社会评估体系，让创意变成"有价值抵押品"，为动漫产业的发展开拓更广阔的融资渠道？

3. 动漫这一特殊产业需要什么样的政策环境？

参考文献

1. 杜娟：《我国动漫产业发展的政策研究》，《软件导刊》2008 年第 6 期

2. 吴红：《美日韩动漫产业机制对构建我国动漫产业链的借鉴》，《韩山师范学院学报》2007 年第 2 期

3. 陈红泉、何建平：《海外动漫产业投融资机制的经验借鉴》，《经济研究参考》2008 年第 18 期

4. 周涛：《国内外动漫产业发展的现状及思考》，《科教文汇》（中旬刊）2008 年第 4 期

5. 苏子东：《我国动漫教育与动漫产业失位的思考》，《珠海城市职业技术学院学报》2007 年第 2 期

6. 韩翔宇：《中日动漫产业对比分析——从产业链的角度》，《河南科技》2008 年第 4 期

7. 陈博：《韩国发展动漫产业的政策措施评析》，《当代韩国》2008 年第 2 期

附录1

文化部关于扶持我国动漫产业发展的若干意见（摘录）

……

二、扶持民族原创，完善产业链条

（四）实施国产动漫振兴工程。以重点支持原创产品的创作生产为龙头，发挥财政资金的杠杆作用，鼓励扶持各类所有制企业创作、推广和传播贴近实际、贴近生活、贴近群众，富有中国文化精神、承载中华优秀传统文化、饱含时代特点的动漫产品。

（五）构建相互支撑的动漫产业链。动漫产业链主要包括漫画（图书、报刊）、动画（电影、电视、音像制品）、舞台剧、网络动漫、手机动漫等环节。此外，还有与动漫形象有关的服装、玩具、文具、电子游戏等衍生产品。

（六）支持漫画创作，夯实产业基础。高度重视漫画在动漫产业链中的基础性作用。加强对漫画创作的引导，扶持漫画创作与研究的重点刊物，奖励具有突出贡献的漫画创作人员。以美术馆、文化馆、群艺馆、博物馆为依托，展览展示原创漫画精品，推进漫画艺术教育，加强市场推广。

（七）发展动漫舞台剧。鼓励儿童剧、青春剧等艺术形式向动漫化、多媒体化方向延伸。鼓励动漫企业进入演出市场，支持动漫企业通过参股、控股或兼并等形式参与国有文艺表演团体转企改制。

（八）大力发展网络动漫、手机动漫。运用高新技术创新生产方式，培育新兴动漫业态。大力发展以数字化生产、网络化传播为主要特征的网络动漫、手机动漫产业，充分利用数字、网络等核心技术和现代生产方式，改造传统的动漫生产和传播模式。

附录 2

四川省动漫游戏产业发展规划指南（2005—2010）

到 2010 年，建立以国家动漫游戏产业基地为依托的、覆盖四川全省的、具有四川文化资源特色的动漫游戏产业链，建立和完善以知识产权保护为核心的繁荣的动漫游戏产业市场，为四川的青少年营造良好的精神文化氛围和生产一大批适宜青少年的动漫游戏文化产品，并且提出了促进四川省动漫产业发展和文化市场繁荣的具体措施。主要包括：

规划和推进一个以国家动漫游戏产业振兴基地为载体、以覆盖全省的动漫游戏内容产业开发区为依托的涉及创意设计、产品研发、企业孵化、国际合作的产业链的建设。

建设一个以动漫游戏体验和消费为载体的面向广大青少年的数字娱乐体验中心，进一步丰富青少年的业余文化生活。

积极引导现有教育培训资源，创造一条产、学、研融合的职业人才生产体系；充分发挥本地高等院校和四川省艺术职业学院的作用，采取专业教育和职业培训两种方式，达成学、产、研合作，一方面培养一批熟悉动漫游戏产业各方面运作的复合型人才，为基地发展提供原创动力；另一方面探索建立动漫游戏产业执业资格认证制度。

扶持具有民族内容的动漫游戏创意产业的发展。将通过多渠道设立鼓励资金，扶持专业及非专业的创意人才，为其提供交流及展示平台，促进其创意设计成果的市场推广。

（略）

打造动漫之都：杭州的努力、回报与困境

——以杭州高新区动画产业园为例

李显波

李显波，浙江行政学院讲师

在文化创意产业中，兼具文化创意与高科技双重特点的动漫产业具有巨大的市场发展潜力，动漫产业渗透进产业价值链的市场份额相当可观。在国家积极出台政策引导和扶持动漫产业健康快速发展的背景下，国内众多城市纷纷选择动漫产业作为自己城市产业转型与升级的"未来支柱产业"，各地的动漫产业园区如雨后春笋般竞相设立，而所出台的产业扶持政策更是一家比一家诱人，把城市打造为动漫之都的口号更是不绝于耳。

在各地政府强力推动动漫产业大发展、大繁荣的过程中，杭州，这个市场经济繁荣、景色秀丽迷人、注重生活品质的江南名城，较早地提出"打造动漫之都"的明确思路，而且不遗余力地积极扶持杭州动漫产业发展。其扶持力度之强、领导重视程度之高、动员范围之广、努力决心之大在全国各城市中可谓非常突出。

在杭州市区各级政府倾力扶持动漫产业的过程中，大量资金的投入、政策绿灯、配套措施以及各级领导真心实意甚至焦急万分的呵护，使得杭州整体动漫氛围愈渐浓厚，外界的认知程度较高，也涌现出了几家较大的企业。但另一方面，"很多企业难以实现赢利、产业集聚以及产业链条伸展效果并不理想、产业发展秩序还没有理顺"等客观现实亦不容忽视。杭州动漫产业处于一种政府强力推动的"雷声大"与产业实体本身发展"雨点小"并存的境况之中。

作为国家广电总局命名的首批国家级动画产业基地之一，杭州高新区动画产业园可以说是这个城市努力付出、苦心经营动漫产业的受益者、见证者、体验者、被寄予厚望的突击者以及众多不适的承受者。从初期的热火朝天、干劲十足到现今的逐渐空壳化趋势，该基地园区的发展经历充分昭示了动漫产业发展的成就与困境。本文以该基地为叙述对象，期望它的发展境遇带给人们足够的启示和反思。

一 选择城市的未来：瞄准动漫产业

在经济全球化和区域经济一体化背景下，粗放型的加工制造业在整个产业链条中所分割的价值比例愈渐缩小。同时，其所造成的资源消耗、环境污染等客观现实压力逼迫人们去寻求改变。所以，产业转型与产业升级是任何一个经济体走向强大与可持续发展过程中的必然选择。正是在这个意义上，文化创意产业以其低能耗、无污染、附加值高、市场主动性和渗透性强、前景广阔等众多特点成为人们选择的方向。

在文化创意产业中，兼具文化创意与高科技双重特点的动漫产业具有巨大的市场发展潜力，据统计，全球每年与动漫游戏产业相关的周边衍生产品产值达 5000 亿美元以上，被誉为 21 世纪的朝阳产业。而与美、日、韩等国动漫产业已成为国家支柱型产业的状况相比，我国动漫产业的发展状况则比较弱小。

一方面是城市产业转型与升级的需要，另一方面是非常看好这一朝阳产业的巨大市场前景，加之国家相关政策的大力支持与引导，杭州市委、市政府认为自己的城市定位、资源优势、人文特色和产业结构等众多条件非常适合发展动漫产业。因此，杭州市明确提出打造"动漫之都"的战略思想，成立了市一级的动漫游戏产业发展领导小组，积极推进动漫产业发展。

杭州打造动漫之都的一个基础性载体便是杭州高新区动画产业园，该园于 2004 年 12 月被国家广电总局命名为全国首批 9 个国家级动画产业基地之一。从 2004 年以来，在杭州市区各级政府的大力推动下，高新区国家动画产业基地经历了一个从无到有、从小到大的快速发展过程，已成为国内动漫产业竞争格局中一个不可忽视的基地。政府期望通过高新区国家动画产业基地这样的载体和孵化器集聚、培育和壮大整个动漫产业，从而打造出自己的产业优势和竞争优势。值得一提的是，该动画基地附近就是国家级的软件基地，经过数年的努力该软件基地已很是强大。带着经营后者的经验、自信与期待，杭州市区两级政府对于高新区国家动画产业基地的前景信心十足。

二　政府主导：倾力推动动漫产业集聚与发展氛围

杭州市的动漫产业始于 20 世纪八九十年代，当时有 10 多家民营（个体）企业以对外加工动画片为主，自发的产业基础十分脆弱，很难说得上成规模。为了强力推动动漫产业的规模发展，杭州高新区国家动画产业基地无疑是政府主导行为的强大平台，目的就是促进动漫企业集聚与产业发展。杭州市与高新区动画产业基地将之表述为"营造政策洼地，形成产业高地，加快集聚动漫产业"。具体来说，政府的这种"营造"行为主要包括如下几方面：

首先，自从 2005 年确定打造"动漫之都"开始，杭州市便研究部署了发展动漫游戏产业的 15 项重大举措，确定动漫产业的基本发展思路。2005 年 11 月在全国范围内率先推出《杭州市人民政府办公厅关于鼓励和扶持动漫游戏产业发展的若干意见（试行）》（2007 年 8 月又推出《补充意见》），在资金、税收、工商、土地以及人才引进等方面的政策上确定了引导与扶持动漫产业发展的具体鼓励措施。从 2005 年起，杭州市每年拿出 5000 万元动漫游戏产业专项资金，滚动用于对动漫游戏产业的奖励、资助、贴息等。而作为动画产业基地所在地的杭州市高新区则在 2005 年 2 月出台了《杭州市高新区关于鼓励和扶持动画产业发展的若干意见（试行）》，从 2005 年起，高新区财政每年从产业扶持资金中安排不少于 2000 万元的专项扶持资金，用于动画产业基地公共服务（技术）平台建设、动漫作品原创以及对动画企业发展的财政扶持。

杭州市区两级政府通过出台积极扶持政策、投入大量资金营造了诱人的政策洼地，从财政扶持、税收减免、房租减免、贷款贴息等众多方面减少企业的运行成本。比如，如果杭州高新区动画产业基地制作的动漫产品能够在中央电视台播放，则基地给予每分钟 2000 元的补助，杭州市政府拿出每分钟 1000 元的补助（共计每分钟 3000 元的补助），这在全国范围来说是支持力度最大的。很多企业落户杭州基地，尽管不排除别的缘由，但这种巨额的资金政策支持无疑起到了重要的吸引作用。

其次，除了提供优惠的政策之外，作为服务于动漫游戏等企业的专业孵化器，杭州高新区国家动画产业基地深知公共服务体系建设的重要性，所以一直着力搭建公共平台。一是努力搭建公共技术服务平台。为解决中小动漫游戏企业对关键技术设备需求高却没有能力购买的问题，政府积极扶持成立杭州市动漫游戏公共技术服务平台有限公司，为基地企业提供质优价廉的包括贴图素材、动作捕捉、动画渲染、音效制作等公共服务。二是努力搭建投融资服务平台。针对动漫游戏研发制作公司融资难的实际，政府借助国家基地平台通过杭州高科技担保公司，为企业提供知识产权质押担保，并尝试小规模风险投资试点。同时，动画基地积极与海内外风险投融资机构加强沟通，通过银企座谈会、投资推介会、风投见面会等载体，为基地动漫企业牵线搭桥，努力促成动漫游戏企业的投融资事宜。三是努力搭建人才培养平台。杭州高新区国家动画产业基地一方面与浙江大学、中国美院等省内知名院校建立合作机制，联合推出动漫人才实训中心，为企业量身定制，实施菜单式培训，共同推进技术开发、人才培训和教学实践，使企业与院校形成互动，实现共赢。另一方面，基地通过与杭州高新区人才中心合作，定期组织动漫专场招聘，帮助企业物色人才。

再次，支持动漫节展，促进交流合作。无可否认，杭州连续举办中国国际动漫节并且最终获得该节的永久举办权，这是杭州市区政府大力支持和推动的结果，由此可见政府的决心与期待。中国国际动漫节在杭州的举办，一方面积极推介和提升了杭州的动漫产业发展氛围，另一方面通过动漫产业博览会、产业高峰论坛、动漫影视作品大赛等动漫节主要活动，为企业提供包括形象展示、沟通交流、寻求合作等方面的机遇平台。仅动漫节签约仪式一项活动，从 2005 年以来高新国家动画基地企业签约总金额就达到 41.6 亿元。

客观而言，从杭州高新区国家动画产业基地的实际情况来看，杭州市区两级政府为了促进动漫产业的发展可谓苦心孤诣，尽心尽力——能想到的方面基本上都已着手付诸行动（虽然行动的效果还有待观察）。从杭州高新区国家动画产业基地办公室提供的基地简报来看，领导的关心、各项政策的逐条跟踪落实、公共服务的尽力提供、与各地区以及各界的积极交流等内容，甚至让人觉得政府对产业的支持已达到了某种极限。

三　在政府努力推动下动漫产业实现规模集聚

杭州市区各级政府大张旗鼓、声势浩大地"营造政策洼地"以推进动漫产业发展，从几年间促进企业集聚的效果来看，在一定程度上达到了阶段性的目的。这一点在杭州高新区国家动画产业基地有着明显的反映。自 2004 年年底以来，基地动漫企业由最初的几家发展到最多时的 70 多家，包括影视动漫制作、网络游戏和数字电视互动游戏研发及运营、数字多媒体和衍生产品设计开发等不同类别的众多相关企业。可以说，基地企业的集聚已较具规模，动画基地企业吸引了动漫游戏及各类相关人才 3000 余人，其中动画导演、编剧、原画和游戏主策划、主程序等中高级人才近 300 人。2007 年度基地共制作完成自主原创的影视动画片 22 部 12800 分钟，其中已获得发行许可证的动画片 10500 分钟，同比增长 20% 以上，继续保持全国各基地排行第三名的位置。基地很多优秀动漫产品，如《天眼》、《童话动物园》、《金丝猴神游属相王国》、《济公》和《环保剑》等，均在国内外引起较大反响。

截至 2007 年底，在全国 90 部优秀动画作品中，杭州高新区动画产业基地已有 13 部作品被广电总局推荐为优秀动画片；在获得 2005 年浙江省影视动画奖的所有奖项后，基地作品又囊括了 2006 年浙江省影视动画的所有奖项。同时，基地的多款网络游戏作品（如《数码精灵》、《大唐风云》等）也入选了国家文化部、新闻出版总署表彰的"优秀益智网游"和"民族网络游戏优秀出版工程"。

值得一提的是，杭州作为中国经济较为发达的城市，其政府在扶持产业集聚与发展时还是相对注重发挥市场经济规律的。为了避免全盘包办，同时提高运作效益，杭州高新区国家动画产业基地从建立之初便贯彻"政府主导，企业参与，市场运作"的操作思路。比如基地最初所在地华荣时代大厦，首先由房产商投资建造，然后杭州高新区政府出资租赁华荣时代大厦的办公面积，将这些租赁的楼层用来招商引资，主要用来引进动画产业企业。最后，由来自于民间的投资者们购买华荣时代大厦产权，进而长期租赁给动漫企业使用。再如，杭州市动漫游戏公共技术服务平台有限公司也是这种"政府主导，企业参与，市场运作"思路的代表，平台公司由中国创网等企业投资创建，政府对其提供的服务进行部分资金资助，其余的部分仍需要按照公司赢利模式进行运作。

四　空壳化：企业集聚后的生存和发展问题

杭州高新区国家动画产业基地通过积极营造政策洼地，聚集了很多动漫企业，而且通过各种办法壮大了"杭州动漫"的声势。但是企业的集聚状况和企业的生存状况却并不是一回事。当笔者在 2008 年 9 月再次走入杭州高新区动画基地时，感觉到的是基地所遭受的严重挑战。基地最初所在地华荣时代大厦中，真正留下来的动漫企业只有中南卡通、玄机科技等三四家，而其他动漫企业则大量迁出（当然，在华荣时代大厦周围的群楼里也有一些动漫基地企业，但是这些企业一是数量也在缩减，二是也面临着外迁的压力）。相反，大厦进驻了很多贸易公司、广告公司、科技公司,有的楼层则变成了服装企业的仓库,曾经声名远播的杭州国家动漫基地变成今天这等状况,的确令人扼腕。

按照杭州基地的政策规定,对入驻基地的企业给予第一年全免、第二年和第三年减半的生产用房房租补贴,这些政策的优惠期限一到,房租费用对于并不赢利的动漫企业来说无疑是一项沉重的成本,这也是动漫企业迁出动漫大厦的直接原因。甚至有些基地企业在房租优惠期过后搬离了基地的范围,已难觅踪影了,以至于基地企业的数量统计都存在很大难度。对比当初杭州动漫基地企业较多聚集、气氛热火朝天的状况,有的动漫基地企业老总认为,"2008年杭州高新区国家动画产业基地的规模效应已经没有多少了,因为很多企业都已搬走了。该走的都搬走了"。

针对这种状况,来自杭州高新区国家动画产业基地办公室的分析之一是,"高新区在2005年2月率先制定出台了动画产业扶持政策,当时在全国动漫业界形成了示范效应。然而在此之后,包括北京、广州、深圳、长沙、南京、无锡、常州等几十个

◀杭州国家动画产业基地

城市都出台了动漫扶持政策,而且在诸如播出奖励、公共平台、房租补贴等方面层层加码,政策更加优惠。与其相比,目前的政策已无优势可言"。

应该讲,导致上述状况的根本原因在于动漫基地企业的生存艰难,很多企业赢利都很难,更不要说做大做强了。动漫产业是一个商业模式复杂、投资大、回报周期长的产业,尽管前景看好,但是对于处于起步阶段的中国动漫企业来说,要把这个产业的道路走通走畅,的确困难重重。所以我们看到,尽管杭州高新区国家动画产业基地费了巨大力气把动漫企业集聚起来,而且也尽心尽力地为其提供服务和优惠,虽然企业本身也想把动漫产业做大做强,但是效果不佳,甚至很多企业的运作已"走了味":

首先,由于有较高额度的电视播出分钟补贴,一些企业自觉或不自觉地往节目中"掺水",人为地拉长产品的时间,导致尽管拿到了政府的高额补贴,但是动漫节目的质量却很难保证。企业在赢利困难的条件下,不得不把目光转向电视分钟播出补贴、节目评奖甚至拉关系、走后门上,毕竟这样可以拿到钱。

其次,动漫企业游走于国内遍地开花的动漫产业园区之间,哪里给的补贴和优惠多,就在哪里注册一个分公司,在杭州高新区动画产业基地中也不乏这样的企业(相当于在国内的多家动漫基地布了很多生产车间)。这种状况造成的问题是,第一,有些企业一过优惠期就搬到别处,并没有为基地的长远发展带来大的助益;第二,由于有些企业在国内多家动漫基地设有分公司,那么当企业的一个新产品完成后,它就会比较、考虑以哪一家基地产品的名义推出,从而拿到的补贴更多。就是说,在国内别处制作的动漫产品可能最后却以杭州动漫基地的名义推出,这种实际上只是挂杭州动漫基地一个"壳"的做法对于杭州动漫基地的集聚、原创和发展来说并没有多大好处。

再次，更有甚者，有些企业"挂羊头卖狗肉"。尽管杭州高新区国家动画产业基地对于入驻的动漫企业也有较高的门槛限制（主营规定范围内的一种或多种产品的研究、开发和生产，其中主营产品的销售应占企业全部收入的50%以上；企业产权明晰、管理规范、开发能力强），但是仍有些企业滥竽充数、蒙混过关；另外，即使符合条件限制的基地动漫企业，由于自身赢利的困难，有些企业也不得不选择做一些无关主业的业务，以赚钱维持运营。

在笔者调查杭州高新区国家动画产业基地的过程中，曾有人形象地指出该基地正在逐步"空壳化"或者说"雷声大雨点小"，动漫基地此等境遇恐怕是参与基地建设的各方力量所没有想到的。

这样的结果依然突出表现在那些老生常谈的基本问题上：人才不足：尤其是前期的创意、策划和文化产业经营管理类中高端专业人才缺乏。资金不足：真正投资在动漫项目上的资金很少，社会上数量庞大的资本由于看不到可靠的赢利模式，所以观望的多出手的少。精品较少：非常知名、具有广泛市场渗透性的优秀产品缺乏。产业链不完善：由于动漫产业尚处于发展初期，知名形象和品牌尤其缺乏，拓展延伸缺少资源。而就企业来讲，一方面单个企业还无法形成较为完整的产业链，另一方面基地企业之间也未完全形成紧密的产业链上下合作。

杭州高新区国家动画产业基地的这种状况让人产生很大的困惑：一方面是政府推出那么多优惠政策、花了那么大力量搭建平台、投下那么多资金，但另一方面动画产业基地的发展却依然困难重重，问题究竟出在哪里呢？

五 帮忙也要讲究效果：来自基地动漫企业的声音

动漫产业的特点是资本密集、知识密集、技术密集以及劳动力密集，是典型的高风险、高投入同时高产出的行业。选择进入这一产业的动漫企业其实面临的挑战非常艰巨，尤其是在产业发展初级阶段更是这样，而杭州高新区国家动画产业基地的设立初衷就是帮助动漫企业克服这些企业一己之力难以解决的困难，从而扶助企业和产业做大做强。但是杭州基地逐渐"空壳化"的态势显然没有达到上述目的。

尽管入驻基地的动漫企业都享受到了基地所提供的程度不等但数额不小的政策优惠和补贴（对于这一点基地企业从不讳言同时是内心欢喜的），但是基地动漫企业对基地运作的做法还是存在很多看法的：

首先一个整体的判断是，杭州高新区国家动画产业基地对企业的扶持流于表面化。针对政府如此大力扶持但基地企业却很难实现赢利的状况，一位基地动漫企业的老总认为政府的扶持只能取得表面效果，因为"好钢没有用在刀刃上"。他认为，"杭州基地是非常鼓励原创动漫产品的，而且我相信原创一定能够赚到钱。但是政府的支持不能仅仅停留在给企业优惠、给企业多少钱的层面上（这其实是政府在养企业），而是一定要提供更好的投资与产业运营配套环境，帮助企业在市场和产业层面上积极拓宽运作渠道，帮企业多争取订单，为企业多做些宣传报道和广告投入，从而让企业能够从产品上获得利润。关于这一点，杭州基地虽然试图做了很多努力，但是显然还存在很大的缺陷。比如，杭州市动漫游戏公共技术服务平台有限公司看起来更像是个花架子，并没有发挥期望中的效益，接受它服务的企业几乎没有"。而另一家企业的负责人则尖锐地指出："高新区动画产业基地办公室虽然也为我们做了很多工作，他们也非常卖力气，但是一个总体的感觉还是觉得他们像'官'，更像是在'管'，而它提供的服务对于企业的成长和壮大影响有限。其实动漫基地缺乏一个非常高效、有力且按市场规律办事的强大经营团队，他们要像经营公司一样来辅导、经营、推动杭州基地融入产业运作，可能效果会更好。"

其次，政府通过基地形式借助优惠的政策措施聚集了较多动漫企业，但是聚集之后的市场环境很难说是公平的。一位企业负责人说："现在基地企业的状况是死的死不了，活的活不大。很多动漫公司来到基地不是为做动漫的，而是为了拿扶持补助。在这样的目的下，企业的产品非常劣质。那么结果是我们到底在跟谁竞争？我们到底在做什么？这样条件下的市场是一个很难健康成长的市场。"另外在产业秩序发展方面，不仅国内各基地之间互相竞争抢拉企业入驻，就连杭州市内都存在有形或无形的类似竞争，因为除了杭州高新区国家动画产业基地外，还存在文化部设为国家数字娱乐产业示范基地的西湖区数字娱乐产业园，两者也存在争夺企业资源的问题。

再次，政府助推动漫基地企业成长壮大的整体规划和推介还很不足。政府出面组团到国外去参加展销，让企业无偿参加，这是国外促进动漫产业发展效果很好的经验。而杭州基地带领企业到国际上亮相、参展、接订单的组织活动还很欠缺，邀请国外人员来交流的平台也还没有搭好，总之，政府助推动漫基地企业发展的规划、计划、措施还没有进一步合理地落实。一家动漫企业的经理告诉笔者其独自参加法国动漫展的尴尬经历:由于不知道具体的操作规则,事前没有预约,连进展会洽谈的机会都没有获得,长途跋涉后竟是这样一个结果,非常可惜。

因为基地整体规划和推介的水平不足,加之国内动漫制作与播出体制的限制(在制作方面,经历先立项、后制作、再申请许可证、最后获得播出等复杂的审批环节;在播出方面,国内的电视台几乎处于垄断地位,发行收入微薄),有些动漫企业不得不选择自己"出海","我们先做几千分钟的节目,然后申请播映许可证,做完节目再卖,卖不动的话就完了。"中南卡通总裁吴建荣表示,"在国内,我们按照市场的要求做片子,却只能卖给垄断性质的电视台,只能再靠衍生品开发赚钱。而今年我们在海外光发行收入预计就能达到200万美元。"应该看到,像中南卡通这样较大的公司可以单打独斗,但是大多数中小动漫企业是支付不起自己出海的成本的。

另外,在整体推介和宣传方面,杭州连续举办中国国际动漫节并且最终获得该节的永久举办权,这么大一个平台与杭州高新区国家动画产业基地的发展状况比较起来可谓反差巨大。为什么这么好、这么大的一个平台没有促进杭州动画基地的有益发展?问题究竟出在哪里?一位动漫基地企业的资深人士对此的看法是:"动漫节的专业性和产业性还存在问题,所以知名度和影响力都很受限制,尤其是本地动漫企业受益有限。如何处理好专业展会和嘉年华式的节庆活动之间的关系是摆在主办者面前的一个难题。虽然这两年杭州动漫节的节庆活动搞得有声有色,但参展企业逐渐减少,可以说对本土企业影响不大,至多是帮着企业清清货而已。"

最后，杭州基地在金融融资和人才培养方面没有实质性的突破和进展。一些从外地迁到杭州基地的动漫企业反映，之所以入驻杭州基地，是因为非常看好浙江具备充裕的民间资金、遍地开花的民营企业、数不尽的轻工业消费品以及区位辐射优势，相信这其中孕育着充分的市场机会。但是几年下来，民间资本和风险基金隔岸观望，主要是看不到目前产业的有效赢利模式，前景不明而不愿下单。而银行对动漫行业了解不深，评估机制尚不完善，较高的贷款门槛使一些中小企业无力借贷。尽管政府试图在这方面与资方破题，但是尚未从实际上解决问题。至于人才培养方面，杭州基地的情况是：制作加工类的人员较多，但高端创意人才较少，具有全国影响力的创意大师更是凤毛麟角；从事创意行业的人员较多，但同时精通管理、营销的 T 字结构人才较少，直接导致动漫市场运作能力较弱；文化创意类的大学毕业生越来越多，但企业真正用得上、担得起角色的较少。中高端人才短缺成为制约杭州动画基地的主要问题。应该讲，自从基地设立以来，上述方面的问题一直都没有实质性的突破和进展。很多从外地迁来的企业本来想借助的优势都没有能够借用得上，这里有企业自身的问题，而杭州基地作为各种资源的整合与盘活者，其作用没有很好地发挥也是重要的原因。

六　杭州高新区国家动画产业基地还能走多远？

我们在杭州动画基地一些动漫企业中采访时，企业负责人们常常会提起几年前基地成立之初那种热火朝天的场面，无论是企业、政府还是社会力量对于动漫产业都干劲十足。但是，现在的杭州基地中除了少数几家较大的动漫企业外,很多中小动漫企业都明显感觉到"政府没干劲了",而它们自己也随之失去了方向感。

政府之所以被认为"没干劲了",是因为其自认播下的是龙种,但收获的却是跳蚤。对于杭州高新区国家动画产业基地这个载体,杭州市区各级政府无论在政策措施、领导关注、资金、技术与人才平台搭建上,还是资金投入、为企业提供服务等各个方面都做了大量工作,可以说能想到的、该做的都做了,但就目前的效果而言却很难让人满意。就动画基地而言,杭州市区两级政府没有能够续写杭州高新区国家软件基地这一先例的辉煌,从这个意义上说,政府当然会有一种无力感。这一点在我们采访基地办公室这一政府角色时得到了明显的印证。这不禁让人忧虑杭州高新区国家动画产业基地还能走多远? 比照"在20世纪90年代中后期建立的5大国家级卡通基地,至今未能发射出'神五'、'神六'一般的'漫画卫星'",① 杭州高新区国家动画产业基地会不会重蹈它们无疾而终的覆辙?

思考题

1. 动漫这样的高科技文化产业的发展规律、发展前提条件以及发展关键是什么?

2. 政府搭建的公共平台作用究竟该怎样发挥? 是应该"先扶持企业,然后再扶持动漫原创",还是应该"先扶持动漫原创,然后再扶持企业"?

---

① 柳斌杰:《把漫画做成大产业:为〈动漫创意产业论〉序》,转引自中野晴行《动漫创意产业论》,国际文化出版公司、中国传媒大学出版社2007年版。

3. 动漫这种高科技文化产业究竟适不适合以企业物理集聚的基地方式来加以培育？动漫产业的孵化方式是否同其他产业甚至高科技产业存在巨大差别？

4. 在杭州这样市场经济相对发达、市场运作相对完善、市场机遇比较广泛的背景下，政府大力推动的动漫基地运行尚且如此，本案例还给我们带来哪些启示？

基地命名后的产业发展之惑
——以中关村创意产业先导基地为例

高宏存

高宏存，中国人民大学文化创意产业研究所博士后伴随着十六大以来国家一系列发展文化产业的政策出台和文化体制改革的深化推进，全国各地都在争相制定建设文化强省文化大省的规划战略，推进文化产业的壮大发展，高科技文化产业园区（文化创意产业园区）的建设在全国成为一时之盛，蔚然成风。文化产业园区建设也是各级政府沿袭发展高科技产业的思路推动文化产业发展的举措，更是把文化创意产业的发展作为地方经济增长的新引擎，提高文化经济在 GDP 中的比重，努力打造文化经济的支柱产业地位的新选择。

文化产业的发展是否适合运用发展高科技产业惯常采用的建立类似科技开发区的文化产业园区的模式值得商榷，文化产业园区的建立也有不同的模式。有的文化产业园区的建立是市场主导，形成一定的产业集聚后适时引导，完成由自发到自觉的过程；有的文化产业园区的建立是政府主导，确立文化产业类型主题，选择具体的区域地点进行开发建设，按照发展科技产业的思路发展文化创意产业，比如有软件园、动漫网络游戏园区、艺术类园区、新媒体产业园区等。目前在国内的高科技文化产业园区建设中，不同模式的尝试依然在继续。在这里我们选择在全国发展文化创意产业中觉醒较早、北京市确立最早的中关村文化创意产业先导基地为个案，作以具体的解剖，或许对于文化园区建设发展，推动文化经济发展具有参照价值。

高科技文化产业园区建设对区域经济发展有什么影响？文化产业园区建设与城市经济发展和转型有什么关系？文化产业园区建设有什么特殊的规

律？文化产业园区建设如何利用、转化地方文化资源积累和优势？所有这些问题都是本案例研究有待探究的问题。

一　中关村创意产业先导基地的成立

　　中关村创意产业先导基地的成立，是有区位比较优势和产业资源禀赋积累基础的，也是在中关村科技园区成长过程中探索产业升级发展的有益尝试，更是顺应了科技产业发展中寻求注入文化内容的科技文化化、文化科技化的产业发展大势。在科技产业升级、产业调整分工，以及文化、经济与科技融合的大的经济潮流下，如何占领国际经济分工的价值链与产业链的高端，提升科技产品的文化附加值，增强产业竞争力，成为以往高科技产业园区的新课题，在这个意义上，中关村创意产业先导基地的成立就成为海淀区经济发展新路径的战略选择，对我国科技产业的发展具有某种意义上的示范价值。

（一）创意产业先导基地的区位优势与产业背景

　　中关村地区是中国知识经济的策源地，这里高新技术产业发达、文化底蕴深厚，具有发展创意经济、打造创意产业的良好基础。作为全国第一个高新技术产业试验区，中关村科技园区起源于 20 世纪 80 年代初的"中关村电子一条街"，1988 年经国务院批准它成为我国第一家高科技园区。中关村科技园 20 年的发展历史就是不断进行技术创新、制度创新，创造奇迹的历史，创新是中关村地区发展的不竭动力。从海淀区的"电子一条街"发展成为包括海淀园、丰台园、昌平园、电子城科技园、亦庄科技园、德胜园、石景山园、通州园、大兴生物医药产业基地在内的一区多园的国家级高新技术产业开发区，其中海淀园的主要功能是高新技术成果的研发、辐射、孵化和商贸中心，其他园区的主要功能是高新技术产业的发展基地。

作为我国第一个国家级高新技术产业开发区，中关村科技园区覆盖了北京市科技、智力、人才和信息资源最密集的区域，园区内有清华大学、北京大学等高等院校 39 所，在校大学生约 40 万人，以中国科学院为代表的各级各类科研机构 213 家，其中国家工程中心 41 个，重点实验室 42 个，国家级企业技术中心 10 家。园区内还有风景如画的颐和园、圆明园、香山等历史名胜和自然风景区，非常适宜人的工作、生活、居住。

中关村所在的海淀区是全国智力资源最密集的地区，创意产业需要的科技与文化相结合的智力型人才已形成群体优势；创意文化设施完善，有包括亚洲最大的国家图书馆在内的各类图书馆 305 个；艺术团体、创意研究机构众多，北大、清华、人大及国家许多部委的文化、创意产业研究机构大多集聚在海淀；中关村科技园内拥有微软、IBM、HP、BELL、NEC 等世界著名企业；联想、方正、同方、大唐、有研硅股和网通为代表的国内著名 IT 企业；新浪、搜狐、网易、亚信、百度、UTstarcom 为代表的在纳斯达克上市的网络企业；海淀区拥有国内人数最多的创意文化消费群体，区内各种文化交汇融合，形成文化和创意互动。中关村地区以它雄厚的科技实力和文化资源为发展创意产业提供了良好的基础和条件，在中关村地区建设创意产业基地，更是充分发挥中关村地区科技和文化优势，带动区域经济增长和引领新型城市功能区建设的重要举措，推动产业升级和寻求内生性经济增长的重要步骤，从而适应世界经济增长的产业下游化和需求高级化的经济发展大趋势。

（二）创意产业先导基地的成立：自发到自觉的实现和跨越

海淀区乃至北京市正处于一个以创意产业为导向的产业升级、全面调整产业结构的重要时期。以科技为优势的海淀区更是明显地感觉到了极需要文化内容的融合和介入，来提升产业的发展，完善产业的结构，而且单纯的传统电子制造业发展也遇到了挑战和困境。

新经济背景下，经济发展的模式和趋势正在逐步走向网络化、数字化，在社会信息化进程发达的国家，网络信息经济产业的规模已经非常庞大。我国信息网络基础设施的建设和发展为网络信息资源的开发和产业化创造了基础性条件和必要准备，与数字内容服务的相关产业增速超过了计算机等传统信息产品硬件的制造。据中关村电子贸易商会《中关村电子产品贸易行业发展白皮书》（2006 年度政府版）的统计数据显示：台式机增速不大且继续放缓：2005 年台式机销售 86.8 万台。2004 比 2003 年，商用机增长 8.2%，家用机增长 5.8%；2005 年比 2004 年分别增长 6.5% 和 4.5%。台式机在整个产品销售中的比重继续下降：2003 年台式机占销售总额的 11.5%，2004 年占 9.7%，2005 年占 7.9%，比重每年以大约 2 个百分点下降。DIY（组装机）市场趋于成熟：2005 年中关村地区 DIY 出货 40.6 万台，比 2004 年增长 8.4%，略高于品牌机增长，占整机出货量大约 31%。从 DIY 的购买用户分析，市场已经发生了很大变化，以网吧为主的行业用户占了很大比重。笔记本增速很高但在放缓：2005 年笔记本销售 35.3 万台。2004 年比 2003 年增长 60.3%，其中商用增长 55%，家用增长 103%。2005 年比 2004 年合计增长 36.5%，其中商用增长 29.3%，家用增长 80.3%；笔记本占中关村销售总额达到 8.3%，相比 2004 年的 7.7%略有上升；笔记本和台式机（包括 DIY）的比例达到 1∶3.6 的比例。

2005 年，数码相机继续高速增长：2005 年销售 40.8 万台，比 2004 年增长了 61.2%。但增速低于上年，2004 年比 2003 年增长一倍。虽然日系品牌仍然占领主要市场，但华旗相机异军突起，特别是 800 万像素和水印相机对国际品牌发起了强劲的挑战。数码摄像机市场超高速发展：2005 年销售 10.5 万台，比上年增长 1.4 倍。比上年的增长率提高了大约一倍（2004 年比 2003 年增长了 78.3%）。MP3 市场继续保持高速增长：2005 年销售 55 万台，比上年增长了 74%。MP3 市场的国产化特征非常明显，爱国者市场占有率第一，为 14.4%，纽曼紧随其后为 13.3%，优百特、朝华、万城等也有一定的位置。MP4 市场进入快速增长期：2005 年销售 2.4 万台，由于基数太小，增长率达到 2.1 倍。娱乐产品拉动市场增长：在增长最快的产品中，几乎全和娱乐有关，均超过 50%。

从北京中关村电子产品贸易商会发布的 2006 年白皮书中，我们可以看到这种变化的数字印证，这说明消费结构发生了重要

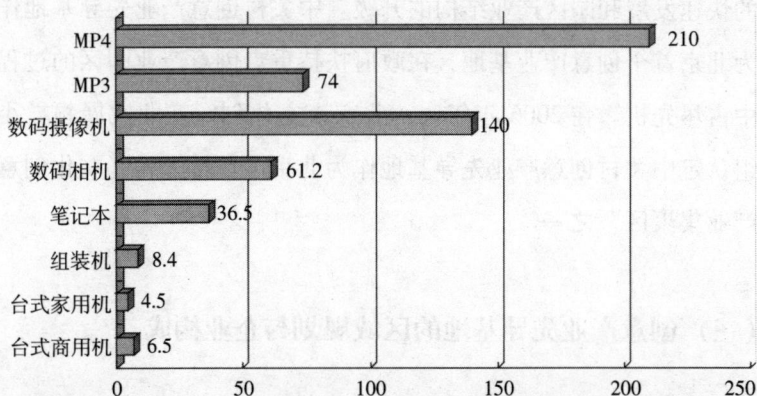

图 1　2005 年电子产品销售增长率(单位:%)

变化，同时也说明文化创意产业是大有作为的，产业发展必须满足这种消费需求。

因此，一度作为全国高科技制造业重镇的中关村，传统产业优势正面临很大的挑战，必须尽快完成产业的转型升级，适应世界经济发展趋势，否则以往的辉煌将难以承继，必须走向科技与文化结合的文化创意产业，满足人们文化、心理、精神需求的文化产品的生产制造就是一个最好的切入点和产业发展路径。中关村创意产业先导基地的挂牌成立，就是政府决策者们所采取的一个重要的步骤，从此拉开了北京市发展文化创意产业的序幕，北京市的经济格局由此呈现出了一个新的面貌。

2005 年 5 月 28 日 19 点，作为中关村科技园区"五年上台阶"系列庆典活动的序幕，中关村创意产业先导基地揭牌仪式暨中关村创意产业联盟成立大会在海淀图书城籍海楼南侧广场举行。中关村创意产业先导基地由中关村科技园区正式挂牌，成为海淀区创意产业的重镇。海淀区政府和中关村科技园区管委会把握时代先机，提出发展以科技和文化结合为基础的创意产业、打造创意产业基地，这一重要的创新举措必将有力拉动中关村经济的快速发展和园区产业结构的升级。中关村创意产业先导基地作为北京首个创意产业基地，在政府扶持重点创意产业园区的过程中占尽先机。在 2006 年年底，北京市文化创意产业发展领导小组认定中关村创意产业先导基地作为北京市首批十大"文化创意产业集聚区"之一。

（三）创意产业先导基地的区域规划与企业构成

按照规划，先导基地北邻西北四环，南至海淀大街东段，东

为彩和坊路与中关村西区相接，西至海淀大街西段；总占地
9.89 公顷、建设用地 7 公顷，总建筑面积约 30 万平方米。基地
将以海淀图书城地区为中心，向北京大学科技园、清华大学科技
园、中国人民大学文化产业园、北太平庄动漫画设计中心和甘家
口地区建筑创意设计带辐射。中关村创意产业先导基地对海淀区
发展文化创意产业具有举足轻重的地位，将为海淀区构筑强大的
经济基础，实现产业结构调整优化并发挥示范作用。得天独厚的
地理位置是发展创意产业不可多得的一片沃土。先导基地北邻北
京大学、南靠人民大学，与清华、北航、北科大、理工、电影学
院等院校及大学科技园、文化园等产学研基地咫尺之遥，形成了
发展创意产业的良好氛围；苏州街是区内规划的中介大道，可为
入驻企业提供方便的商务、法律、金融、会计等专业服务；东侧
的中关村西区是著名的电子商城聚集地；其他服务机构如银行、
医院等集中于基地周边，服务快捷方便。

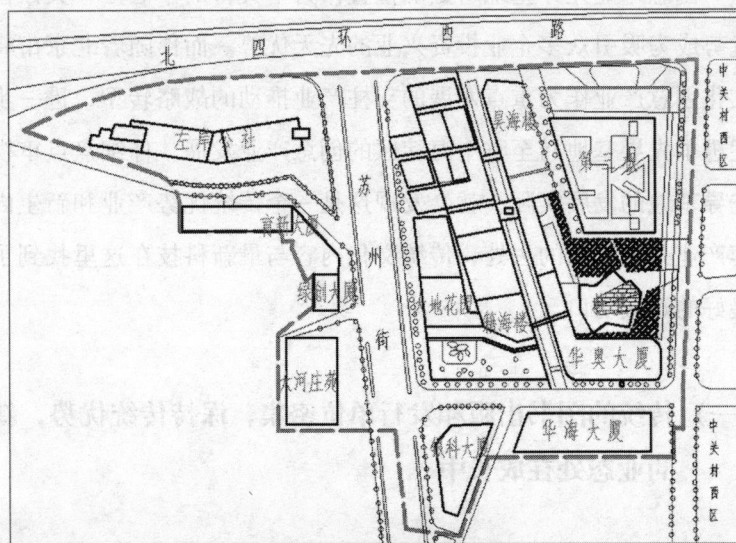

图 2　先导基地范围示意图

目前，整个中关村创意产业基地内的业态主要有写字楼、商业、公寓、街铺等，建筑面积共有近 42 万平方米，密集度相当高，而且基地内还有银行、酒店、邮局等相关服务设施。整个中关村创意产业先导基地进驻了"国家文化产业研发基地"和"国家动漫游戏软件基地"，分布着大大小小的企业约 400 家，其中从事创意产业的企业约 150 家，包括软件、游戏、动漫画、音乐、出版发行等行业，雅虎中国、腾讯、百度等入驻中关村创意产业基地。特别是雅虎中国是继搜狐、新浪之后又一家互联网领军企业进驻中关村，表明位居世界 500 强的雅虎对中关村及中关村创意产业先导基地企业环境的高度认可。

二 中关村创意产业先导基地的产业发展现况

创意产业先导基地所处的位置作为中关村的中心区，其区位优势成为吸引众多企业投资兴业的先天优势。而伴随着北京市将文化创意产业作为重点发展的支柱产业推动的战略转型，进一步促进了先导基地乃至整个海淀区的创意产业发展。仔细盘点审视先导基地的发展实际，就会发现这是一个传统优势产业和新生内容产业并存共荣的去处，传统文化内容与最新科技在这里找到了最好的嫁接切口。

（一）传统的图书出版和发行单位密集，保持传统优势，新的业态处在成长中

图书出版业虽属于传统行业，但出版业和版权贸易作为文化

创意产业的重要组成部分，往往成为影视、动漫、游戏等行业的创意源泉和改造延伸的内容依据，成为数字时代内容产业的源头活水。

目前，海淀区共有出版社 62 家，占全国出版社总数的 1/10 强，其中大学出版社 18 家。全市共有各类出版物批发、零售和连锁经营企业 5093 家，其中海淀区的批发单位数量占总体批发单位数量的 21%，即 190 家。海淀区共有出版物发行企业 1400 多家，其中从事图书出版发行的各类大小文化公司约 800 家，各类书店 400 多家，与图书出版发行有关的其他类型企业 100 余家。而在创意产业先导基地内，集中构成了海淀图书城的几十家书店，诸如昊海楼、第三极、国林风、外文书店、中国书店等，成为除朝阳区甜水园图书批发城外，北京最集中的图书交易地区，而且旁邻中关村图书大厦。

据北京新闻出版局网站《2005 年北京年鉴》的统计数据，2004 年北京地区出版发行业和版权服务业的资产合计 456.5 亿元，各类出版物发行销售总收入约 117 亿元（不含音像制品销售单位），北京地区出版发行业和版权服务业增加值为 99.1 亿元，占北京地区文化产业增加值的 34.2%，占全北京地区国内生产总值（GDP）的 2.3%。在全市 18 个区县中，海淀区和朝阳区的出版物零售企业数量最多，占全市零售网点总数的一半以上，其中海淀区的零售网点数量占总体零售网点数量的 21%。在 2006 年《中国图书商报》的《谁是出版业中的前 20%——2005 年出版社销售码洋调查》中，海淀区的外语教学与研究出版社 2005 年销售码洋 13.1 亿元，排名第三；海淀区出版物估计年销售额 80 亿—100 亿元，相当于一个上海市的出版发行规模。据北京市统计局公布的最新统计数据，2006 年北京地区共出版图书125131 种，比2005 年增加18%，出版发行业和版权服务业从业人员9.44 万人，业务收入305.6 亿元，比2005 年增加了7.2%；利润总额20.82 亿元，比2005 年增加了1.7%；税金总额19.96 亿元，比2005 年增加了12.6%。产业增加值和社会贡献率较上年均有明显增长。作为海淀区图书批零销售最集中的地区，图书城所在的创意产业先导基地依然具有巨大的发展潜力和前景。

同时，海淀区在建设数字出版中心，引领这个传统产业的转型发展方面也具有天然的优势。海淀区主要从事数字图书的企业约为30 家。海淀区是北京市数字出版业最发达的地区，中关村地区聚集了国内出版业不少龙头企业，尤其在互联网出版方面，更是全国领先。该区汇聚了中国电子出版社、机械工业出版社、外研社、人大出版社、北大方正电子出版社、清华同方光盘电子出版社、希望电子出版社等几十家数字出版发行单位和万方数据、中国数字图书馆、超星数字图书馆、书生等优秀的专业互联网出版单位。数字出版业是海淀园重点发展的文化创意产业之一，2005 年实现总收入4.3 亿元。规模较大的数字图书企业有5 家，分别为：北大方正、中国知网、超星数字图书、书生公司、北京万方数据集团。因此，海淀要保持这个传统的优势，打造中关村出版产业与版权贸易中心，同时借助科技优势开拓数字出版的新产业发展。而这里面的多家数字出版企业都集中在创意产业先导基地，希望电子出版社等机构无疑要承担行业转型和发展新业态的使命和任务。尽管刚刚开始但潜力巨大，从国外已经相当发达的E－BOOK 市场的繁荣就可以看到我们新型出版业态的产业前景和明天。

（二）高科技产业集聚，国内外知名大品牌相对集中，对行业发展具有强大辐射力和号召力

整个中关村创意产业先导基地内拥有网络经济中最具有代表性的大公司，带动辐射整个行业，拉动了整个新兴产业的发展，为相关产业的发展成熟起到了很好的示范作用，也有很多新兴的创意企业，经营网上电子图书、休闲软件、网络视频、动漫、网游等新兴的产业领域。目前基地里分布着企业 400 余家，其中从事创意产业的企业约 150 家：有作为中国第一中文搜索引擎网站的百度公司的贴吧式网上互动平台；国内最知名的新闻服务与在线增值服务商——新浪网；腾讯公司在基地内的 QQ 游戏大厅也是目前世界在线人数最多、游戏数量最多的游戏平台；雅虎中国入驻了中关村创意产业基地的第三极。

在北京乃至全国，中关村具有发展创意产业最合适的土壤，具有发展创意经济的基础。据中国人民大学文化创意产业研究所、北京大学文化产业研究院与中关村创意产业联盟的"北京市海淀区文化创意产业战略研究"课题组的相关调研报告显示，目前进驻先导基地的企业主要有：休闲软件制作及服务业；互联网、信息和通信技术与服务行业；动漫及网络游戏行业；图书与新闻出版行业；影视及音像制作行业；城市建筑设计行业；时尚设计行业；工艺设计行业；广告服务行业；创意产业服务行业（包括创意产业信息的发布与交流、创意产业人力资源服务、创意产业教育培训、创意产业资金服务、公共关系等）；另外还有旅游服务、演出及其他文化休闲娱乐业以及网络传媒、电子传媒等。中关村创意产业先导基地内的企业行业集中度较高，集中分布在休闲软件设计与服务和互联网、信息和通信技术与服务领

域，比重分别为 25.8% 与 41.2%，占到了基地内企业总数的 60% 以上，中关村创意产业先导基地内的企业高科技含量非常突出。图书与新闻出版行业还有影视及音像制作行业所占的综合比重为 16.5%，共有 4 家企业从事动漫及网络游戏行业，比重相对较低；城市建筑设计行业、时尚设计行业、工艺设计行业以及广告服务行业这四个行业的比重也不算高，根据调研结果显示比重为 5.2%，据此推导基地内的设计行业比重应该在 4%—6% 之间；创意产业服务行业（包括创意产业信息的发布与交流、创意产业人力资源服务、创意产业教育培训、创意产业资金服务、公共关系等）数量也不算多，只有 6 家企业。另外，从事旅游服务、演出及其他文化休闲娱乐业以及网络传媒、电子传媒等行业的均为个别企业。

（三）网络和信息服务业渐趋集中，高科技与创意内容融合的创意产业逐渐凸显

信息科技与内容产业的结合融会，即科技与内容的结合正在成为一种重要的新型经济形态，它以文化内容的创造为核心，借助高科技的手段，通过市场化和产业化的组织，大规模提供文化产品和文化服务，既有文化传统的传承和文化创意的开发，更是依靠规模化的生产和商业化的经营实现产业化的价值。现在的一个崭新的趋势就是文化科技化，文化创意产品既要满足消费者人性化的精神文化需求，更要紧密连接高新技术、数字技术、网络技术的前沿领域，因此文化新科技消费品就具有了高附加值、高创意、高流通的特点，当然也会因为科技进步周期缩短和"创造性破坏"具有一种高替代频率的特征。

▶左岸公社、中关
村图书大厦远景

　　在北京市已经确立的八大文化创意产业中心，对于归属网络信息技术与服务行业的创意产业集中在网络游戏和动漫方面，而在海淀区初步确立的 19 个属于文化创意产业的行业中，网络信息技术与服务行业则分别属于"软件与动漫"和"计算机及信息传输服务"两大类。实际上，网络信息技术与服务行业是一个服务内容非常广泛，包含着很多门类的大领域。因此，海淀区丰富的科技文化资源未能充分体现，在这次产业的调整升级中可以充分展开的产业空间没有得以更为充分地展开，这正是海淀区要加以充分研究规划和拓展的优势领域。

　　网络信息技术与服务是一个跨越不同的领域和产业，创新性最强、科技依存度最高、发展潜力最大的产业门类，而且它把传统的新闻出版、报纸杂志、电影电视、音乐影像、图书教育等不同的文化服务部门与网络化、数字化的科技服务形式结合起来，既包含着传统文化领域的网络化数字化升级和形式的转换，也包含着在这种新的经济模式和趋势下，与信息科技渗透的新的产业部类融合的新产业，特别是与通信技术、数字技术相结合的产业形式。从服务类别上可以分为：网游动漫、电子商务或网上购物、网上新闻或网上社区、在线数据库、搜索引擎、网上教育、软件下载、电信增值服务、网上股票交易、网上酒店/票务预定、手机游戏、数字电影电视、网络电视（IPTV）、在线音乐、移动音乐、手机游戏等等，几乎可以说网络信息技术与服务行业一头连接着传统的文化行业，另一头与高科技和网络技术相伴而生，文化创意产业中的越界新产业部类都可以归为此类。相对成熟的产业诸如网游动漫、搜索引擎、网上教育、电子商务等，多数门类还处于成长期发展期，诸如新媒体产业部类。

网络信息技术与服务行业实在是一个包罗甚广的大行业，其中既有传统的文化服务行业完成实现信息化的过程，诸如数字出版、数字影音、电子商务平台建设等内容，也包含着一些数字化、网络化与内容产业结合，突破了信息产业、通信产业和文化内容产业而形成的崭新的文化门类，提供那些满足人们的文化、精神、心理等精神性消费和需求的新兴产业部类。

从中关村创意产业先导基地内的行业分布情况来看，行业聚集的趋势还是比较明显的。多数企业均集中于休闲软件制作及服务业与互联网、信息和通信技术与服务行业，具备形成完整产业链和企业集群的客观条件。这一现状与先导基地地处中关村这一高科技前沿不无关系。先导基地内的企业与高科技紧密结合是中关村先导基地最基本的特征。尤其是互联网、信息和通信技术行业中的领军企业——新浪、百度、腾讯和雅虎中国正是高科技行业的代表。

根据北京市统计局最近提供的数据显示，2007年1—11月，

北京市文化创意产业实现收入合计约 3827.67 亿元，增长
19.4%，税金共计 156.624 亿元，增长 22.5%，从业人员达到
57.9 万人，增加 6.3%，实现利润总额 217.92 亿元，上升
28.7%。从行业来看，艺术品交易、设计服务和软件、网络及计
算机服务占据了收入增幅榜的前三位，分别增长了 29.2%、
27.3% 和 23.9%，其中，软件、网络及计算机服务实现收入约
1461.66 亿元，位于各行业之首。此外，软件、网络及计算机服
务、设计服务和新闻出版成为贡献利润最多的三个行业，利润总
额分别为 92.6 亿元、43.2 亿元和 23.2 亿元。

这组数据明确告诉大家一个信息，包含软件设计在内的以网
络信息技术服务为内容的现代高科技信息内容服务业成长性特别
快，在经济发展中的贡献日渐占据主导地位，这也同时让我们看
到中关村创意产业先导基地优势产业发展的巨大潜力和竞争力所
在。如此高的行业集中程度为中关村创意产业先导基地形成高
效、强大的企业集群奠定了坚实的基础，具备发展成为理想的创
意产业园区的巨大潜力，能够形成良好的产业链和企业集群。

三　中关村创意产业先导基地存在的问题

中关村创意产业先导基地作为中关村科技园区管委会提升科
技产业，强化产业升级，追赶世界产业发展趋势的一个具有战略
性、前瞻性的重要举措，在北京市发展文化创意产业的过程中应
该发挥一个"先导"作用，把先导先机化作产业优势。经过成
立三年来的观察，我们认为作为一家高科技文化产业园区，中关
村创意产业先导基地还存在着一些问题需要引起关注和重视。

1. 园区缺乏一个统一的精神，主导产业个性模糊，作为一家高科技产业园区自身的品牌和影响并没有很好地建立起来，园区有机性和完整性不突出，与中关村软件园、石景山数字娱乐产业基地等园区相比个性并不明显。虽然中关村文化创意产业先导基地在北京市 2005 年底做出重点推进文化创意产业发展的战略决策之前成立，引领文化创意产业潮头，但是作为属于海淀园一个特别的组成部分的先导基地，缺乏系统性的发展规划和优势产业进一步壮大和发展提速的具体举措。现状给人的印象还是取了一个名称概念，划定了一个区域，停留在原有产业集聚的基础上，缺少从自然自发到自觉的引爆与催化。因此，政府主管部门的产业布局、整体规划就显得特别迫切，另一个方面也可能意味着政府管理服务职能和引导作用没有很好地发挥作用。虽则确立命名了文化产业园区，但却没有适时引导促动园区产业经济的发展。

2. 园区在整体上的管理主体并不明晰，缺乏服务体系、整合平台、支持系统的建设，本来就是在自发自然集聚基础上建立的这个产业园区依然很"散"，未能很好地体现产业集聚的优势，并没有发挥规模化的经济产业效应。

中关村创意产业先导基地内 60% 的企业是关于计算机软件、互联网服务、动漫、数字出版等网络与信息技术服务的创意企业，其中包含具有全国乃至全球影响力的文化创意企业，例如新浪、雅虎中国、百度、腾讯等具有世界或全国知名影响力的大品牌，但品牌企业还没有很好地发挥对地域经济发展的巨大辐射作用和带动作用，应在品牌影响力的建设方面进一步放大这类企业的作用，进一步壮大文化创意产业的发展分量和产业比重。

作为一个高科技文化产业园区，先导基地没有像中关村软件园等产业园区一样，有一个独立的投资主体进行管理组织、搭建平台、推介展示、品牌推广、人才培养培训、营销网络等中介服务内容。中关村创意产业先导基地内各类平台不完善，因此基地只具备一个宏观意义上的地域概念，很多公共的平台问题没有得到有效地解决，问题比较突出的就是营销平台和信息平台方面。尽管中关村文化发展股份有限公司的旗舰店第三极扮演着一个重要角色，在中关村创意产业先导基地揭牌仪式上，中关村创意产业联盟宣布成立，联盟选举中关村文化发展股份有限公司总裁为联盟秘书长，也标志着海淀区整合区域内创意产业资源的实质性动作，但目前来看，不论就联盟的主要公司中关村发展股份还是联盟自身，都未能扮演全面推动中关村创意产业先导基地全面发展的关键角色，这在一定程度上也让先导基地的发展迷失了战略方向，缺乏把基地整体引向壮大发展的健康之路。

3. 基地内企业所属的产业门类虽然不少，但产业间的关联度不高，没有体现出在数字融合条件下的产业整合优势，没有实现 1+1>2 的效果，产业链条也没有在园区内得以完善。平台不健全则无法形成真正意义上的产业链，那么基地的发展水平就只能停留在一个松散的企业联合体的层面上，无法形成有机的整体，不能发挥创意产业园区的真正优势。这一问题是基地在未来发展中需要重点解决的一大问题。

从产业链条的关联上看，中关村创意产业先导基地内的企业之间没有形成良好的上下游关系，创意产业先导基地内的各个企业基本是各自为政，相互之间的关系较为松散，企业间没有形成有机的产业联系，未能形成产业供应链条，绝大部分企业的上游供应商不在创意产业先导基地内，形不成产业集群。企业之间无法实现共生繁荣的局面，产业生态环境不是很完善。

4. 中关村创意产业先导基地内不同行业间缺乏在数字技术、网络技术的统领下的融合升级，借助创意催化、数字化表现形式、网络化传播方式，实现传统行业的整合发展。特别是在数字出版、影音制作方面，以先导基地内出版发行和版权贸易产业为例。

在网络与新媒体产业的发展刺激下，传统的出版行业正面临着新的转型，挑战与机遇并存。海淀区作为全国出版中心的核心地带，极有可能借助这个机会发展成为全国的版权贸易中心和数字出版产业中心，在既有优势的基础上建设成中国数字出版的基地，从而顺利完成传统优势向新的竞争优势的转化。而海淀区的大多数重量级出版物零售网点集中在创意产业先导基地内，同时基地内也集聚了多家数字出版单位，诸如希望电子出版社等，海淀区在建设数字出版中心，引领这个传统产业的转型发展方面也具有天然的优势。创意产业先导基地完全可以借助于出版发行销售占有北京市 1/4 的产业规模，适当引导，主动培育，既可以保持传统的优势，又可以借助科技优势开拓数字出版的新产业，打造中关村出版产业与版权贸易中心，最终实现数字技术融合推动下的传统产业的转型，把传统内容产业与高科技嫁接融合，完成创意出版的升级发展。

四　启示与思考

总之，中关村文化创意产业先导基地，作为全国成立较早的一个高科技文化产业园区，作为北京市发展文化创意产业的首批十家聚集区之一，能够部分体现海淀区发展文化创意产业的区位比较优势和竞争优势，基地命名也给予了这一地区自觉发展文化创意产业的新契机，但目前发展中还没有很好地体现基地对于区域文化经济的促进和带动作用，对区域文化资源的融化整合还缺少放大效应。同时，园区建设中不论从发展方向、服务平台，还是支持体系、管理组织等方面都出现了与基地企业需求脱节的问题；政府角色定位不明确，功能缺失也成为先导基地发展徘徊不前的一个重要原因。甚至我们还可以提出疑问，先导基地是否已经成为一个完全意义上的文化产业园区？既然必要，主导产业为什么不能尽快壮大？

由此引发我们关于文化园区建设的许多思考：文化产业园区建设推动中，政府到底扮演一个什么样的角色？文化产业园区的建设应该怎样调动、利用和开发既有的文化经济优势资源？园区产业规划中应该怎样打造推动主导产业的发展？经营管理文化产业园区应该如何选择合适的运营模式？文化产业园区建设如何促进区域经济发展？

思考题

1. 按照发展高科技产业的思路发展文化产业，政府部门能够提供的服务应该怎样与区域已经积累的文化资源结合，做大园区主导产业？

2. 高科技文化产业园区如何根据建设方式的不同，选择合适的建设运营和管理模式？

3. 园区建设如何在内外因素的结合中实现完善产业链条的打造？

荣耀与挑战：洛阳牡丹如何绽放得更绚烂

田宪臣

田宪臣，河南行政学院哲学部教授

洛阳牡丹花会是河南省最早的节会，也是全国最早的文化节会之一。经过 26 年的实践探索和丰富完善，洛阳牡丹花会已形成了自己的特色，在国内外具有较大的影响和知名度，呈现出较强的生命力，并从单纯的赏花观灯活动发展成为融赏花观灯、旅游观光、经济贸易、文化体育为一体的大型综合节会活动。然而，在洛阳牡丹花会荣耀的背后也存在着许多难以回避的问题和严峻的挑战。

一　洛阳牡丹花会概述

（一）洛阳牡丹花会的由来

　　洛阳牡丹花会是河南省最早的节会，也是全国最早的文化节会之一。其产生缘于两个外国代表团的访问。1981年春，洛阳市与日本冈山市结为友好城市。1982年，冈山市代表团访问洛阳，在与日本友人的接触中，洛阳市了解到：冈山市把菊花作为市花；日本还有一个樱花节，每逢樱花盛开，日本人常常扶老携幼举家观赏，而且还吸引了许多外国观光客。1982年9月，法国图尔市副市长安德烈·迪布勒伊率团到洛阳访问期间，参观龙门、白马寺等文物古迹后，访问团意犹未尽。安德烈说："能否再提供个机会邀请我重游洛阳？"

▶王城公园牡丹仙子雕像

客人再来让他们看什么？怎样才能让客人不请自来，让洛阳对客人有抵挡不住的诱惑？洛阳市委市政府经过分析研究，决定把这个重任放在"牡丹仙子"身上，实施牡丹战略。

牡丹几千年来就被中华民族作为一种精神的象征，其雍容华贵，艳而不俗，柔而不媚，被誉为"国色天香"。作为九朝古都，洛阳本身就是历史文化名城，洛阳牡丹也同样久负盛名。宋代诗人欧阳修在《洛阳牡丹记》一文中写道："洛阳地脉花最宜，牡丹尤为天下奇。"故有"洛阳牡丹甲天下"的名句流传于世。1982 年 9 月 21 日，洛阳市人大常委会通过决议：定牡丹为洛阳市花；在每年的 4 月 15—25 日（现已改为 4 月 1 日—5 月10 日）举办牡丹花会，把"以花为媒，广交朋友，发展洛阳，振兴经济"作为花会的主旨，将招商引资、外经外贸等活动作为牡丹花会的重要内容。洛阳牡丹花会由此而来。

（二）政府主导，市场运作

洛阳牡丹花会从 1983 年开始举办，每年一届，迄今已连续举办了 26 届。花会举办初期，全国市场经济意识淡薄，办花会完全是政府投入、策划、组织和操办。举办期间，政府重点邀请的是上级领导，市长陪的主要也是上级领导。花会的成功与否往往与被邀请出席开幕式官员的行政级别直接挂钩，可以说是个名副其实的行政性节会、"烧钱节会"。

和全国其他节会一样，洛阳牡丹花会举办初期，市委市政府也希望通过节会来促进开放、加快经济发展、扩大城市知名度，其思路也是从"牡丹搭台经贸唱戏"起步的。在办会的过程中，人力、物力、财力大多由当地政府负责或承担。政府不但是主持者，也是投资者和参与者，在运作上以行政指令为主，且以种种方式将任务或负担硬性摊派给企业和个人。文化企事业单位和文化工作者的积极性没有被充分调动起来，没有赢得民间资源特别是民间人才和民间资金应有的投入和聚集。

以"牡丹灯会"为例，花会举办初期，灯展设在市区主要街道，游客免费观赏，彩灯则是政府摊派到各单位、各企业承制的。这样一年两年可以，时间长了，企业就有意见：做一座彩灯少则上千元，多则十几万元，除了有限的宣传效应，彩灯承制者没有得到多少实惠；10 天会期过后，彩灯"刀枪入库"，还要操心仓储保管、维修等，十分麻烦。几年下来，牡丹灯会的资金来源面临枯竭，几乎陷入当时许多节会"造节"、"造会"、"首届红火，往后冷清"的怪圈，甚至到了快要停办的地步。

自 1989 年起，洛阳牡丹花会组委会在办会形式上开始探索引入市场运作机制，政府不再完全包办节会，逐步跳出官办节会的单一模式，走上了市场化运作的道路。经过多年的探索，"政府搭台、社会参与、市场运作、共同受益"已成为洛阳牡丹花会的发展模式。在花会的筹办过程中，政府充分发挥宏观管理的职能，专门成立了花会领导小组，设立花会办公室研究花会方案。市委市政府的职责是召开协调会，就花会经贸活动、宣传报道、交通运输、社会安全等问题进行协调部署；旅游、园林、工商、交通、城管、公安等部门加强城市综合治理，为花会打造良好环境。除开幕式、城市基础设施建设、安全保卫外，其他活动都逐渐引入了市场机制，实行市场化运作，逐步提高社会参与配置资源的程度，拓展了参与主体。花会期间，各区县、各部门、各企业，甚至各类民间团体都主动承办文化经贸活动，形成了多元化投资的格局。在对外招商方面，除了采取传统的以情招商外，还成立招商引资中介机构，由政府委托专业中介机构整体运作节会招商，使之成为洛阳市招商引资活动的主要组织者。

如果说在 20 世纪 90 年代初期、中期，节会的市场化还停留在尝试阶段，是举办者因财力不足不得已而为之的无奈之举，那么进入到 20 世纪 90 年代后期和本世纪初，节会的举办者开始自觉引入市场机制，进行了"以节养节"的市场运作模式探索。比如，牡丹灯会进入公园，有偿观赏，有了门票收入分成，广告也在彩灯上大量出现。1998 年，组委会开始邀请外省企业来洛阳展销。尽管展位价格不菲，还是被一抢而空。本地企业的参展热情也陡然高涨。随后又尝试组织彩灯外展，在外地又出人意料地大受欢迎。这样制灯单位有了经济回报，没有硬性摊派，积极性反而高涨了。

花会的政府主导性表现在，每年牡丹花会前，洛阳市都要动用电视台、电台、报纸、互联网等多种媒体对花会进行全方位宣传，通过发布各种信息，拉近牡丹花会和国内外游客的距离。另外，还实施"走出去、请进来"的战略。"走出去"就是到外地设立旅游办事处、参加旅游展览会、组织巡回旅游促销。每年的二三月份，市里都要组织领导带队、新闻记者参加的牡丹花会推介团到北京、上海、广州等大中城市举办牡丹花会新闻发布会暨旅游推介会。2008 年第 26 届花会还参加了在西班牙首都马德里举办的国际旅游展、2008 年世界邮展等活动。"请进来"就是邀请外地新闻媒体来洛阳采风宣传。第 26 届花会期间，从 2 月 4 日起，洛阳市就在中央电视台 1 套、4 套、9 套、新闻频道的《朝闻天下》和《媒体广场》、《天气预报》、《午间半小时》等 6 个栏目，每天 26 次滚动播出洛阳牡丹花会和洛阳旅游宣传广告；连续在《中国旅游报》刊登 15 个整版的洛阳牡丹花会和国内旅游交易会报道。

花会的政府主导性还表现在开展各种形式的大型会展活动上。如第 26 届牡丹花会开展了 2008 河南省糖酒食品交易会、2008 中国国内旅游交易会洛阳分会场、2008 中国洛阳第七届名车展、2008 中国洛阳春季房地产博览会、洛阳市城乡规划成果展、河南省工艺品旅游品设计大赛、第 18 届全国图书交易博览会洛阳分会场展等。

发展牡丹文化产业也是花会的政府主导性的一个重要方面。1999 年，洛阳市制定了《洛阳牡丹发展规划》，提出了牡丹发展战略，由政府贴息扶持扩大种植面积，加快牡丹商品化、产业化步伐。政府当年拿出 3000 万元贴息贷款，在近郊农村扶持牡丹发展，对农民每发展 1 亩牡丹奖励 400 元；同时还积极发挥"先农"、"华以"等数十家牡丹生产企业的龙头带动作用，通过"公司＋基地＋农户"的形式，扶持农户发展观赏型、商品型牡丹。为扩大国内外市场，目前已经在洛龙区新村建设了一座功能齐全、档次较高的牡丹花卉交易市场，在上海浦东保税区附近开辟了一个固定的洛阳牡丹展销市场，在北京海淀区建立了一个洛阳牡丹展销基地，在福州、广州、厦门和成都等十余个大中城市建立了洛阳牡丹展销点，并进一步建立健全了牡丹销售队伍，拓宽了牡丹营销渠道。在搞好国内市场建设的同时，继续巩固和提高在美国费城设立的洛阳牡丹展销基地，并与荷兰、日本和法国等国家合作，开发亚洲、欧洲和美洲的商品牡丹市场。

（三）科技的力量

洛阳牡丹花会的进展并不是一帆风顺的，效益也不是一下子就显现出来的。这其中牡丹的自然特性曾经是制约牡丹花会发展的一个重要因素。

一是花期短。洛阳牡丹大规模盛开通常在每年的 4 月 10 日至 25 日，仅半个月时间。由于花期短，在牡丹花会期间，不少游人往往会因为时机不好而欣赏不到盛开的牡丹。

二是品种少。新中国成立前，洛阳牡丹境地惨淡，品种仅有 50 余个，种植量更是少得可怜。新中国成立后，特别是 1959 年 10 月，周恩来总理视察洛阳涧西工业区，做出"牡丹花雍容华贵、富丽堂皇，是中华民族兴旺发达、美好幸福的象征，要赶快抢救"的指示后，洛阳牡丹的培育得到长足发展。然而仍然不能满足广大牡丹爱好者的要求。

为延长牡丹花期，洛阳市加大了科技投入力度。1983 年 12 月底，洛阳市成立了全国首家牡丹研究所（洛阳牡丹研究所）。第二年，经国家城乡建设部批准，在该所的基础上又成立了中国洛阳牡丹科研中心。"十五"期间，洛阳市开展了牡丹花期调控技术及产业化开发项目的相关研究，累计投入省、市科技专项资金 201.5 万元，开展了以下几个方面的工作：一是牡丹资源的调查、搜集与保存工作。目前，洛阳市已拥有各类牡丹品种 1000 余个。二是开展了新品种选育与国内外优良品种的引进工作。洛阳地区牡丹群体花期延长到 30 天以上，部分牡丹晚花品种花期更延长到 5 月上旬。三是研究出"牡丹周年催花技术"，通过对光照、温度、湿度等外部生长条件的调控，洛阳牡丹已经能够在一年中的任意一天盛开，及不同品种的牡丹梯次开放，从而实现了"花开花落随人愿"，使洛阳牡丹花会的会期明显延长。

在第 26 届花会期间，当地还特别推出"网上赏花"活动：一是相关部门上传了前期制作的带有花卉专家讲解的牡丹视频宣传片，二是由安装在牡丹园内的摄像头即时传送现场实况，从而使网民体验到了足不出户赏花的乐趣。

二　洛阳牡丹花会节的效应

依托牡丹品牌，洛阳牡丹花会经过 26 年的摸索、总结和改进，在社会、经济和文化等方面产生了良好效应。

（一）社会效应

26 年来的实践表明，洛阳牡丹花会对实现社会稳定，增强地方凝聚力具有很好的作用。在节会期间，整个洛阳市形成浓厚的节会气氛，上上下下充满着节日的热闹、祥和氛围，"人人都是洛阳形象，处处展现古都文明"成为市民的共识。同时，洛阳每年都要完成一批"花会工程"，并同创造国家卫生城市、园林城市、优秀旅游城市相结合，在改善城市软环境的同时，也提升了城市形象，增强了城市的凝聚力、向心力。

（二）经济效应

不管是举办初期，还是发展到今天，经济贸易活动始终在洛阳牡丹花会节中占有很大比重，花会对洛阳经济发展的作用是有目共睹的。（见下表）

洛阳牡丹花会情况统计表（1983－2008）

时间（年）	游客人数（万人）	贸易成交额（亿元）	时间（年）	游客人数（万人）	贸易成交额（亿元）
1983	250	—	1996	90	21.61
1984	300	—	1997	170	7.7
1985	250	—	1998	—	39
1986	300	—	1999	200	21.54
1987	300	2.8	2000	200	17.6
1988	300	12	2001	180	20.5
1989	300	5.3	2002	219	64
1990	200	6.6	2003	77.3	127
1991	160	8.7	2004	241	196
1992	160	14.3	2005	688.43	205
1993	150	—	2006	938.82	352.7
1994	140	15.17	2007	1281	367.45
1995	130	10	2008	1437.7	698.98

一是招商引资取得成果。第 26 届牡丹花会期间，共签约合同项目 284 个，投资总额达 698.9 亿元，合同利用市外资金 612.17 亿元。其中外商投资项目 21 个，投资总额 12.75 亿美元。二是拉动了整个洛阳市的商业发展。第 26 届牡丹花会期间，洛阳市区饭店满员，景区附近的饮食店、土特产商店生意火暴，真不同、全聚德、雅香楼等饭店出现了客人排长队就餐的场面；各大商场购物者人头攒动，丹尼斯百货、大张量贩、洛阳中央百货大楼、王府井百货等商业企业营业额比平时增长 20% 以上；网通、移动、联通、电信等电信企业营业收入也大幅度增长。三是带动了洛阳市旅游业的发展。第 26 届牡丹花会期间，洛阳市共接待国内旅游者 1437.7 万人次，国内旅游收入 58.89 亿元；接

待入境游客 11.39 万人次，旅游创汇 3029.41 万美元。主要景区接待游客 1247.3 万人次，门票收入 2.36 亿元。目前，洛阳已成为全国黄金旅游城市、海外华人寻根问祖的热点、"欧洲人最喜爱的中国旅游城市"之一，旅游业占 GDP 的比重由不足 1% 跃升到 13.2%。

（三）文化效应

花会期间洛阳市都要举办一系列文化活动，包括牡丹灯会、民俗文化庙会等。特别是历届花会庆典晚会已成为牡丹花会的点睛之笔。例如，第 26 届牡丹花会期间就举办了广场文化狂欢月活动（主要广场、街道、社区共举办广场文艺演出 275 场，放映露天电影 1350 余场，有 300 余万人次的游客和市民享受了花会带来的快乐）、开幕式群众文化狂欢活动（演员多达 3100 余人，其中多数是群众演员，2 万多名市民和游客观看表演）、迎奥运全民健身月活动、花会焰火晚会等一系列或方便群众参与或免费供群众观赏的活动，吸引了数以万计的市民和中外游客参与其中，让牡丹花会真正成为"牡丹的盛会、人民的节日"。

三 问题与挑战

洛阳牡丹花会还存在着各种各样的问题。市民、游客等从不同角度对牡丹花会提出了不少意见：①

---

① 见洛阳牡丹花会网：http://www.chinafns.cn/huahui

游客：洛阳是牡丹花城，但牡丹只有买了票才能看到。书上说牡丹在洛阳，百姓房前屋后皆有种植。可是在洛阳走了一圈，只能见到个别街道有三三两两的牡丹，哪有牡丹花城的气派啊！

游客：一些"从业人员没有服务意识"，"旅游景点工作人员态度不好"，"景区管理者说话太呛"，"出租车司机不知道花情"。此外"市内大货车太多"，"景点的标志和介绍在市区内的主要街道太少"，"道路指示牌不是很详细"，"收费站多且不合理"等都是亟待解决的问题。

公交司机：花会期间"人真多！""不光外地人，本地市民利用周末全家外出的也比往年多，车上经常能见到一家几代共同出行游园看花的。人们出行非常不方便。我们不得不增加发车密度，延长收车时间，感觉忙得很。不能按时吃饭、没时间上厕所都是常事"。

旅行社老总：旅游旺季，住宿是个大难题。都晚上8点了，还不得不为游客入住而忙碌，再找不到酒店，我们只好将客人拉到偃师、孟津甚至巩义了。

除此之外，我们认为洛阳牡丹花会主要还存在着以下几方面的问题：

（一）政府办会色彩还比较浓厚

在一定意义上，洛阳牡丹花会仍带有政府投入和主导的"官办"色彩，发展过程中的政府行为十分突出。这在特定的时期和环境下对于牡丹产业化的发展是非常有益的，但从整体上看并不利于区域经济的发展，还容易造成节会"有台无戏"或"有节无市"。这是因为，"官办"模式很难对市场需求做出及时准确的判断，往往搞成政绩工程。另外，地方政府所办的节会，重视的不是广泛的群众参与性，而仅仅是参与官员的级别、数量，节会的运转包括接待、安排都以此为主轴；大规模的政府投入往往很难把握和注意到资金的合理使用及其回报率，从而可能造成资金浪费，使政府背上经济包袱；政府在运行过程中，有些行动带有一定的强制色彩。比如，2008 年 4 月 2 日第 26 届洛阳牡丹花会前夕，洛阳市政府以一纸《通知》征用了花会期间主要街道主要路段的所有广告牌，要求相关广告公司撤下商业广告，发布与第 26 届牡丹花会相关的公益广告，且必须无条件执行。征用的时间为 4 月 9 日至 5 月 10 日。被征用的广告牌原本由多家广告公司投资设立，按照合同约定，在一定年限内，经营权属广告公司。为此，一些签订了广告牌经营合同的广告公司遭受巨大经济损失，有的损失高达数百万元。"广告牌风波"被媒体披露后，洛阳市各相关部门随即陷入舆论漩涡之中，被指以"行政命令非法侵占企业权利"。

（二）产业开发还不完善、不到位

洛阳市对牡丹的真正开发和利用是从 1983 年开始的，但并没有把它作为一个产业来发展。当时曾有位法国客人向洛阳市索购 1 万株洛阳牡丹，结果被以当年合同已签完为由谢绝，20 世纪末花卉王国荷兰曾要求每年向洛阳订购数万株牡丹。但整个洛阳市的牡丹加一块儿也不能满足外商需要的单个品种的数量。这时的洛阳人才意识到牡丹里蕴藏着无限商机。1999 年 5 月，洛阳市政府制定《洛阳牡丹发展规划》，明确提出了牡丹产业化的发展战略，才使洛阳牡丹产业进入了一个全新的发展时期。

正如业内人士指出的，洛阳的牡丹种植销售以及相关产品的开发很不充分，如果把洛阳牡丹经济比作一株大"牡丹花"的话，目前只算开放了一半。实际上，牡丹经济大体可分为上游的花会观赏、旅游和下游的苗木种植培育及相关产品开发。仅就下游来看，洛阳的牡丹产业化目前仍处于一个初级的起步阶段，就好比牡丹花的萌动期，离真正开放还有很远的距离。洛阳牡丹花会的吉祥物、会徽的利用、开发和包装档次、水平还比较低。从现今的局面可以看到，在整个牡丹产业链上，洛阳牡丹都进行了一定的尝试，但就是缺了一把让它旺起来的火，这把火就是成熟、完善的市场化运作。

权威统计数字表明，大型节庆期间，游客应该在节庆举办地滞留一周左右。而据洛阳市旅游局提供的《第 25 届牡丹花会抽样调查报告》中所显示的数据，2007 年第 25 届洛阳牡丹花会期间，游客在洛阳平均停留天数为 2.63 天。游客滞留时间不长必然会影响到牡丹花会的经济效益，虽然这不能全部归结于牡丹文化开发不足，但至少表明洛阳牡丹花会不能给游客提供足够的独具特色、富有吸引力的亮点和卖点，致使他们游兴大减，不愿在洛阳驻足久留。

（三）管理不到位

牡丹花会的很多项目往往是多头管理，容易出现各职能部门、花会管理者架空等现象。比如，洛阳市的牡丹产业管理实行的就是多头管理。"洛阳牡丹办"主要负责相关产业发展规划和制定牡丹产业发展政策，同时一些相关部门也在做同样的工作。牡丹产业化涉及多个部门，需要密切协作。尽管洛阳市成立了牡丹协会，但实质性的活动并不多，企业之间、企业与政府之间、企业与科研单位之间等缺乏沟通和交流。

管理的不到位造成牡丹产业发展中的无序竞争。洛阳市区形成了大大小小、各具特色的牡丹观赏园十余家。这些观赏园之间在花会期间门票相互压价，无序竞争。实际上，洛阳市每年都要公布各个园区、景点的门票价格，但对各旅行社的团队价格则没有一个明确的规定。为招揽旅行团，一些牡丹园原本二三十元的门票一度降至五元至十元。另外，由于缺乏统一管理，各园区之间还不同程度地存在相互贬低、相互攻击、肆意夸大品种数量及规模的现象。同时由于是"游击战"式销售，即种苗和春节催花牡丹一家一户的经营销售，不仅增加了市场风险，而且造成市场的无序竞争，牡丹商（农）之间相互压价。2004年就曾出现过洛阳催花牡丹（又称"年宵牡丹"，盛花期从春节到元宵节）十多元就抛售的恶性竞争局面。

（四）信息化水平低，牡丹市场体系不健全

最主要的问题是企业各自为政，没有形成一个统一的信息处理系统。比如，2002年洛阳市掀起了一股种植牡丹的热潮。当时，因连年举办牡丹花会的带动效应，牡丹的需求量急剧上升。在这一背景下，洛阳市号召周边农民种植牡丹，每亩地政府补贴400元，连续补贴三年，由政府出面租地然后再返租给种植大户。全市最多时种植了1.5万亩牡丹，政府为此投入了近1000万的资金。邙山镇一位承包了1000亩地搞种植的农民说，"种牡丹三年才能见到效益，没想到三年过后，牡丹苗的价格大跌"。2002年一株苗能卖到五六十块钱，但2005年到了收获季节，每

株苗却卖不到 20 元，而且销售不畅。洛阳市一些牡丹专家分析认为，牡丹苗滞销主要是重产轻销造成的。当地种植户重视育苗，但对牡丹市场销售并不在行，存在依靠政府扶持的思想，缺乏市场意识，种植户们促销、订单观念不强。

与此同时，洛阳牡丹花会也遭遇到各种挑战，主要是其他城市牡丹文化节的挑战。每年 4 月举办各类"牡丹花会"的就有山东菏泽、四川彭州、江苏常熟等十余个城市，北京、上海、杭州、苏州、武汉等大城市也纷纷新建、扩建牡丹园，从洛阳等"老牡丹基地"引进品种、提升牡丹园档次的同时，也同洛阳牡丹节形成了激烈的竞争态势。而且，洛阳、菏泽、彭州、常熟四市以及其他一些地方在开展节会、发展牡丹事业中，走的往往是排他性发展方式。以洛阳与菏泽的"牡丹之争"为例，在众多牡丹产地中，洛阳、菏泽可谓"双雄"：洛阳第一个举办牡丹花会，菏泽接踵而来；菏泽扶持农户大力发展牡丹种植，短短几年面积激增，洛阳采取公司化运作新模式，一年扩大面积上万亩；菏泽牡丹盆花从"阳春白雪"走向"下里巴人"，洛阳牡丹盆花三年时间从年销数千盆到十多万盆，南下北上，抢占各大城市。二者的竞争已经突破了传统的"经贸唱戏"，而转向包含科技、人文等在内的全方位的角逐。

值得庆幸的是，2007 年 3 月 1 日，洛阳、菏泽、彭州、常熟四市旅游局在北京宣布成立"中国牡丹行"旅游合作联盟，谋求联盟成员旅游事业的共同发展。相关专家和媒体对我国首次同类资源联合发展的举措给予了充分肯定，认为四地在发展牡丹产业的共性之中又各有特色，只要错位经营就可实现共赢。但也有人仍对这种联盟是否真能打破竞争格局而有实质性的成效持观望态度。

四 对策和建议

（一） 政府办节庆活动应定位准确

政府要有所为有所不为，放弃不该管、管不了的事情，通过市场实现节会文化资源的优化配置，使牡丹花会更加合乎市场规律。特别是政府不宜承担经营节会文化产业的职能，更多的职能要分解给文化经营企业、文化市场和社会，这也是解决庞大的办节资金投入的最佳途径。实际上，政府的主要职责就是对花会的协调领导，策划、研究、协调文化节会的活动，统筹安排、合理布局，以形成合力。洛阳某精品牡丹园的总经理看到各大牡丹园各自为战，缺乏协作，建议市政府统一包装、统一宣传，特别是在现有牡丹园数量及规模基本上已经能够满足外地游客及市民赏花需求的情况下，应加强管理，规范市场竞争秩序，帮助各园区找准发展定位，引导其逐步建立各自独有的风格及特色。同行之间有竞争在所难免，但只有建立起合理规范的竞争秩序，才能一荣俱荣。

（二） 充分挖掘洛阳牡丹文化，对洛阳牡丹实行拓展性多层 次开发

有专家指出，旅游业发展到今天，大规模批量生产已成为过去，产品的同构性应该被差异性和独特性所取代。针对牡丹旅游产品功能单一的问题，洛阳要对其进行多层次开发，使洛阳牡丹

游览内容多元延伸和文化内涵活化，完成牡丹花由单纯的观赏功能到旅游综合功能的转变，提高洛阳牡丹花会的经济效益。这其中包括以"牡丹花自然景观"为主题的基础层次开发，以"优化牡丹花旅游产品结构"为主题的延伸层次开发，和以"洛阳牡丹文化"为主题的拓展层次开发。在此基础上，洛阳牡丹花会还要在个性化、主题化上下功夫，以"牡丹花文化"为点，从总体布置到项目设计，从内容到形式都将其充分表现，层层展开，开发挖掘与文化相关的风土人情，如牡丹花歌舞、牡丹花诗文、牡丹花名人、牡丹花历史等。同时不要局限于文化本身，而是以文化搭台，把休闲、旅游、文娱、科普、学术、展览、民俗、餐饮、经贸等活动内容构成面，进而有机整合，最终建立起有地域文化特色和内涵的中国第一花——洛阳牡丹花会文化品牌。①

（三）搭建信息平台，建立健全市场服务体系

利用现代信息传媒手段，以网络为载体，把从事牡丹生产经营的农民，按照"民办、民管、民受益"的原则，实行技术、资金、生产、供销等互助合作，建立牡丹专业协会，以技术、信息交流和服务为纽带，靠专业化服务推动产业化经营。加强牡丹专业市场建设，充分发挥市场在配置牡丹资源上的基础性作用，在市场经济条件下，加强牡丹产业系统的服务，即专用物资配套供应、种植技术、运输等，服务渠道要广泛，服务形式要多样，如"公司＋基地＋农户"或"经济人＋农户"等形式。同

---

① 见洛阳牡丹花会网：http：//www.chinafns.cn/huahui

时，以市场辐射带动牡丹生产基地的形成、发展和农户的专业化生产，促进牡丹产品直接进入市场，改变过去的游击战、分散式的一家一户经营局面。一广告公司经理在谈到"广告牌风波"时就明确地说，政府希望多一些公益广告烘托花会气氛的想法可以理解，但在做决定之前，应该提前和广告公司沟通。事实上，多年来配合政府工作的公益广告他们一直在做，因为广告牌日常的闲置率也有15%左右，因此不管是征用20%还是30%，他们都能接受，洛阳本地的企业能为花会做一些贡献也很光荣，只是这种100%的硬性要求和这种工作方法令人难以接受。[①]

（四）经贸活动要与文化活动紧密结合，要有文化味

洛阳花会办公室的同志说："'文化搭台，经贸唱戏'是地方文化节会的特点，但随着各项活动的深入开展，我们逐步认识到，一项文化活动如果不注重经济效益，路子必然会越来越窄，越来越失去竞争力；同样，如果一项经济活动没有较高的文化品位，也必然会停留在较低的档次上，不会有较快、较好的发展前景。"因此，洛阳市在举办花会各项活动时，已经开始注意到文化与经济的相互渗透问题了。像大型庆典晚会、牡丹灯会、群众性文化广场等活动不仅营造了浓厚的文化氛围，烘托了花会气氛，而且为经济的发展注入了活力。近年来相继举办了牡丹书市、集邮品展销会、奇石博览会、计算机展示会等，融展览、销售为一体，都取得了良好的经济效益和社会效益。

---

① 见洛阳牡丹花会网：http://www.chinafns.cn/huahui

思考题

1. 如何看待洛阳牡丹花会中政府的主导作用?

2. 举办牡丹花会这样的节会,游客短时段的集中会导致交通和住宿紧张,而过分发展交通和旅馆业,又会因平时游客不足而导致浪费。怎样解决这一矛盾?

3. 政府在结合当地实际情况筹划节庆活动时,应采取的措施和注意解决的问题有哪些?

从「挡」记者到「请」记者

——姜堰溱潼会船节庆品牌的打造

朱 岚

朱岚，国家行政学院综合教研部研究员

1990年，在一个节庆活动现场，一名带着相机从省城专程赶来的记者被节庆活动指挥部连劝带推地挡在了场外；而对另一名是作为贵宾应邀而来的记者，县委书记拉着他的手再三叮嘱说："请你来是看看的，千万不要报道。"

2004年，当记者手持会船节新闻发布会的请柬故地重游时，会场上已是宾朋满座，市委书记热忱致辞，欢迎记者们前来采访报道。

这是发生在江苏省泰州姜堰溱潼镇会船节上的两幕情景，时隔14年。

自2004年起，姜堰溱潼这个看起来陌生、念起来拗口的地名，随着"溱潼会船节"的扬名而频频亮相各大媒体，撞击着人们的眼球。2006年，"姜堰溱潼会船节"被国家旅游局列为中国十大民俗节庆活动；2007年，姜堰被评为"中国乡村旅游最佳古镇"；2008年，"溱潼会船"成功入选第二批国家级非物质文化遗产名录，姜堰也因清明节会船活动而被推荐为国家级民族传统节日保护示范点。

目前许多地方都在举办名目各异、规模不一、形式多样的节庆活动，但不少活动虎头蛇尾、难以为继，或是轰轰烈烈地举办了一两届之后就不了了之、偃旗息鼓了，或是成为地方政府背不起、扔不下的沉重负担。

那么，姜堰溱潼，一个在河道如织的水乡里并不起眼的小镇，是如何让一个传统节庆在短时间内叫响全国的呢？

从"挡"记者到"请"记者，这一戏剧性的变化中蕴含着问题的答案，也可以给其他地方节庆活动的举办带来诸多思考和启发。

一　溱湖会船：水乡千年民俗与现代社会的结合

　　姜堰是江苏省泰州市的东门户，因北宋年间姜姓父子聚资率众筑堰抗洪而得名。姜堰东临沧海，挟江襟淮，因海水、江水、淮水交汇而素有"三水"之别称，区内河网纵横，垛田星罗，是一个名副其实的水乡。姜堰下辖 18 个镇，历史文化名镇溱潼就是其中之一。

　　环抱溱潼古镇的是溱湖风景区。风景区由溱湖、南湖和北湖三块主要水域构成，总面积为 26 平方公里，区内湖泊、河流等合占景区总面积 37% 左右，区内河网交织，洲滩岛屿星罗棋布。另外，溱湖水质清淳，所繁育生长的水生动植物肉质细嫩，味道鲜美，溱湖簖蟹、青虾等美味总称"溱湖八鲜"。

　　借着得天独厚的水域优势，一年一度的姜堰溱潼会船节就在溱湖举办。

　　溱潼会船历史悠久，是溱湖地区独有的民俗活动。相传南宋岳飞率部与金兵鏖战于溱湖，双方都损兵折将、伤亡惨重，溱潼百姓安葬了将士们，并相约于清明时节撑船来祭奠这些无主的孤魂野鬼：清明祭祀自家祖先的时候，村村都准备一口大锅放在村口收集"百家饭"，祭完先人后乡民相约划着自家小船为四巷八汊的孤坟野茔添土撒饭烧纸钱，后来逐渐演变成清明会船的习俗。每年清明时节，四乡八镇的百姓便撑篙划桨云集溱湖，千舟竞发，百舸争流，并伴有秧歌、社戏、舞龙灯等活动。

　　会船种类繁多，有贡船、篙子船、划子船、花船、拐妇船等，在会船活动中它们各负使命、各具特色、各领风骚：

贡（供）船：用于供奉菩萨和祭祀亡灵，装扮华丽，一般搭成飞檐翘角的二层亭台，上层摆神祇牌位，下层点香供奉菩萨，旧时还有僧人诵经；

篙子船：是会船的主要形式，每船有二三十名强壮的汉子，人手一篙，站船头的头篙负责指挥，另一人负责敲锣传达号令；

划子船：即小划子，船体小者可载九人，大者可坐 20 余人，一人一桨，一人站在船中敲锣指挥，统一行动；

花船：用于扭秧歌、唱大戏、表演文娱节目，船上搭着戏台，张灯结彩，表演荡湖船、龙灯、狮灯、打莲船等；

拐妇船：由三只小片儿船组成，逃在前头的扮演跟人私奔的"姑娘"，中间的船上坐着紧追不舍的"父母"，后面是"县太爷"坐堂调解，拐妇船在会船之间东躲西藏，滑稽逗趣。

会船活动的程序是固定的，分选船、试水、铺船、赴会、赛船五部曲：

选船：有会船的村子清明节前十天就在村里竖起方形旗帜，旗杆上插着青苗和旗儿，船主们都把船撑回来供选；

试水：被选中的篙手要练手脚，与此同时，舞龙灯的、摇荡湖船的、扭秧歌的、唱戏的也抓紧排练；

铺船：会船要洗刷干净，船舱铺上稻草，搁上跳板，保证水手站立平衡，供船、花船等则要装饰美化；

赴会：这是会船的主体活动，清明节次日天不亮会船就出发，祭祀活动完毕，随着锣声各类会船纷纷亮相溱湖；

赛船：两船对阵，鸣锣发出竞赛的号令，会船即如离弦之箭飞驰而去，各色船员在水上你追我赶誓决高下，岸上加油助威、人声鼎沸，把会船活动推向高潮。

演戏、酒会、送头篙三部曲则是会船活动的尾声。按照惯例，赛船结束后，各大村庄都要搭台唱戏；赛船结束的当晚，篙手们要聚会豪饮，并选出"头篙"得主；众篙手兴高采烈地簇拥着把头篙送回家中，祝愿头篙吉祥如意、"早生贵子"。

水乡人扶桨弄篙的本领代代相承，使得粗犷豪放的溱潼会船由南宋沿袭至今，历经千年而不衰，成为姜堰里下河地区民间自发的一种清明祭祀和娱乐活动，素有"天下会船数溱潼"、"世界上最大的水上庙会"之说。"专练会船架竹篙，一声锣响滚银涛"、"每到年年春三月，如云仕女看船来"描绘的就是溱潼会船的盛况。①

1991 年，姜堰市政府开始认识到这一传统民俗节庆活动的旅游开发价值，并以引导、组织活动的方式介入会船节。从 1991 年到 2003 年，会船节年年搞，但基本上停留在单一的水乡群众会船活动这个层次上，外界知之者甚少。

2004 年，姜堰市政府决定把会船节作为旅游品牌做大做强，达到聚人气、增财气、扬名气的目的，由此翻开了溱潼会船活动历史上崭新的一页。

自 2004 年以来，姜堰溱潼会船活动一年比一年红火。会船节上，旗如海，篙如林，船上选手奋勇争先，岸边观众喊声震天，被誉为"民俗文化之大观，水乡风情之博览"。借着浓郁的水乡风情、独特的会船文化，以及恢弘壮观的场面、多姿多彩的表演，会船节吸引着越来越多的游人和客商。

在打响会船节名气的同时，姜堰市着力融文化、民俗、体育、旅游、美食、经贸多种内涵于一体，使会船节在成为展现民

---

① 民国画家陈二指诗："专练会船架竹篙，一声锣响滚银涛；各争胜负分前后，不亚金焦训水操。""绿杨堤畔霓裳按，青草湖边画舫排；每到年年春三月，如云仕女看船来。"

俗特色的文化盛会的同时，也成为招商引资的经贸集会，并以此为依托，加大了溱潼古镇、溱湖湿地、溱湖八鲜的宣传力度，推出了姜堰市以"一镇一湖一节"为主体的特色旅游品牌。

古镇、溱湖、会船节互相促进，相得益彰，让姜堰在短短几年内迅速走红。

二 "包装"与"炒作"：节庆品牌的推广营销

（一）政府牵头，以船为媒招商会友

没有地方政府的思想解放，也就没有溱潼会船这一节庆品牌。

从怕记者、怕宣传、怕惹麻烦，到请记者、花钱宣传、主动造势，在对待会船节的态度上，会船节主办者经历了一个思想观念上的巨大转变。

这个转变发生在 2004 年。这一年的 3 月 16 日，当时的市委书记高纪明在姜堰发布了溱潼会船节的新闻，热情邀请记者前来采访报道。

忆及当时的情景，现已调任泰州市市委常委、政法委书记的高纪明说："从挡记者到请记者，也是市委思想解放的结果。我们认为溱潼会船节是一个独特的品牌资源，要把这个品牌叫响就要充分发挥媒体的作用。"

如前所述，1991 年以前，会船完全是姜堰里下河地区民间自发的一种融文化传承与自娱自乐为一体的活动，从无外人关注；1991 年到 2003 年的十几年间，政府主动参与组织各乡镇的会船活动，并正式命名为溱潼会船节，将其纳入了民间艺术节的行列。会船活动增强了组织性，规模上也有所扩大，但政府对该活动基本上没有资金投入，加之交通不便等客观条件限制，整个节庆活动影响甚小、收益甚微。

2004 年，政府以会船活动主办者的身份高调出场，以"以船会友、以节招商"为目的，着手打造会船节旅游品牌。活动确立了"政府牵头、企业为主、社会协助、专业策划、市场运作"的运作机制，政府从资金上予以全力支持，在对外宣传上更是不遗余力。

政府的积极努力使 2004 年的会船节博得了满堂彩，姜堰知名度大增。

第一炮打响后，姜堰市委市政府决定发挥资源优势，打旅游牌，把会船活动与湿地生态旅游结合起来，把活动做大。2006 年，由中华人民共和国国际湿地公约履约办公室和泰州市人民政府主办、姜堰市委市政府承办的"首届中国湿地生态旅游节暨中国姜堰·溱潼会船节"开幕，自此两节合办；2007 年，江苏省林业局、江苏省旅游局加盟主办；2008 年，中国野生动物保护协会、国家林业局湿地保护管理中心也加入了主办单位行列。

会船节就这样一步步走出姜堰、走出泰州、走向全国。

从自斟自饮到四海宾朋同欢共聚，姜堰人见识了媒体的力量。更重要的是，从客商游人新奇的目光、惊喜的赞叹中，他们更深切地认识到溱潼会船作为一个独特"品牌"所蕴含的巨大价值。旅游品牌的明确定位给沿袭千年的水乡会船活动注入了新的活力。

观念改变了，手脚也就放开了；目标明确了，力气也就朝一处使了。此后的几年，姜堰人在会船品牌的策划和推广营销上大做文章，盛装登场的溱潼会船频频亮相，大出风头。

（二）立足资源优势，内容策划上体现系列化，突出个性和时代特色

节庆活动能否持续举办，节庆品牌是否具有吸引力，与活动内容的策划是息息相关的。

立足于独特的水域和人文资源优势，姜堰市宣传部门与《扬子晚报》《江苏卫视》等媒体中有策划、筹备大型活动经验的文艺部门合作，以办出新意、办出特色为目标，在活动的策划上狠下功夫，不断翻新花样，源源不断地给会船节充实新的内涵，力争年年办节，年年有新意，年年有亮点。

2004 年，提出了节庆活动"系列化"的思路，会船节从 3 月 16 日起正式拉开序幕，持续到清明节达到高潮。节庆期间，在突出会船表演的同时，陆续举办了"槐树为媒、新天仙配"集体婚礼、两万孩童画溱湖、麋鹿等珍稀动物放养仪式、民俗文艺展演、茶花王认亲、溱湖八鲜宴会以及大型文艺晚会等系列活动，体现了活动的地域特色和个性色彩。

2005 年，提出了"大处有创意、小处求精致"的新要求，活动内容上更讲求群众的参与性，强调高品位与娱乐性兼顾。在为期 33 天的会船节期间，安排了"民俗日日演、会船天天撑"民俗表演、溱湖八鲜美食节、油菜花节、万朵古山茶千年古槐树观赏、河横生态科技园开园、挑战吉尼斯表演、中国五金产业可持续发展高层论坛、群众文化艺术节、金婚银婚庆典以及招商引资等系列活动。

2006 年起，会船节"捆绑"上了中国湿地生态旅游节，两

节合办使会船节的规模和层次得以大幅度提升。会船节期间除保留了一些游客和当地群众喜闻乐见的项目外，还增添了万名车友溱湖联谊、农家乐厨艺大赛、沙雕邀请赛等活动。

2007年的策划更加专业化，配合"和谐姜堰"建设，以"和谐"主题贯穿会船节始终。开幕式上精心设计了层层递进、一气呵成的"序、水上鏖兵、祭祀英灵、竞技争雄、盛世歌舞"五个篇章，充分凸显会船起源、文化特征以及姜堰人和谐共进的品质。一个多月的活动中，国际五金采购节、油菜花节、华侨城民俗文化湿地行、晚报记者水乡行等系列活动也都陆续展开。

"溱潼会船，与奥运同行"是2008年会船节的主题。开幕式上的表演突破传统，融入了更多的科技手段和现代元素，所有参演的会船都按艺术化、现代化的方式装饰一新，万余名会船选手的服饰、色彩组合与每个篇章紧密贴合，汽艇、动力伞、气球龙灯等水陆空立体式文体表演让游客充分享受到视觉的冲击，龙船上牵驴花鼓、跳马灯、花鼓闹春等民俗表演又让观众领略到传统文化的魅力，整个开幕式表演在"千篙万桨闹溱湖，百舸争流迎奥运"的欢腾场面中落下帷幕，其他20项系列活动也相继举

◀溱潼会船节开幕式活动
　一角

行，最后以奥运圣火水上传递活动为会船节画上一个圆满的句号，让溱潼会船这一千年民俗与百年奥运结合，实现了会船精神和奥运精神的交融辉映。

（三）与媒体深度合作，从"炒会船"到"炒旅游"

包装是为了推广营销，借助媒体造势无疑是叫响品牌的捷径。溱潼会船节的走红，媒体功不可没。

2004 年的会船节新闻发布会给姜堰带来了高额回报，境内外的媒体共刊发新闻稿件 300 多篇，新华网还对会船节开幕式进行了现场直播。这是会船节举办新闻发布会的开始。此后该节年年召开新闻发布会，记者一年比一年多，报道数量逐年递增，会船节的影响力也越来越大。

2008 年是会船节宣传报道全面升级的一年：

3 月 9 日，继新闻发布会开到南京、上海后，主办方又邀请各大主流媒体亲临溱湖风景区参加发布会，让记者零距离体验湿地风情，借助 80 多名记者的"狂轰滥炸"，会船节消息见诸江苏省内外各种媒体，做足了会船节的"预热"工作；4 月初，主办方邀请央视国际频道《走遍中国》栏目组来到姜堰，辗转溱潼、俞垛、沈高等镇，深入村落、田间地头及村民家中，从非物质文化遗产保护角度探寻"溱潼会船"这一独特水乡民俗的起源、演变等，制作了一部 30 分钟的纪录片，用中文、英语和西班牙语三个语种在央视 4 套向全球播出，将会船品牌推向全球；4 月 6 日的开幕式上，50 多家主流媒体聚焦开幕式，对会船节系列活动进行了高层次、大容量的报道：江苏卫视全程录播，新华网江苏频道现场直播，央视新闻联播以"清明时节撑会船，百舸争流迎奥运"为题报道了会船节开幕式的盛况，央视新闻频道、央视国际频道、东方卫视、上海电视台、杭州电视台等也都播出了会船节开幕式的新闻，《人民日报》《文汇报》《解放日报》《中国旅游报》《中国体育报》《新华日报》《扬子晚报》等媒体也都在头版或重要版面多次对该节进行图文并茂的报道。

据该市宣传部门统计，2008 年会船节期间境内外各大主流媒体刊载的相关报道 100 多篇，网络媒体刊载 500 多篇，火暴的会船节为姜堰赢得了极高的"上镜率"。

会船节系列活动的内容也是精心策划的：知名摄影记者溱湖采风、书画家采风联谊、百名留学生体验中国会船、驻华使节看姜堰、晚报记者水乡行、车友会自驾游等，这些也都是节庆品牌促销活动的一部分。

另外，自 1993 年起，溱潼会船节就正式启用了会船节节徽和吉祥物，还谱写了会船节会歌。节徽、吉祥物印到旗子上、标牌上、会船上，市乡的大街上随处可见。作为节庆品牌的标志和象征，这些无疑都是推广营销会船品牌的重要手段。

精心的包装，配合媒体的强大攻势，溱潼会船节以文化盛会、经贸集会、民情民俗博览会的全新面貌呈现在世人面前。

姜堰人并未就此满足，他们迎合"城里人"的休闲消费需求，趁热打铁强化会船节的品牌效应，从"炒会船"升级为"炒旅游"①

一是炒"湿"：溱湖湿地公园是全国少见的淡水湿地，园内池塘沟洼纵横交错，洲滩塘垾自成方圆，湿地生态环境独特，现有各类湿生植物 153 种、野生动物 97 种，是世界珍稀动物麋鹿

---

① 姜圣瑜，顾介铸，陈晓春，黄立群：《溱潼会船这样叫响全国》，《扬子晚报》2008 年 4 月 3 日。

的故乡。园内先后建成溱湖景观生态林、湿地森林公园、湿地植物精品园、农家乐园、麋鹿故乡园、珍禽园等体现水乡湿地个性的景点，开通了湿地风光水上游览线，打造出一个完整的湿地旅游体系。由此，以溱潼会船节为品牌的湿地人文景观，与以溱湖为主体的水环境景区和以麋鹿故乡园为核心的湿地生态景区结合起来，成为溱湖风景区的主体。

二是炒"古"：适时亮出历史文化名镇溱潼这张精美的旅游名片。古镇小桥流水，深巷幽居，麻石铺街，老井当院，两万平方米明清古建筑保存完好。镇内一株有 800 多年历史的万朵古山茶被誉为"世界茶花王"，一棵百年古槐传说是董永和七仙女的"媒人"。依托这些景点姜堰市把茶花节、天仙配集体婚礼等列入会船节系列活动。

三是炒"土"：每年在当地和南京等地举办"溱湖八鲜美食节"，溱潼镇 20 多家鱼饼、虾球店产销量激增，麻团、豆腐脑、绿壳鸡蛋等土特产也都做成了产业。

经过媒体此伏彼起、连续不断的"炒作"后，这些此前不为人知的亮点引起了各方关注，进而显现出巨大的连环效应：毗邻溱湖的沈高镇河横生态科技园被联合国命名为"生态环境全球500 佳"，河横村被评为"全国绿色小康村"；溱潼古镇荣获中国乡村旅游"飞燕奖"暨最佳古村镇文化奖；"溱湖八鲜美食节"获"中国十大饮食类节庆"称号。

更让姜堰人欣喜的是，经国家林业局批准，溱湖湿地被设成全国第二家、江苏省首家国家级湿地公园，溱湖风景区被评为国家 4A 级旅游景区，并作为江苏省重点旅游开发项目列入《江苏省旅游业发展十五计划和 2020 年远景目标纲要》；景区内以河横生态科技园为基础的生态农业园区、以溱湖地热资源综合开发利用而形成的温泉休闲度假区等也已初具规模。

从"挡"记者到"请"记者，思想的解放，观念的转变，带来了政府行为和会船活动结果上的天壤之别。

旅游被炒热了，人气被炒来了，姜堰借助会船节而名声大震，姜堰经济发展也借助会船节走出了一条自己的路。

三 喜尝硕果：节庆品牌的收益

问到会船节活动的收益，会船活动总指挥李卫国兴致勃勃，从招商引资到旅游及相关产业的兴旺，从会船节的文化蕴涵到当地群众的高涨热情，侃侃而谈。

（一）众多项目落户姜堰

以船会友、以节招商，这是政府举办会船节的直接目的。因而，招商引资的成果是政府投资节庆的直接回报，也是衡量政府举办地方节庆活动成功与否的硬性指标之一。

自 2004 年开始，会船节的招商引资活动日显成效，签约项目涉及农业、五金机械、机械、电子、房地产、医药化工、纺织服装和旅游度假等多个行业和领域。在众多投资项目中，最值得提及的是华东五金城和深圳华侨城的落户姜堰。

2005 年，经会船节牵线，总投资 18 亿元的华东五金城落户姜堰，并迅速确立了其在国内同行业中的品牌地位，成为新兴的国际国内五金采购和订单中心，并举办了中国华东国际五金机电博览会。2200 多家企业参加了 2008 年的博览会，50 多个国家和地区近 10 万人次的采购商为博览会带来 200 亿元的采购订单，该博览会一跃成为国内五金机电行业的三大品牌展会之一。

深圳华侨城集团是集地产、旅游、酒店、电子等为一体的跨区域、跨行业经营的大型国有企业集团，相继打造出锦绣中华、中国民俗文化村、世界之窗、欢乐谷等知名旅游品牌，成为行业发展的典范。2006 年，华侨城与姜堰签订湿地旅游项目合作开发协议。如今，总投资 20 亿元的泰州华侨城项目正在兴建，这是华侨城集团首次在县级市投资开发大型旅游项目。该项目计划在五年内把溱湖风景区建成泰州后花园、苏中旅游胜地和长三角国际度假中心，实现姜堰从旅游过境地向目的地的大转身。

（二）旅游及相关产业的兴旺

旅游业的发展对地方经济的拉动作用是有目共睹的。因而，与"引资金"同样重要的就是"引游客"，促进旅游及相关产业的兴旺。

会船节是姜堰旅游业发展的催生剂、催化剂。

此前，姜堰的旅游产业几乎是一张"白纸"。作为当地群众自娱自乐的一种民俗文化活动，有着近千年历史的溱潼会船只在每年清明搞一天表演，溱湖也是养在深闺人不识，湿地生态的独特价值连当地人都没有意识到。

会船节的举办，加上每年投入数百万元的旅游推介、促销，催生、激活了姜堰旅游经济，形成了旅游产业。姜堰借势发展，进一步融合自然和文化资源，在湿地、会船两块金字招牌的基础上，以将"一天会船"做成"四季旅游"为目标，放大旅游品牌的效应，做强相关产业。目前已与省内外 1000 多家旅行社签订了合作协议，推出了湿地生态游、古镇风情游、水乡体验游等特色旅游线路。

姜堰的旅游业从无到有，不仅直接带来了可观的旅游收入，还带动了餐饮业、运输业、住宿业的发展，同时也带动了地方就业。下表显示了2003年以来姜堰旅游业的发展情况。

表1　　　　　　姜堰市旅游业发展情况统计表

	2003 年	2004 年	2005 年	2006 年	2007 年	年均增长率（％）
全市旅游收入（万元）	6894	10645	14537	16641	23000	34.1
全市旅游接待人数（万人次）	20.61	69.41	99.38	121.79	180	80.8
全市旅游新增就业人数（人）	4064	4883	5483	6145	9217	40.5
旅游业带动运输业收入（万元）	2386.05	2819.85	3418.41	3814.3	7068.9	31.2
旅游业带动住宿业收入（万元）	531.36	948.59	1320.13	1526.01	1822.8	36.1
旅游业带动餐饮业收入（万元）	3611.9	5834.76	7610.42	9097.8	10953.2	32.6
旅游产业税收（万元）	131.34	278.19	412.4	620.48	1102.2	70.25

2008年，姜堰市旅游业发展又上了一个新台阶。据统计数据显示，2008年1—5月，全市共接待游客109.6万人次，同比上升27%；旅游直接收入1.65亿元，同比上升45%。

旅游业的发展带动了姜堰旅游环境和旅游设施的改善。据了解，近年来，姜堰以"水、湿地、生态"为主题，投入4亿多元实施溱湖、溱潼联动开发，加强生态湿地建设，广植花草树木，保护野生动物资源，根治周边环境污染，并着力将诸多景点串珠成链，城乡呼应，构建大旅游格局。2007年投资2.5亿元，实施一批重大旅游项目建设，做优做美生态环境；2008年又投资1亿多元，提升溱湖、溱潼作为核心景区的旅游档次和品位，使民俗文化、生态环境、观光旅游相得益彰。

当地百姓是旅游业发展的直接受益者，一条条旅游线变成了百姓的"致富线"、"小康线"。

溱湖风景区的建立给当地百姓增加了收入来源：除农田收入外，不宜种庄稼的垛田湿地出租给风景区而得到一部分租金，一部分人还从事旅游服务，如撑游船或从事餐饮业、旅游产品加工等，农民的收入有了显著提高。据统计，2007年，风景区农民通过出租土地所得收入达400多万元，人均507元；风景区因旅游业带动农民增收653元，其中沈高镇河横村旅游人均增收达1072元。另外，2007年全市因旅游业的发展安置农村劳动力近千人，转移农村劳动力4000人左右。

春暖花开时节，正是姜堰旅游业的黄金季节，各个景点的游客络绎不绝，乡民们迎来送往忙得不亦乐乎。最近两年，每年都有1000多名上海游客来姜堰过年，乘画舫赏生态美景，品"八鲜"年夜饭。一处处新兴的"农家乐"正成为都市人休闲度假的好去处，乡民们的腰包也随之鼓起来。

旅游业的兴旺为姜堰的发展注入了"催化剂"，旅游相关产业也由无到有、由小到大发展起来。溱潼镇主打"溱湖"、"麻石铺"等溱湖八鲜品牌，发展水产加工作坊100多家，年产500多吨；沈高河横村禽蛋合作社日销售量近30吨，产品直接进入苏果等大型超市及几十家河横绿色产品连锁店，节庆期间产品在姜堰就供不应求；休闲渔业一出现便受到市民青睐，目前全市休闲垂钓场所已达80余家。

姜堰百姓在参与会船、感受节庆欢乐氛围的同时，也实实在在地分享了会船节带来的实惠。

（三）巨大的社会收益

1. 传统文化的弘扬

溱潼会船活动具有丰富的文化内涵，其独特意义在于：

第一，贡船、篙子船、划子船、花船、拐妇船，会船类型繁多、异彩纷呈；选船、试水、铺船、赴会、赛船，会船程序代代流传、完整地延续下来，有学者称之为"目前国内唯一的、保存最为完整、最具有原生态特质的'水上庙会'"。这正是溱潼会船备受民俗文化专家瞩目、入选第二批国家级非物质文化遗产保护名录的原因所在。

第二，关于会船节来源的种种传说都汇聚于"祭祀孤野坟茔说"，这也许与里下河地区十年九灾、坟茔星布有关。这种习俗的背后，是溱潼百姓对生命的尊重、对先祖先民先烈的缅怀，是传统文化"慎终追远、民德归厚"情怀的表达。可以说，溱潼会船是清明祭祀文化与里下河地区地域文化的独特结合，具有很高的人文价值。

第三，里下河地区至今还拥有大量围绕会船的口述文学、传统戏曲、民谣音乐等艺术门类，在会船中还保留了舞龙、莲湘、道情、跳马灯、踩高跷、小杂技、牵驴花鼓、古代剧目等传统节目，用作会船装饰的工艺美术和制作技艺也随会船流传下来，这些极具历史价值的民间传统文化依然保护完好。同时，家家户户扶老携幼从看会船到踏青、会亲、赶会，这是一种民间庙会的形式，这种遗存在民间的节日文化活动本身就是一种不可多得的文化遗产。

2. 群众的高参与度

与其他节庆活动的一大不同在于，姜堰会船节上当地群众的参与度极高。一千多年来，溱潼会船在姜堰里下河地区的溱潼、兴泰、俞垛、淤溪、叶甸、港口、罡扬、桥头、苏陈、洪林等乡镇盛行。一到会船的日子里，当地老百姓"上到八十三，下到要人搀"都要赶来参加，完全是一种自发的民俗活动。

在里下河地区的百姓看来，参与会船是一种习俗、一种传统，是一件荣耀吉利的事情。所以，到了选船的时候，船主们都自愿把船撑过来备选，有的人还专门买新船供选，被选中则意味着好兆头：种庄稼丰收，搞运输顺畅，做生意红火，过江下海菩萨保平安，得了头篙更是意味着多子多福。

在这样的传统下，百姓无不踊跃参与会船，政府为安全考虑甚至不得不限制参与会船的船只数量和篙手人数。篙手均为自愿参加，多数是 18 岁以上的男性青壮年，也有 70 岁以上的老人，报名后三年不能变，中途退出被认为是不吉利的。所以，一家三代参与会船的屡见不鲜，80 岁的老汉会船节上撑篙也不是什么稀罕事。至于妇女，以前是不参与的，现在会船节上也少不了她们矫健灵巧的身影。

撑船作为自愿、自发的行为，所有费用均由撑船者自己负担，政府只是给参赛选手颁发一张奖状作为精神鼓励，或者象征性地给各乡镇分一点化肥，有些乡镇或村里也会象征性地给选手一点微薄的补助。溱潼还有许多为会船提供篙子的竹厂。平时船民买篙子随行唤价，撑会船这天，如有断篙，竹厂无偿调换。

如今，会船已成为展示村镇经济实力的平台，所以各村镇在会船活动的组织上也无不八仙过海、各显神通。例如，2008 年会船节上，装饰着奥运福娃、奥运口号、奥运火炬模型的各式会船，以及奥运五环色彩的篙手着装等，传达出水乡儿女对奥运的憧憬和向往。最令人称叹的是搭建在一条巨大贡船上的"鸟巢"。该"鸟巢"由溱潼镇湖北村农民用时三个多月精心制作，长 18 米，宽高各 6 米。据了解，搭建这座"鸟巢"仅毛竹就用去 100 多根，铁丝 50 多公斤。这正体现了成功举办会船活动的群众基础。

另外，每年的会船节系列活动中也都安排不少群众文化、艺术、体育活动，让更多的百姓以各种方式参与其中。该市宣传部门还在会船节期间开设"三水讲坛"，举办"书香姜堰"全民读书活动等，提升姜堰人的文明素质。

四 展望未来：关于溱潼会船节的思考与建议

在节庆活动繁多的今天，举办节庆活动必须依托地方资源优势，扬长避短，办出自己的特色。姜堰会船品牌独特的优势主要表现在以下几个方面：

（1）丰厚的历史积淀和文化内涵。与一些地方"小题大做"或"无中生有"，甚至"张冠李戴"、巧立名目举办节庆活动不同，作为有千年传承的民俗活动，溱潼会船节深厚的历史积淀和丰富的文化内涵是许多节庆活动所无法比拟的。

（2）良好的群众基础。作为一种历史悠久的民间自发的水乡清明祭祀活动，会船已成为当地百姓生活的一部分。每年会船节开幕式上，数百条船只、上万名篙手自费踊跃参与，这是一种不可多得的节庆资源。

（3）丰富的旅游资源。溱湖独特的湿地自然景观，溱潼名镇的人文景观，以及生态农业旅游的发展等，为会船节的举办提供了可靠的旅游环境依托。而深圳华侨城大型旅游项目在姜堰的建成，无疑又将为会船节的成功举办增加分量不小的砝码。

（4）地域、交通优势。姜堰所在地泰州是历史文化名城、鱼米之乡，也是苏中地区快速崛起的新兴工贸城市，江阴大桥是泰州与上海、苏南的快速通道，铁路以及328国道、宁通等数条高速公路在泰州境内纵横交错，即将修建的新机场又将为泰州打开一个通向世界的新门户。

依托这些优势，姜堰人对传统民俗活动进行精心包装，充分利用现代传媒，在短短几年中打造、唱响了溱潼会船这一旅游品牌，并趁势而为，放大会船节的品牌效应，收到了良好的社会效益和经济效益。

与此同时，会船活动本身的特点，也使会船节的举办受到一定限制：

（1）作为一种以传统民俗为载体的节庆活动，会船本身没有现成的"产品"可卖，唯有靠策划有卖点的活动才能实现"以节养节"。

（2）作为一种水面活动，地点上的别无选择，使节庆活动的内容、活动的方式、活动的规模等受到一定限制。

（3）会船活动的参与者以青壮年劳力为主，近年来随着外出打工队伍的壮大，多少已对会船活动产生了一定影响，未来随着城镇化进程的推进，会不会影响到会船节的举办，这是一个不容小觑的问题。

（4）大型水面活动给节庆活动的组织和安全工作带来很大难度。2008年，4000多名嘉宾、近500条船、万余名选手、10万余观众汇聚溱湖，主办方既要考虑岸边观众的安全，更要精心布置，确保水上会船船只及选手的安全，这无疑增加了安全工作的难度。政府每年都要为会船节的安全工作投入巨大的人力、物力。

（5）水面活动使得众多观众特别是远道而来的游客只能远距离旁观而不能亲自参与，活动缺少互动性，可能会让一部分游客失去再来观看的兴趣。

此外，泰州一带民风淳朴，百姓和当地企业在市场意识、竞争意识上与苏南地区有明显差距，会船节在很大程度上仍然停留在"自娱自乐"的阶段上，不利于节庆品牌的打造和节庆市场的培育。

同时，姜堰毕竟还是一个苏中地区的县级市，其经济、社会发展与其他地区，尤其是与毗邻的苏南地区相比还有一定差距，再加上江浙一带旅游资源丰富，游客分流性强，这些对会船节的举办也必然带来一定的影响和冲击。

基于以上几个方面的优势以及不利条件，结合这几年举办会船节活动的具体情况，提出以下几点建议：

第一，会船节要由目前的政府主办逐步让位于市场化运作。政府筹资为节庆活动提供"第一桶金"，逐步加大市场成分，时机成熟时政府抽身退出，这是国内目前成功举办节庆活动的一般模式。目前姜堰会船节由节庆活动资金的筹集、活动内容的策划和宣传到整个节庆活动过程的实施，都是由政府操办的，涉及政府几十个部门，占用了大量人力、物力、财力，或多或少地影响到这些部门的日常工作。据节庆办的负责同志讲，他们也正在考虑把会船节的主办权交给公司运作，政府只负责节庆的协调和安全保卫工作。姜堰人能否创出一条政府组织与市场运作紧密结合的成功模式，我们拭目以待。

第二，进一步拓宽筹资渠道，加大市场开发力度。目前，会船节活动的赞助者都是当地企业，要进一步挖掘市场潜力，吸引更多的企业尤其是外地企业参与到节庆活动中。

（1）加强节庆管理的专业化策划和管理。比如，对会船节活动的商业潜力进行深度挖掘，策划更多有"卖点"的活动；在大型活动上引进招标机制；开幕式及大型演出票务经营方式灵活化，可以与当地或南京、上海等地的商家联手，以抽奖赢票、旅游或购物赠票等方式扩大门票销售量，吸引更多的外地游客。

（2）商业赞助的方式更加多样化，除提供货币资助，也可以以实物或服务等方式提供资助，如提供场地、设备、基础设施、物资、服务、技术等支持，或提供免费住宿、餐饮和交通等接待服务。

（3）回报赞助商的方式更加多样化，除提供媒体广告及区域广告、各种活动的冠名权之外，还可以以颁发荣誉证书或将其命名为协办或支持单位、节会指定专用产品、标志产品使用权、特约消费场所等形式，让赞助商利用会船节这一平台增加产品销售的潜在机会。

（4）在节庆产品的规范化、产业化、规模化方面再下功夫，比如在地方土特产品的规模化开发和集团化销售链条方面仍有差距，旅游纪念品、工艺品等方面的开发力度也有待加强。

（5）加强节庆市场的调研分析和节庆活动的评估工作。要走出节庆活动"闭门造车"的窠臼，对节庆市场、消费群体进行预测与分析。同时加强活动的阶段性评估和最终评估，有效地规避风险，不断提升节会质量。

第三，加大对地方传统文化资源的整体保护力度。溱潼会船历经千年而不衰，作为当地风土人情的重要组成部分，其与水乡环境、百姓生活方式及传统农业文化等是结合在一起的，这也正是该节庆活动的独特魅力所在。要避免现代工业文明和市场经济对会船文化的过度冲击，避免过度商业化的包装湮没会船节的文化内涵。为此，会船品牌资源的开发要与当地传统文化资源的整体保护相结合，加大对与会船相关的民俗文化、民间手工艺的整理和传承，借会船节来进一步挖掘、弘扬地方文化资源。

第四，要尽快解决会船节活动所面临的一些实际问题。比如，会船节开幕式活动就存在着许多亟待解决的问题：停车场、卫生间、小卖部等服务设施缺乏；现场往返交通不便；场地狭小，游人拥挤、混乱、嘈杂，开幕式结束后庞大的人流疏散困难，造成极大的安全隐患。另外，如何提高游人的参与度，如何保持当地百姓参与会船的热情，如何解决青壮年劳动力短缺倾向与会船篙手要求高的矛盾，这些也都是保持节庆活动持续性以及节庆经济发展所必须解决的问题。

最后想说的是，作为姜堰市的旅游品牌，会船节与姜堰市的经济发展特别是旅游业的兴衰是连在一起的。从江苏省乃至长三角地区的旅游发展情况来看，姜堰旅游业的发展仅靠自己单打独拼是不够的。与泰州其他市区以及相邻的扬州、南通以及盐城等联手进行旅游资源上的合作开发，可能是姜堰以及泰州旅游业未来发展的良好选择。

（本案例资料来源：实地访谈调研；姜堰市委宣传部及节庆组委会提供的文字及视频资料；媒体的相关报道。另外，作者本人也参加了2008年姜堰会船节开幕式活动。）

思考题

1. 溱潼会船节品牌的打造给我们带来哪些启示?

2. 传统节庆活动中,如何协调文化资源的开发与保护问题?

3. 节庆活动如何才能由政府主办逐步让位于市场化运作?

期待破茧化蝶的青岛国际啤酒节

蔡礼彬

蔡礼彬，中国海洋大学管理学院讲师、博士

啤酒，在青岛这座城市，几乎与城市同龄。百年来形成的特色啤酒文化是青岛城市文化重要的组成部分。青岛国际啤酒节的创办，正是借助这种百年积淀的文化资源而发展起来的特色节庆。它融世界啤酒博览、啤酒文化、啤酒技术交流和啤酒狂欢于一体，节日期间举办大型开幕式、世界啤酒品牌展示、啤酒品饮、艺术巡游、文体娱乐、闭幕式等活动，吸引了大量的海外旅游者、啤酒爱好者、啤酒厂商以及国内游客。啤酒节的主题口号是"青岛与世界干杯！"

　　青岛国际啤酒节作为青岛市的重要节庆活动是国内最早创办的节庆之一，目前已经跻身我国成功举办的大型节庆行列，是亚洲最大的啤酒盛会，在国内外节庆业界享有极高声誉。2005年中国会展（节事）产业年度评选颁奖盛典上，青岛国际啤酒节从全国6000个参评节庆活动中脱颖而出，成功进入"2005年度中国十大节庆"排行，并荣登榜首，专家评价其"以鲜明的主题诉求、浓郁的国际色彩和特有的狂欢气质，成为国内现代节庆活动的典范"。啤酒节继而蝉联"2006年度中国十大节庆"之一，在2007年成为"中国十大影响力节庆"和"中国节庆产业十大品牌节庆""双冠王"。2007年由亚洲会展节事财富论坛和中国城市经济学会等部门和有关媒体联合主办的第三届中国节庆产业年度颁奖盛典在上海举行，青岛国际啤酒节荣获"2007年中国节庆产业十大影响力节庆"之首和"2007 年中国节庆产业十大品牌节庆"之首。

2008 年 3 月，又被评为"节庆中华"十佳节庆奖。

青岛国际啤酒节到底有什么独特的魅力呢？

一 青岛国际啤酒节的特点

(一) 国际色彩浓郁的啤酒盛会

啤酒饮品作为啤酒节最具特色和魅力的活动,荟萃国外著名啤酒厂商,主要包括美国的百威,丹麦的嘉士伯,比利时的福佳白,新加坡的虎牌,澳大利亚的富仕达,德国的碧特伯格、柏龙、科隆巴赫、科隆、慕尼黑狮牌,法国的红磨坊、悍马、科嘉,英国的棕啤、宝汀顿,韩国海特,荷兰百发力,菲律宾生力等世界知名啤酒厂商,其中世界排名前十位的啤酒企业中有九家参节,节日成了世界知名啤酒品牌的博览会。游客置身荟萃世界品牌的高品位品酒大篷,真切领略和感受到了"东方慕尼黑"的独特魅力。

(二) 市场化运作不断提升

1991—1995 年,青岛国际啤酒节主要依靠市政府投入。1996—1998 年,从第六届国际啤酒节开始,组委会提出了"民办公助"的办节思路,政府不再给啤酒节资金上的支持,而是提供一些相关政策上的支持,主要依靠企业出资。随后的第七第八届青岛国际啤酒节处于市场化过渡阶段。从 1999 年到 2000 年,政府已经开始实现零投入,积极倡导市场化运作,让一些名牌企业赞助啤酒节。每年直接或间接赞助啤酒节的企业近两百家,包括家电类、通信类、地产类、饮料类、汽车类、银行类、医药类、保险类、商业零售类等企业，海尔、海信、澳柯玛青岛家电三大巨头以及双星、伊利、蒙牛、张裕等国内知名企业纷纷加盟啤酒节，这些企业给啤酒节带来了充裕的办节资源，当然也标记了更鲜明的市场符号。另外，会场里巡回服务的电瓶车、场地的装修和亮化、啤酒城装饰的 LED 灯等都是企业参与赞助的。众多企业的赞助也大大提升了啤酒节的办节质量。如中国银联公司首次作为啤酒节的合作伙伴，在啤酒城里所有的啤酒大篷安装了 ATM 或 POS 提款、刷卡机，为市民和游客的参节消费提供了极大的方便。啤酒城中心舞台通过市场化运作，使节目内容更加丰富多彩，更符合参节市民和游客的需求。市场化办节也让啤酒节从过去的四处招商改为现在的严格选商，从而使得参节啤酒从最初的品牌参差不齐发展到现在几十个响当当的国际名牌加盟。

（三）规格越来越高

第一届青岛国际啤酒节是由青岛市政府和青岛啤酒厂主办并由青岛啤酒厂承办的。从第二届到第五届，青岛国际啤酒节交由市旅游局承办，旅游局成立了青岛国际啤酒节办公室专抓此事。第六届开始，青岛国际啤酒节交由崂山区承办，崂山区为了办好啤酒节成立了临时指挥部。第七届，青岛市成立了市啤酒节办公室，主要职能是全面负责青岛国际啤酒节的总体策划、筹备和组织工作。办公室下设综合处、广告纪念品处、招商处、文娱处、财务处等。第八届，成立了青岛市重大节庆活动办公室，作为青岛市重大节庆活动组委会的常设机构，负责青岛市重大节庆活动的市级协调，由市政府办公厅代管，组委会的负责人由主管节庆活动、经贸等的副市长担任。青岛国际啤酒从第七届开始就由中国国家旅游局、中国轻工总会、国内贸易部、中国国际贸易促进委员会、中国国际商会、中国人民对外友好协会和青岛市人民政府共同主办。办节主体的变化意味着该节已由地方性节日升格为国家级规格，有力地加强了啤酒节的影响力。

(四) 发展空间越来越大

办节空间是节庆品牌的物质载体，是品牌的重要构成部分。近年来，除在啤酒城设青岛国际啤酒节主会场外，青岛国际啤酒节从第二届开始相继在青岛市市内多处广场和居民区增设了分会场，第十二届啤酒节的格局是"一城一线"（啤酒城，东海路沿线）；第十三届是"一城多点，全市互动"；第十四届、十五届则是在啤酒城和汇泉广场设立东西两个分会场，不分主次，东西呼应；第十六届更演化成"一城、一广场、一街"（啤酒城、汇泉广场、登州路啤酒街）的格局，这三个呈"品"字形分布的会场更臻完善，把整个青岛市变成了啤酒节的活动场所，浓厚的

◀登州路啤酒街

节庆气氛蔓延到了城市的每个角落。一个成熟的节庆活动本身就是与这个节庆所在城市融为一体的，节庆的内涵和主题必须渗透到城市的任何一个角落才能达到它的极致效果。从这个角度来说，青岛啤酒节的举办场所由原来的单独一个青岛东部一隅的青岛啤酒城延伸到整个青岛市，也是青岛国际啤酒节走向成熟的标志之一。

（五）宣传力度大

啤酒节引发了最大规模的媒体聚焦。以第 17 届青岛国际啤酒节为例，30 家世界知名媒体、全国 10 大卫视，40 大网络，40 家中央、省级党报摄影记者，30 家生活类报纸记者，10 家台湾媒体等"聚焦啤酒城"。新浪、中新网在内的世界 20 余家网络对开幕式首次进行首页视频直播；青岛近 4000 个公交车电视首次直播开幕式使狂欢覆盖全城；中国国际广播电台首次用 43 种语言把节日盛况传遍世界；啤酒节官方网站首次推出中、英、韩三种语言版本更方便外国友人参节，包括美国合众国际社、美国新闻周刊、德国广播协会、荷兰国际新闻电视、日本广播协会、日本读卖新闻、巴西环球电视网、中央电视台、《人民日报》、《经济日报》、《新华社》、《大公报》、《青岛日报》等 1000 多家海内外媒体对啤酒节进行多视角跟踪报道，共刊发各类新闻 5000 余条，网络消息达 50 万条，中央电视台经济频道制作了长达 2 个小时的啤酒节专题节目，《经济日报》特别制作了两期啤酒节专版，《中国日报》推出啤酒节整版稿件，中央电视台《新闻 30 分》和《新闻联播》都多次报道了啤酒节，青岛各大媒体倾尽激情长时间、大版面推出"聚焦啤酒节"专栏；节目直播范围历届最广：台湾东森、山东卫视、20 余家网络、中国国际广播电台等 50 余家媒体和近 4000 台公交电视对开幕式进行直播，中央电视台进行了 5 分钟的连线直播，青岛电视台还在开幕当日进行了 14 个小时的直播，青岛广播电台新闻频道更是长驻啤酒城，进行了为期 16 天的节日直播；官方网站关注度历届最高：全新改版的啤酒节官方网站访问量达 60 万次，访问地区遍及美国、德国、英国、荷兰、韩国等 60 多个国家和地区；视频宣传历届最广：电视、网络、分众传媒、公交电视、户外大屏等视频媒体同步展开，实现全方位、无缝隙的视频宣传；手机短信参与度历届最强：启动手机短信互动式宣传，展开手机倒计时、啤酒城有奖知识问答、短信新闻等活动，共发出 1000 万余条短信，将节日信息第一时间传达给游客，使市民游客都能感受到青岛人民和崂山人民的热情好客；与媒体结合度历届最紧：组织策划晚报之夜、广电奥帆之夜、半岛之夜、金点子征集、汉服展演、小丑征集、啤酒城里放风筝、啤酒城 100 个笑脸、啤酒节宣传大使、五种语言广邀世界酒王、空中啤酒节等，实现了节日与媒体、市民、游客的最紧密结合。①

（六）政府积极培育

青岛啤酒节是在青岛市市政府积极推动下办起来的。从 1991 年开始，青岛市政府把举办啤酒节作为促进青岛支柱产业发展、扩大青岛国内外知名度、树立城市良好形象的重大举措，提出了"向国际化城市迈进，加速青岛改革开放步伐，创旅游国

---

① 引自青岛国际啤酒节官方网站。

际名牌"和"国际性、专业性与群众性相结合"的办节指导思想。青岛市政府着眼于节庆活动的长远效益,前五届每年都投入数百万元甚至上千万元资金,作为办节的经费。第一届主要是青岛啤酒厂出面举办,收不抵支150万元;第二届起青岛市政府出面举办,以产品交易和经贸洽谈为主,逐步加大各类企业参与、市场化运作的分量。各节庆项目已基本上由各承办单位自收自支、自求平衡,当地政府出台了利用广告资源促进啤酒节收支平衡的扶持措施,并只对部分活动借给少量启动资金。青岛市注重加强对节庆活动的领导,专门成立了由市长和三名副市长挂帅、市级有关部门和各区政府领导参加的青岛市重大节庆活动组委会,下设重大节庆活动办公室,内设综合秘书处、宣传处、外联招商处、场地处、广告纪念品处、演出处、文体处、接待处、票务处、投诉服务中心,有专兼职工作人员40人,还有特邀法律顾问,市级有关部门和各区政府均确定一名处级干部担任联络员,为啤酒节提供了强有力的组织保证。在市组委会和节庆办的总体策划下,啤酒节实行板块式组织结构,各分项活动均由当地市区有关部门和企事业单位承办,并实行自筹资金、自求平衡。青岛市政府向有关部门下达了节庆活动的责任制,为减少扯皮现象,每个分项活动一般都由一个单位承办。

二 青岛国际啤酒节与青岛市的发展

节庆活动对人类社会与经济的发展有着非常重要的作用,一些节庆活动不仅仅是一种文化庆典活动,它已成为一个国家或地区发展经济、发展旅游业不可或缺的文化经济因素。青岛市通过举办国际啤酒节，吸引大批客流，从而带动当地旅游、经贸等相关产业的增长。

（一）啤酒节与城市旅游业的发展

据有关部门统计，啤酒节开幕后，啤酒城外平日生意冷清的业户也变得热闹起来，流动人口比平时多了几十倍。其中收益最大的要数在啤酒城周边经营的商店、酒店和旅店。参观游览景点的旅客也比平时多了好几倍，显现出强劲的啤酒节连带效应。据啤酒城旁边的广开大酒店介绍，自啤酒节开幕以来，该酒店中午、晚上全部爆满，营业额几乎比平时翻了一番。麒麟皇冠大酒店也是天天如此。尽管酒店安排专人在停车场进行调流，并增加停车泊位、就餐桌椅和住宿床位，但仍难以满足游客的需求。由于人多房少，游客订房都得提前好几天。在石老人海水浴场，据一位经营更衣冲水的老板讲，每天下午 3 点后，游客都要排队等待冲水，经常出现更衣橱柜全满的现象。在这些下海游泳的人中，大部分都是来逛啤酒城的。[①]

旅游景区方面啤酒节带动旅游热，啤酒节也让青岛的旅游业取得大量的回报。海底世界、九水十八潭等景点接待游客数量连创新高。石老人观光园、青岛文化博览中心等啤酒节互动点游人都大量增加，青岛崂山风景区游客接待量也是骤增，由每日的4000 人增至 7000 人。

透过大量的数据可以看出，啤酒节确已成为青岛市的重要旅游资源和提高城市经营水平的重要品牌，对扩大青岛市对外开

---

① 戚一川：《啤酒节强劲拉动经济增长》，《青岛日报》2006 年 9 月 5 日。

放，增强综合竞争力，推动经济与社会全面发展起到了越来越大的作用。统计部门的有关统计数字显示，啤酒节已与"五一黄金周"、"十一黄金周"并列成为青岛市旅游业及相关产业的三大兴奋点和支柱，为营造青岛市连续不断的旅游高潮做出了显著的贡献。由此可见，在城市决策者的眼中，啤酒节已成为增加城市旅游吸引力，提高城市旅游景气指数的重要砝码和助推剂。啤酒节成为青岛市实施城市旅游产业战略和经营城市战略的一个步骤和组成部分，在青岛市的城市经营和旅游产业中发挥着越来越大的作用。啤酒节对旅游行业，特别是酒店行业和旅行社行业带动巨大，在对整个目的地的推动上，啤酒节提升了青岛作为一个沿海城市的知名度和美誉度，塑造了青岛作为海滨休闲度假地的形象，另一方面也推动了城市整个大环境的改造和建设。从社会文化影响来看，"吃海鲜、喝啤酒"早就是很多青岛人的习惯，啤酒节不仅保留和弘扬了这一传统，同时还提出了"青岛与世界干杯"的国际化发展思路，实现了这一传统与世界啤酒文化对接，也增强了青岛人保留传统的自豪感，让这一啤酒文化更加深入人心，使得啤酒节也成为老百姓邀请朋友共度的一个欢乐的节日。

（二）对于城市品牌塑造的影响

成功的节庆策划能够成就一个城市。节庆活动的广告、媒体传播、人们的口碑相传等行为沉淀为地方或城市的品牌、标志，尤其通过定期的举办，强化了地方或城市的形象特征，在一定区域内积累了巨大的无形资产，正如现在人们提到奥斯卡就会联想起美国的洛杉矶，提到戛纳就会联想到法国电影节的盛典，提到风筝会就会想到潍坊——这些城市节庆活动，既张扬了城市的个性，提高了城市的知名度，也为繁荣城市经济、文化发挥了作用。可以说，节庆已成为许多地方打造城市品牌的一个形式。青岛国际啤酒节现已举办了 18 届，形成了以啤酒为媒介，旅游、商贸、文化三位一体的国际旅游节庆活动，吸引了大量的海外旅游者、啤酒爱好者和啤酒厂商以及国内游客。在啤酒节的发展过程中，规模一年比一年大，影响也一年比一年广。现在啤酒节的活动内容更加丰富，啤酒节正在变得不断成熟和完善，已经成为游客了解青岛认识青岛宣传青岛的有力媒介。它作为青岛这个旅游城市的名片，开始走出青岛，走向世界。许多游客提到青岛，就能想到啤酒节；提到啤酒节，也自然能联想到青岛。

（三）促进社会和谐

会展业缓解了城市的就业压力。就业与再就业是民生之本、安国之策，关系到人民群众的切身利益，关系到改革发展稳定的大局，对我国经济发展、社会进步和政治稳定有着十分重要的意义。会展业的产业关联度大，能带动诸多相关产业发展，这势必会增加一些就业岗位、缓解城市的就业压力。据英联邦展览业联合调查，每增加 1000 平方米展览面积，就大约可以创造近百个就业岗位。在国内，有一些会展在缓解城市就业压力方面做得很好。以第 14 届青岛国际啤酒节为例，啤酒城指挥部从青岛市下岗职工中招聘部分工作人员，从事节会期间啤酒城内的治安协管、保洁和检票等工作。① 聘用下岗职工从事啤酒节工作，不仅为下岗失业职工提供了适宜的工作岗位，更重要的是为他们提供

① 《啤酒城指挥部首次招聘下岗失业人员》，见《第十四届青岛国际啤酒节简报》（第六期），2004 年 7 月 27 日。http：//lshyouth. org/ztlm/pijiujie6. doc

了一次学习、培训和提高的机会，也是啤酒城指挥部发挥啤酒节综合节庆效应的又一次有益尝试。

三　青岛国际啤酒节存在的不足

（一）市民参与性不强

1. 模式单一、内容乏味

历届青岛国际啤酒节开幕式、闭幕式、口号、内容多年一成不变。作为亮点的饮酒大赛要么是一些啤酒商请来不知名的乐队弹唱演奏一番，要么就是请一些模特进行简单的走秀表演。内容平淡，激不起参观者的兴奋点，观众普遍感觉参加一次啤酒节足矣，没有必要再去第二次。

2. 价格太高，超出普通市民的承受能力

啤酒节期间，开幕式暨开城仪式门票 300 元/张，其他时间，白天 10 元/张，夜晚 20 元/张，比其他城市的啤酒节门票高出1—2 倍。这样就把相当多的普通市民挡在了啤酒节的大门之外。此外，啤酒的价格昂贵。在啤酒城外，青岛啤酒只售 2 元一扎，而在城内却卖到了 6—7 元一扎，欧洲的名牌啤酒更高达 40—60元一扎，结果出现啤酒城内一些游客自己背着啤酒和其他饮料参观啤酒城的怪现象。啤酒节期间的娱乐项目比平常专门的游乐场要贵 20% 以上。啤酒代表的是一种"平民文化"还是"精英文化"？在大众文化流行的今天，精英文化的时代已经结束了。啤酒节作为节庆活动，在吸引外国游客、参展商的同时，不要忘了还有国内游客和本地市民，它在游客心中更多的是一种娱乐休闲

的方式，面对这样的消费群体，应该选择薄利多销的模式，提倡平民消费，从门票到消费产品，制定合理、可行、易操作的价格体系，使潜在的消费者显现出来。

（二）啤酒城资源严重浪费

位于青岛市香港东路与海尔路交叉路口的国际啤酒城，占地35公顷，是青岛啤酒节的永久性场所。令人不解的是这项耗资巨大的工程一年之中居然有300余天是闲置不用的。除了每年的啤酒节在此举行之外，青岛啤酒城似乎没有找到其他的利用方式。偌大的土地在8月份之外的时间一直处于休克状态，除了门口烤羊肉串的小贩三天打鱼两天晒网地陪伴着啤酒城的冷清之外几乎再没有人光顾。一些游客质疑"这可是寸土寸金的地段，就这么闲置太可惜了！"如此豪华的建筑和大面积的土地处于闲置状态无疑是一种巨大的浪费，这也从一个侧面反映出了青岛啤酒节的经营与管理存在的严重问题。

（三）文化品位不足

节庆的生存和可持续发展离不开文化的哺育。中国的大多数啤酒节都是按为各啤酒厂商搭台唱戏、寻找商机的商品交易会来运作的，各个啤酒节都以能吸引到众多啤酒厂商为荣，青岛国际啤酒节也不例外。但是青岛啤酒节期间文化活动很少，开幕式和闭幕式大型演出又是单纯的名人歌星走秀，几乎没有起到提升文化品位，发挥名人效应的作用；开幕式上游行的方队也主要以样式和商标、彩车为主，没有把青岛啤酒股份有限公司的企业文化、青岛历史背景、啤酒特色融入其中。事实上啤酒节的举办，在文化上就要以啤酒为看点，深层挖掘啤酒文化，使大众可以了解啤酒文化。啤酒节主要活动有啤酒宝贝评选大赛、啤酒竞饮大赛、巡游表演等活动，而对于啤酒知识、啤酒文化、民俗风情展示等却做得很少。

（四）品牌建设不规范

在各种宣传口径中，青岛国际啤酒节常被简称为"青岛啤酒节"，这与直接竞争对手"中国国际啤酒节"相较，品牌名称本身就存在一定的局限性，往往容易让人误解为"青岛的啤酒节"或"青岛啤酒的节"，从而在很大程度上抑制了品牌形象力的等级，影响其他企业尤其是啤酒企业及游客参节的积极性。这是个细节上的小问题，但不能不引起我们的关注。今后可考虑规范使用"中国青岛国际啤酒节"这一名称，这是一个比较好的品牌名称，它以简洁的文字概括了啤酒节的品牌个性和意象、品牌产品类别、品牌产品功能、品牌产品质量，易读、易懂、易分辨，容易引起消费者的注意和兴趣，刺激消费者的好奇心，使消费者感到有魅力、有新鲜感，并对之产生好感。

四　青岛国际啤酒节改进的思索

（一）青岛国际啤酒城的利用与规划

青岛国际啤酒城是青岛国际啤酒节盛会举办的主会场，经过多年的建设与发展，啤酒城日趋成熟，但仍有需改进之处。基于啤酒城长期荒废的现状，我们希望通过几个方面的改造，把啤酒城的整个资源充分利用起来，进而提高经济效益，壮大"品牌之城"青岛。通过仔细的调查与思考，我们认为，在保持原来啤酒城基本格局的情况下，可以考虑以下方案。

1. 增设标志性建筑

可以设计一个看台作为啤酒城的标志性建筑。这个看台内外双层，外层呈"易拉罐"状，内层是"酒瓶"状，顶层是一个代表奥运会的帆船（可当作避雷针用），我们称之为"啤酒之帆"，通体为绿色，寓示着青岛啤酒永驻人间，四季常春，表面附2008年奥运会会徽标志，2008年以后人们每当看到这个"酒瓶"时就会想起青岛曾经举办过奥运盛会。看台在中上部分为两层，顶层专为媒体记者使用，可以对整个啤酒节期间的一切进行各个俯视角度的全程录像。第二层是游人专用看台，在这一层上游人不仅可以看到整个啤酒城的景象，而且可以远眺大海，看到著名的国家旅游度假区——石老人旅游度假区。

2. 合理规划啤酒城

可以把啤酒城进行科学分区，比如办公区、商贸区、休闲区、娱乐区、品饮区。把各个国家知名的啤酒品饮区集中放置，形成一种良性的整体轰动效应，这样不仅显得整个品饮区井然有序，而且节约了占地空间。可以考虑建立一些长期固定使用的、各具风格的啤酒大篷，不能建了拆拆了建，避免浪费。

3. 啤酒节结束后场地的再利用

可以考虑将啤酒城的空间和设施规划建设成为一个现代啤酒主题公园。将部分啤酒大篷及娱乐设施保留，再增添一些文化和康乐设施及购物场所，如青岛国际啤酒节博物馆，世界啤酒文化长廊，啤酒制作设备、过程与制作工艺演示、啤酒节纪念品陈列销售等；适当保留部分啤酒吧、啤酒摊位，建一条啤酒美食街，播放当年啤酒节盛况的录像，甚至举办小型的饮酒、猜酒、评酒比赛，文艺演出等即兴节目，让客人感受热烈的节庆气氛，以此逐步将啤酒城打造成青岛的一个标志性景点，再组织旅行社将其编排到平日的旅游线路当中；平时是旅游景点和美食街，啤酒节举行时则作为会场，这样既可丰富岛城的夜生活，又可以提高啤酒城的利用率，同时众多客人的到访对青岛国际啤酒节的品牌传播造势和延伸也无疑是有利的。① 目前国内很多主题公园都不太景气，但国内外以啤酒为主题的公园还不多，在青岛尤其是在啤酒城建啤酒主题公园，具有深厚的文化底蕴和人气支撑，相信会有良好的经济与市场前景，同时也会为青岛这座"啤酒之城"增添点睛之笔。

（二）提升啤酒节的文化品位

在物质生活水平不断提高的今天，人们对于文化品位的追求也上升到了一个新的层次，怎样才能提升青岛国际啤酒节的文化品位，更好地吸引大众的眼球，这是青岛国际啤酒节亟待解决的一个问题。我们认为应该考虑改进啤酒节演出形式及内容。例如开幕与闭幕的演出中可以采取与民间艺术相结合的手段，不仅宣扬、传承了山东的民间艺术，弘扬了中国传统文化，还可以扩大山东在全国的影响力，较之以前支付高额的出场费邀请明星、大腕，将大幅降低运作成本。山东及青岛的历史文化底蕴深厚，民

---

① 柴寿升、邓云峰：《现代城市节庆品牌发展战略研究》，中国海洋大学出版社2007年版。

俗风情独特，像青岛的酒令、崂山的结婚习俗、胶州秧歌、柳子戏、五音戏、山东大鼓、山东快书等都可以嫁接到啤酒节，这样就可以借用青岛啤酒节这个平台发扬山东的传统艺术，其实不仅是山东的，其他地方的也可以在此展览，但要注意保持民间文化的"原汁原味"。比如德国的慕尼黑啤酒节已由传统的民间活动发展为世界著名的节庆活动，其各项活动的显著特点就是保持了历史传统文化，如传统的风俗、传统的乐队、传统的饮食、传统的服装、传统的布景和形式等，主要向游客传达的是一种文化理念：悠久历史的啤酒产地，浓郁鲜明的民族风俗，狂欢娱乐的城市氛围，从市长到平民节日期间都毫无顾忌、全身心地投入到节日的狂欢中。慕尼黑啤酒节完全是在宣传一种文化，而并不总是想着挣钱，结果每一届都有 100 万外国旅游者前来观光旅游，带来将近 10 亿欧元的财政收入，赚了个钵满盆溢。

要丰富啤酒节的活动内容，可以把为期 16 天的啤酒节划分为四个时间段，每个时间段设一个主题。首先是啤酒文化主题。可以以文字、图片、实物展示啤酒历史文化，向游客介绍啤酒发展史，酒标酒具的历史趣闻，宣传酒与生活，饮酒与健康等知识，提倡健康的饮酒方式。设置欧洲经典啤酒器皿展，举行中外啤酒饮料技术、啤酒生产工艺的讲座与交流活动，设计微型啤酒生产线供游人观赏啤酒生产全过程，并亲自参与啤酒的酿制，同时可提供生产线酿制的纯生啤酒供免费品尝，还可以出售最新鲜的啤酒。设计模拟啤酒酿造过程的接力赛，让游客充分体验啤酒酿造的种种乐趣。其次，山东传统文化主题。举行山东餐饮文化展示，举办鲁菜美食评审活动和"山东十大传统小吃"、"十大创新菜"评选活动；举行山东传统手工艺活动：由山东的民间艺人现场表演并讲解山东传统的手工艺，例如剪纸、草编等，游客可向传统艺人学习技艺并参与比赛，其中如游客在规定的时间段进入啤酒城也可有机会参加活动，并向民间艺人学习技艺。再次，青岛传统文化主题。由专门研究青岛饮食文化的学者讲解青岛饮食文化，举行青岛美食评审活动，举行青岛传统手工艺活动：由青岛的民间艺人现场表演并讲解山东传统的手工艺，例如平度草编、即墨镶边等，举行青岛传统文化艺术演示活动：胶州秧歌、柳腔、茂腔等艺术由专业文艺团体进行现场表演。最后是异域风情主题。国际美食风情：小吃街设"美国肥牛卷"、"韩国铁板烧"、"日本雪莓娘"、"泰国肉丸"等各种异国风味食品，针对青岛国际啤酒节日韩游客较多的情况要特别注意小吃街日韩食品的设置。设酒吧一条街，供应世界各国的啤酒，临街设置吧台，给游客一种想喝一杯就停下来喝一杯的随意氛围，在吧台中设展台，展台的中央设专人表演纯粹的北欧酒文化，例如修理大型木制酒桶等。举行中日韩民间艺术交流活动，聘请三国艺术家、艺术团体表演各自的民族舞蹈、民歌等艺术。

（三）打造产业链，开发后续衍生产品

主办方每届都会举办啤酒节的吉祥物设计大赛，并由此产生了 18 个吉祥物，由于贝雕是青岛的特产，可以将历届啤酒节的吉祥物制成贝雕，以纪念品的形式赠送或出售给游客；另外文化衫也是一种纪念品，可以将印有历届啤酒节吉祥物的文化衫赠给或售给游客。纪念品不是游客追求的核心利益，也不是提供核心利益时必须存在的配置性产品，但是它对于游客的体验具有重要的价值。因为旅游者在旅游体验中要求得到一个难忘的回忆，而这种体验和回忆不仅在产品体验消费过程中产生，而且可以在具

有独特外观形式和文化内涵的纪念品中保存下来。除此之外，根据消费心理学的研究，纪念品还可以满足旅游者炫耀、寻求认同与尊重等的心理。吉祥物是大型节赛会的亮点，大型赛事或国际展会因为地点不固定才会每届一换，而青岛国际啤酒节要想打造成青岛文化的一部分，应该将吉祥物固定为一种，日久弥新才会增值。吉祥物固定后，可以特许一系列的产业使用标志，既增收，又可扩大啤酒节宣传，创造多赢的局面。

（1）推出啤酒节纪念品消费通券，此券可在节前及啤酒节举行期间销售，此举主要方便有馈赠他人需要的游客，在啤酒节消费满一定数额可享有折扣，消费越高折扣越大。

（2）改变传统纸质门票的样式，把门票设计成啤酒节的纪念贺卡形式，以盖上啤酒节的专用章作为检票方式，这样门票就可以成为纪念品，有利于增加游客的回忆体验。

（3）在纪念品销售区应随啤酒节主题的变化不断变化产品。传统文化周应陈列剪纸等带有传统文化特色的产品。异域风情周应陈列具有异域风情的工艺品，例如具有巴比利亚民族风情的陶罐、酒起子、酒壶，还有展示民族生活场景的锡合金化妆盒等，供游客观赏挑选。

（4）挑选传统手工艺人进行现场传统工艺表演，一元起价拍卖他们制作的工艺作品。另外设立手工制作区，游客可以在传统手工艺人的指导下亲手制作手工艺品，并以适当的价格带走自己的作品。

（四）门票运作改革

（1）啤酒节的门票实行改革：走大众化啤酒节的路子。每个时间段的门票根据活动的不同，制定不同的价格，另设通票，购买通票价格比单买门票价格优惠，通票在啤酒节举办期间各时间段持续有效，无须重复购票。游客可在啤酒节官方网站进行注册，若申请会员资格，还可以在门票价格的基础上再获得额外优惠。

（2）对门票实行摇奖以激发游客的参与性，增加青岛国际啤酒节的参加人数。对门票实行编号，每天抽奖一次，并在啤酒节最后一天抽出超值大奖。

（3）针对不同的消费阶层推出不同的门票价格，例如学生可持学生证享受优惠等。

总之，青岛国际啤酒节应当有鲜明的节庆定位和市场定位，既立足青岛市，又放眼全国、周边国家，以及一些具有历史渊源的远程旅游客源国。应当设计出多元的、富有魅力的特色旅游产品，通过真诚的协作和广泛、有针对性的宣传，谋求节庆活动的持续发展。为使啤酒节健康、稳定、持续发展，啤酒节必须具有富于特色而又务实的个性化定位。充分展示青岛市的啤酒文化和海洋文化，全面推出优秀的旅游产品，扩大城市知名度，是啤酒节的主要任务。让国际啤酒节作为青岛市一张靓丽的城市名片，进一步提升青岛在世界上的影响力和美誉度，为青岛市的经济社会发展做出重大贡献。

思考题

1. 青岛国际啤酒节与德国慕尼黑啤酒节各自的特点是什么？青岛国际啤酒节与德国慕尼黑啤酒节的差距有哪些？

2. 你认为青岛国际啤酒节举办的活动内容应该怎样融入山东省或者青岛市的元素？

3. 青岛国际啤酒节在品牌建设方面存在哪些问题？怎样进行啤酒节的品牌建设？

附录

青岛第一届至第十八届啤酒节数据汇总表

届别	天数	人次（万）	参节厂商及品牌	大篷数量	大篷面积（平方米）	啤酒数量（吨）
一	8	30	全国各地 40 多个啤酒厂商	42	约5000	89
二	14	40	全国各地 20 多个啤酒厂商	20	约6500	120
三	8	47	10 多个国家的 30 家啤酒厂商	10	约7500	150
四	11	50	国内外 16 家厂商、40 个啤酒品牌	18	约8000	223
五	15	60	国内外 21 家厂商、40 个啤酒品牌	21	约8000	298
六	16	90	国内外 29 家厂商、76 个啤酒品牌	30	约9000	310
七	16	112	国内外 42 家厂商、77 个啤酒品牌	33	约9500	496
八	16	246	国内外 35 家厂商	21	约10000	547
九	23	169	160 多个啤酒饮料厂商、200 多个啤酒品牌参节	16	约14000	720
十	16	150	42 个知名啤酒厂商、180 多个中外啤酒品牌	6	约12000	600
十一	16	120	40 个知名啤酒厂商、198 个中外啤酒品牌	8	约12000	500
十二	16	129	22 个国内外知名啤酒品牌	9	约13000	520
十三	17	150	28 个国内外知名啤酒品牌	9	约14000	635
十四	16	160	30 个国内外知名啤酒品牌	12	约20000	620
十五	16	206	36 个国内外知名啤酒品牌	12	约26000	720
十六	16	275	45 个国内外知名啤酒品牌	13	约30000	850
十七	16	360	45 个国内外知名啤酒品牌	17	约32000	1006
十八	16	306	48 个国内外知名啤酒品牌	14	约60000	1060

南京夫子庙灯会：靠什么持久繁华

郝继明

郝继明，南京市行政学院政府管理研究中心副主任、副教授

南京素有"六朝金粉，十朝都会"之称，所谓楚秦王风、赵宋残阳、明朝宫阙、天国风雨者，或托于古巷，或附于丘阿，或以诗表，或以词生，凡此种种都让南京浸染了一种难以言表的文化意味。

南京夫子庙，是祭祀我国古代大思想家孔子之地，是广大学子读书求学之处、考试进取之所，可谓人文荟萃。加之夫子庙地处繁华的秦淮河，自古以来，两岸众多名门望族聚居，遍布名胜古迹，引得天下文人墨客来此聚会，游览题咏。夫子庙灯会就是每年的盛事。

早在六朝时期，每年元宵佳节，秦淮两岸遍地灯火，蔚为大观。南宋词人辛弃疾多次描述灯会的繁华迷人："东风夜放花千树，更吹落、星如雨。宝马雕车香满路，风箫声动、玉壶光转，一夜鱼龙舞。"自 20 世纪 20 年代末开始，夫子庙又成为南京观灯的唯一闹市，年年举办，长盛不衰。灯会每年都吸引着数以百万计的南京乃至周边省市的群众携家带口赏灯游玩，人们甚至认为，不到夫子庙看灯，就不算过好了元宵节。

那么，夫子庙灯会长盛不衰的背后，有哪些值得总结的经验呢？面对未来，夫子庙灯会又应如何与时俱进，不断创新，继续保持乃至发扬光大它持久的生命力呢？

一 夫子庙灯会，繁华依旧

（一）夫子庙灯会概述

夫子庙景区集自然风光、山水园林、庙宇学堂、街市民居、乡土人情为一体，并形成了经营小商品、古玩字画、花鸟鱼虫等颇具特色的商业街区。景区有世界最大并且保留最完好的瓮城——中华门瓮城，有明代被称为"南都第一园"、今"金陵第一园"的瞻园，有与其毗邻的我国唯一的太平天国史专业博物馆，有明代开国功臣中山王徐达的私家花园白鹭洲公园，有中国古代最大的科举考场江南贡院，有东晋豪门贵族王导、谢安故居，有明代江南首富沈万三故居，明末清初"桃花扇"传奇人物李香君故居，《儒林外史》作者吴敬梓故居，还有乌衣巷、桃叶渡、东水关、西水关、古长干里、凤凰台遗址等，这些都是享誉海内外的旅游胜地。1991 年该景区被评为"全国旅游胜地四十佳"之一，并先后被列为第一批国家级旅游景点及"江南水乡游"、"烹饪王国游"和"中国文物古迹游"等国家级旅游专线景点之一，2000 年被评为"国家 4A 级旅游景区"，2006 年南京夫子庙商业街被评为"中国著名商业街"，进入 2008 年，夫子庙正在紧锣密鼓地申报国家 5A 级风景区。景区平时日人流量在 8 万人次左右，节假日在 20 万—30 万人次左右。

夫子庙灯会又称"秦淮灯会"、"金陵灯会"、"南京灯会"，是历史上广泛流传于南京地区的大众文化活动，它主要集中在每年的春节至元宵节期间。夫子庙灯会是南京地区特殊的民间文化背景和特定的自然环境下的历史积淀，是秦淮灯景、灯展、灯市等灯彩艺术发展的产物，它通过扎灯、张灯、赏灯、闹灯等形式，表现对生活美与艺术美的追求。

新中国成立后，很长一段时间内秦淮河一直无画舫活动，花灯市场也十分冷落，种类锐减。十一届三中全会以后，随着一批文物古迹和旅游景点得到恢复和建设，绝迹多年的"春灯画舫"也得以恢复，此时潜藏在民间艺人中的热情便一触即发。1985年，由秦淮区政府组织，民间艺人及有关单位参与，举办了首届夫子庙元宵节花灯晚会。当年在大殿展出花灯类型有500多种，民间艺人在夫子庙广场至贡院街同时摆设了花灯市场，前来观灯、购灯的游人及市民达20万人次。1986年举办了第二届灯会，从农历正月十三至十八在大成殿展出大型彩灯1500多盏，6天中观灯人数达150万人次。高峰时，每天观灯、买灯人数高达30万人次。自此，灯会越办越火，越办越欢，每年一度的元宵灯市暨夫子庙灯会一直在延续，也成了中央电视台春节期间必播的新闻节目。

经过20多年的打造，有关部门充分挖掘秦淮文化的历史内涵，使得南京的秦淮河不仅恢复了往日的神韵，而且秦淮灯彩在传承历史文化的同时也被赋予了新的时代气息，给夫子庙灯会增添了新的内涵，注入了新的活力。夫子庙灯会举办时，灯彩、灯景、灯市、灯展相互融合，每年的花灯上市量达50万盏以上，加上秦淮河水上游览线两岸几十座大型灯组，以及遍布两岸商家店铺悬挂的灯笼，展现了万盏灯火映秦淮的盛景，成为南京民间文化和民俗活动的一大品牌，素有"秦淮灯火甲天下"之誉。

如今的南京夫子庙灯会，其规模、投入经费、参与人数、保障力量均逐年加大，且持续时间长。灯会时间，传统习俗是农历正月十三上灯，十八落灯（元宵灯会），现已从农历正月初一开始一直到正月十八，而灯展等系列活动则延续到4月底，其中灯景、灯船贯穿于全年。活动区域由原来的夫子庙大成殿及滨河步道延伸至东水关和中华门。活动以夫子庙大成殿为中心，以秦淮河为轴线，将东水关公园、白鹭洲公园、李香君故居、中华门瓮城等景点有机地串联在一起。在制作工艺上，从传统手工艺扎制到应用高科技声、气、光、电学等手段。花灯品种，从人们向往的挂灯、宫灯到富于生活气息的莲花灯、兔子灯、飞机灯以至大型火箭、神舟号及嫦娥号飞船灯组，大至数丈，小则盈寸。每到灯会时节，秦淮两岸粉墙黛瓦，装点一新，大红灯笼高高挂起，各种酒楼、饭店、茶馆林立两岸。暮霭降临，广大市民和游客便纷至沓来。据统计，每年春节、元宵节期间的游人（观众）高达五六百万之多。以秦淮灯彩为主要内容的夫子庙灯会，每年吸引着众多的海内外游人，他们在领略秦淮风光、游览夫子庙灯会、感受金陵民间文化的同时，既带动了秦淮灯彩等本土民间艺术市场，拓展了其延续发展的空间，也促进了该地区经济的发展，加速了南京地区旅游、商贸、娱乐业的成长，为周边经济发展带来了难以估量的商机。

2005—2007 年春节黄金周、元宵节接待情况表①

年份	春节黄金周		景区元宵节当天接待人数（万人次）
	景区接待人数（万人次）	景点门票收入（万元）	
2005	110	36.92	38
2006	144	80.35	40
2007	184	164.94	45

---

① 景区为开放式。门票收入主要包括：大成殿、王导谢安纪念馆、秦淮风光水上游览公司、中华门（瓮城）、太平天国历史博物馆、江南贡院历史陈列馆等几个景点的收入。

（二）夫子庙灯会的主要特色及特点

夫子庙灯会是历史上广泛流传于南京地区的大众文化活动，也是一种民间社火形式。如果把历史悠久的南京社火活动分为静态造型和动态造型两种形式，那么秦淮灯彩就是其中最主要的静态道具造型。除此之外，灯会还有其他民间艺术如南京剪纸、空竹、绳结、雕刻、皮影以及其他娱乐、歌舞、杂耍等活动贯穿其中。

秦淮灯彩是其中最主要的色彩符号，它汲取了中国传统的纸扎、绘画、书法、剪纸、皮影、刺绣、雕塑等艺术之长。就其制作材料而言，制作骨架的材料主要有竹子、树木、藤条、麦秆、兽角、金属等；构成灯光源的材料则依照不同历史时期生产力发展水平而定，现在主要沿用松脂、动植物油、漆、石蜡、煤油等燃料，以竹木、通草、棉芯等为灯芯，以后又产生了电光源；其表面透光材料有各色透光纸、丝帛、画纱、棉布、合成绸缎、塑料薄膜以及特制玻璃等，有的还根据表现对象需要添置了美化图案和雕饰等。就其制作工艺而言，它综合了木工、漆工、彩绘、雕饰、泥塑、编结、裱糊、焊接、机械传动、声光音响、电子程控等一系列工艺技巧和制作手段。从灯彩的发展历程看，从传统的单体灯如荷花灯、狮子灯、兔子灯、金鱼灯、蛤蟆灯、元宝灯、飞机灯，到各种组合灯彩、大型花灯，竞相绽放、争奇斗妍。除了继续表现历史传统灯彩品类外，他们还创作出具有时代特色的花灯，如远洋轮船、运载火箭以及城市建设、山林景观等。据不完全统计，品种达400多种。

作为南京民间文化和民俗活动的主要平台，在举办夫子庙灯会时，南京地区广大民众为了祈求风调雨顺、家庭美满和天下太平，通过扎灯、张灯、赏灯、玩灯、闹灯等诸种形式，不断地营造出"万星烂天衢，广庭翻人潮"等天人合一、人神同乐的美好意境，由衷地表达了自己的良好愿望与生活追求。与此同时，灯会活动不断地把秦淮灯彩艺术推向新的高潮，与此相辉映的其他民间文化艺术门类如南京剪纸、空竹、绳结、雕刻、皮影、兽舞、秧歌、踩高跷等也随之得到了广泛发展，并且广享盛誉，进而对中国其他地区的民间文化和民俗活动产生了积极的影响。

夫子庙灯会具有以下几个鲜明的特点：

◀灯市上的风车

一是题材广，内容多。既有民间广泛流传的神话传说，世人熟悉的经典童话，启迪后人的历史故事，也有展示现代文明的科幻故事、体育艺术等，雅俗共赏。

二是融形、色、声、动为一体，造型美，色彩新。人物形象端庄秀丽，表情自然亲切，动作逼真可爱，灯彩五光十色，古今乐曲、虎啸龙吟交织一片。

三是不断把新技术运用于灯展。比如：2008 年的花灯就打起了"奥运牌"，艺人们精心扎制了大量主题彩灯和灯组。工艺上均采用集声、光、电控为一体的现代高新科技与传统工艺相结合的手段扎制。"福娃"、"奥运五环"、"奥运吉祥物"等灯组营造出浓浓的奥运氛围，"嫦娥一号"灯组能"发射"、会"喷火"，声光电效果非常逼真。

四是观赏与游玩兼而有之。传统的彩灯只能看不能玩，但夫子庙的现代灯展可供游人在观灯的同时直接参与其中，游玩娱乐。

（三）夫子庙灯会的内容和形式

夫子庙灯会主要分为灯展、灯市、灯景等三大块。

1. 灯展

灯展主要有三大展区：

一是大成殿—明德堂—民间艺术园展区

以大成殿、明德堂、民间艺术园三点为一线，采用大中型多种彩灯灯组进行全面布展。在三大展区集中展现艺术精华，即：大成殿——科举文化展区，明德堂——儒学文化展区，尊经阁——民俗文化展区，其主线集中反映秦淮历史民俗文化和南京构建和谐社会的巨大变化。同时，在灯展设计、制作中力争有所突破创新，引进、吸收先进的声、光、电等高科技表现手法，展现秦淮灯彩艺术精华。

二是内秦淮水上游览线展区

展会在总结历届灯会成功经验的基础上，不断提升水上灯会展出内容，运用多种表现手法，在东水关、东关头至又一坊等地段设置具有时代气息的灯组，如《恭贺新禧》、《恭喜发财》、

《荷照秦淮》、《双龙戏珠》、《猪娃闹春》、《奥运福娃喜迎春》等。同时，在平江桥至武定桥之间扎制与之有关的历史人物、典故、传奇故事，如《朱元璋游秦淮》、《顽童戏月》、《金陵盛世》、《桃花扇》、《秦淮八艳》等，并在沿河两岸悬挂气氛灯，灯彩与灯光亮化互动，营造"桨声"、"灯影"、"灯景"相互交融、喜庆欢乐的氛围。

三是白鹭洲公园展区

延伸拓展夫子庙灯会，以水上航线为纽带，扎制与秦淮文化有关的大型灯组，如《春水垂杨》、《士子怀古》、《颜鲁公放生》、《芦风白鹭》、《武宗皇帝钓鱼》等，并沿河点缀明清式宫灯，烘托江南园林的意境。

2. 灯市

以秦淮传统手扎灯为主，按照继承、创新、规模、效益的原则，举办春节灯会花灯市场。

灯市时间：每年正月初一至十八。灯市地点：夫子庙西广场。灯市品种：主要有两种，一为秦淮传统手扎花灯。主要品种有荷花灯、菠萝灯、兔子灯、飞机灯、狮子灯、兰花灯、传统宫灯、抖嗡等近 20 多个品种。另为工艺灯。主要品种有吉祥灯、宠物灯、玩具灯等。

灯市设置两个区域摆放，一是秦淮传统手扎灯区域，二是工艺灯展销区域。两大展销区域划线编号安排，做到整齐划一，规范有序。秦淮传统手扎灯摊位 80 个左右，数量 50 万盏左右。

灯市管理：由夫子庙秦淮风光带管理办公室牵头，会同相关部门组成市场管理队伍，明确责任，明确分工。

3. 灯景

以夫子庙广场为中心，以景区七座牌坊、八座桥、四条街为主要节点，布置彩灯灯组、传统灯笼、节庆彩旗、夜景亮化，营造喜庆的节日氛围，集中展现"秦淮灯火甲天下"的特色。

（1）中心广场，欢乐海洋

夫子庙广场、棂星门、天下文枢坊扎制大型灯组，配以大红灯笼和色彩缤纷的旗帜，营造浓烈的节日气氛，成为灯会欢乐的中心。

（2）巨龙腾飞，迎春纳福

大照壁处两条巨龙栩栩如生，配以声光电动，为市民和游客贺春祈福。

（3）传统牌坊，民族彩灯

夫子庙东、西、北牌坊，天下文枢坊，瞻园路牌坊，平江府路（南口）牌坊和东水关牌坊悬挂多盏大红灯笼，采用传统的造型，浓烈的色彩，营造浓郁的节日气氛。

（4）灯笼环绕，彩旗飘扬

在贡院街、贡院西街、美食街、瞻园路、平江府路悬挂500只左右的红灯笼，辅以彩旗，形成灯笼、彩旗隧道，让游客徜徉其间，在欢腾的节日气氛中完成休闲、购物之行。

（5）游富裕桥，看民俗灯

"家家走桥，人人看灯"是灯会的一大习俗，而文德桥又是观灯赏景的绝佳地点，春节期间在文德桥、来燕桥、文源桥各设一组灯笼隧道。

（6）华灯齐放，锦上添花

夫子庙地区的夜景灯光是秦淮风光带的亮丽风景线，节日期间，贡院街、贡院西街路灯全部亮化到位。夫子庙地区所有店家每年均要在农历腊月二十三前检修完毕亮化设施，并更新门店招牌，更换灯笼，做到有店必营业，营业必亮灯。

（四）夫子庙灯会的反响

秦淮文化是古老金陵文明的象征，在很大程度上就是南京文化的代名词。而秦淮灯彩则是秦淮民间艺术和秦淮灯会的重要组成部分，与中国的传统文化、民俗风情等密切相关。广大灯彩艺人从信仰习俗、爱美心愿和对未来憧憬出发，凭借直观感觉来尽情地表达自己的思想情感。他们既忠于生活又高于生活，在结构造型等方面善于借鉴文学艺术中的夸张变形、对比呼应、抽象写意、象征借喻等表现技巧，突出形式与趣味的探求、传统与现代的交接，讲究丰满浑厚、简约夸张等艺术布局，进一步强化了艺术的表现技法和制作手段。艺人们在长期的创作实践中，坚持不懈地以形写神，以情动人，以美冶人，形成了这些民间艺术的重要特征，进而提升了秦淮灯彩的艺术水准。可以说，秦淮灯彩也是历代南京民众审美理念和自我表现的物化形式。20 多年来，秦淮灯彩越来越显示出无比的生命力，发挥了较好的环境、社会和经济效益，为弘扬传统民间民俗文化做出了积极贡献。

1995 年，秦淮区被国家文化部、人事部命名为"全国文化模范区"；1996 年秦淮区被江苏省文化厅命名为首批"江苏省民间（灯彩）艺术之乡"；2000 年秦淮区荣获文化部命名的"中国民间艺术（灯彩）之乡"称号。2005 年 2 月举行的中国民间文艺第七届"山花奖"（灯彩）评选活动中，南京的灯彩作品《金鸡吉祥》、《秦淮娃娃闹春节》和《金鸡报晓》，分别获得了金奖、银奖和优秀奖，为秦淮灯彩争得了荣誉。由著名民间艺术家陆有昌先生扎制的秦淮灯彩传统作品"荷花灯"，被国家邮政总局选定为 2006 年春节特种纪念邮票，面向海内外公开发行。2006 年"秦淮灯会"被评为国家级非物质文化遗产。2008 年 3

月中华民族文化促进会、节庆中华协作体授予灯会"首届'节庆中华奖'弘扬传统节日奖"。

二　政府主导运作

尽管历史上由于诸多原因，夫子庙灯会发展几经起伏，但它作为历代南京民众难以割舍的历史情结和传统习俗，最终还是延续到了当代，并且一直由政府主导运作。

（一）厚重历史文化底蕴打造独具一格特色

上个世纪 20 年代，朱自清、俞平伯两位年轻学者到绿如茵陈如酒的秦淮河上"寻梦"，感受秦淮灯船的歌舞之夜，写下了现代文学史上号称双璧的著名散文《桨声灯影里的秦淮河》。大半个世纪后，耄耋之年的俞平伯老人曾这样回忆说："我与佩弦兄的同题散文能流传至今，并非我们有什么神奇的功力，实在是借着秦淮河的魅力。"这虽是作家的自谦之词，确也道出了秦淮河的独特之处。其魅力在于源远流长的历史、厚重的文化底蕴、荟萃的人文。悠悠的桨声，迷离的灯影，荡漾在碧波莹莹的秦淮河上，可谓移步换景，一桥一景，一处景观一个典故，令人神往。夫子庙灯会的独特之处还在于它不同于一般意义上的集会或庙会，它以庙宇为背景，以一条文化名河为基奠，以潜藏的民间力量为动力，集灯景、灯展、灯市为一体，有其不可比性。"老南京人"常说："过年不到夫子庙观灯，等于没有过年；到夫子庙不买灯，等于没过好年。"可见观灯、赏灯、买灯、闹灯在南京百姓中的地位。更难能可贵的是，在南京聚集着一大批世代相传的民间艺人，甚至有的传承者竟是一个家族。

（二）与时俱进挖掘传统内涵，从创新中求可持续发展

夫子庙灯会每年举办，并以夫子庙儒学文化中轴线为中心，以十里秦淮河为主轴，串联夫子庙、东水关公园、白鹭洲公园、中华门城堡四大展区。正是因其以历史文化为基奠，灯会才得以延续并不断发展。灯会的另一个重要特点是贴近百姓生活实际，紧跟时代节拍，与时俱进。夫子庙灯会有独具文化背景的"金榜题名"、"明经取士"、"为国求贤"、"秦淮八艳"等，也有人们喜闻乐见的"吉星高照"、"和荷平安"、"恭喜发财"、"万事如意"等，还有带有时代气息的"金鸡报春"、"金猪拱福"、"老鼠爱大米"、"奥运福娃喜迎春"等，更有展示社会科技发展的"百年奥运"、"神舟飞船"、"嫦娥一号"等。可以说，灯会是在继承弘扬民族传统的同时不忘跟随时代发展的脚步，为人们点亮幸福生活的希望之灯。

1. 创新文化品位

文化可以提升节庆的品位，而节庆活动也是保存传统文化的重要手段。作为夫子庙灯会这样的传统节庆活动，如果从音乐、舞蹈、绘画、民俗等各个角度集中、动态地展示传统文化，那就是鲜活的文化遗产。相对于"旅游搭台、经贸唱戏"之类的节庆活动，夫子庙有关管理部门很早就意识到夫子庙节庆活动和传统文化的密切关系，所以从一开始就致力于创新灯会的文化品位，提升节庆乃至南京城市的品位和魅力。

2. 创新艺术形式

历史给秦淮河、夫子庙留下了丰富的文化资源。因此，不管是一景一点，还是一诗一句，夫子庙灯会的每个项目，都必须要有文化之根，要有文化之源。夫子庙有关部门也在不断摸索创新艺术形式。比如在不久前刚改造完成的白鹭洲公园，游客一进去就能感受到自然美景与人文景观的完美结合：一池清水碧波荡漾，亭台楼阁鳞次栉比，"夜泊秦淮"大型水上实景演出震撼人心，"秦淮渔唱"明清水街风情万种，在此上演的中央电视台"倾国倾城"主题晚会更是让白鹭洲公园名扬四海。2008 年 2 月 6 日至 24 日春节灯会期间，白鹭洲公园还"复活"了《清明上河图》，通过传统文化展览、民间绝活表演、秦淮特色餐饮、休闲娱乐等多种形式让游人在游园之余有"一朝步入白鹭洲，一日梦回几百年"的感触。在秦淮民间绝活展上，南京云锦织造、金箔锻造技艺、金陵折扇制作、剪纸、微雕等传统手工艺人现场献艺，南京评话、白局、戏剧、皮影等民间艺术家也轮番登场。所有游园活动工作人员都身着明清风格服饰，并在公园内专设的"衙门"处理纠纷。活动期间，凡购公园门票的游客可领取四枚仿古铜钱用于园内消费。

3. 创新运作方式

节事活动既然作为产品进入市场就必须遵循市场规律，注入"成本与利润"、"投入与产出"的理念，建立"投资—回报"机制，吸引大企业、大财团以及媒体的参与，通过出色的市场化运作，形成"以节养节"的良性循环发展模式。夫子庙灯会的产业化运作则主要是围绕节事活动，以招标投标、合同契约的有序竞争方式进行，并逐步形成新兴的"节事经济"和"节事产业"。

（三）政府正确主导驾驭，全方位给予支持保障

南京秦淮区委区政府始终坚持把"夫子庙灯会"列入年度工作的重要议事日程，并将活动制度化、规范化、标准化；始终坚持以突出时代特征，彰显中华盛世，展现秦淮灯彩为主线，与时俱进，开拓创新，明确指导思想，确立活动主题；始终坚持以传承民俗文化，弘扬民族精神，丰富市民文化娱乐生活为目的，充分挖掘，精心筹划，认真搞好各项工作；始终坚持活动服从安全的原则，加强组织领导，明确责任分工，制定活动安全工作预案，确保安全工作万无一失。为进一步加强灯会的组织领导，秦淮区区委区政府专门成立了由区长为组长，分管书记、副区长为副组长的秦淮区灯会组委会，并成立了综合协调、治安保卫、市容保洁、花灯市场、宣传策划等八个专业组，以确保灯会顺利开展。每年灯会前夕，秦淮区灯会组委会都要向南京市市政府提交有关灯会的专题报告。秦淮区常年在夫子庙秦淮风光带景区中心位置设立指挥中心，灯会期间，当地市区两级领导亲自坐镇指挥，各职能部门都会加强值班力量。

（1）安全工作总体方案。由南京市公安部门牵头，会同相关部门，结合实际，研究制定灯会安全保障方案和灯会突发性事件应急处置预案，强化预案演练，确保灯会期间安全保障工作的落实。

（2）安全工作保障方案。夫子庙秦淮风光带管理办和各灯展单位每年都要研究制定安全保障方案，并实施演练。节前，秦淮区旅游局协调联合当地安监局、公安分局、消防大队等职能部门，对夫子庙地区的安全工作进行不少于三次的拉网式安全检查，重点为防火、用电、娱乐场所、游乐设施，及时发现问题，

限期整改，排除隐患，加大安全系数。其间，消防大队每天安排一辆消防车停放在景区夫子庙小学处，随时处置以防火为重点的安全事故。

（3）交通管制保障方案。根据秦淮夫子庙灯会组委会的请求，南京市公安交管局牵头会同相关部门研究制定了《夫子庙灯会交通管制保障方案》和《夫子庙灯会交通管制突发性事件应急处置预案》。

①步行街管理。一是加大宣传力量。由夫子庙秦淮风光带管理办负责，在15个通道口张贴灯会期间的有关管理告示，并致地区每个店家、单位一封信，与此同时，灯会组委会还要通过各种媒体广泛宣传有关灯会期间的管理，做到家喻户晓，人人皆知。二是加强夫子庙地区15个通道口的管理力度。增派安保人员，增加公安执勤，适时实施安检或控制游人进入。三是增派警力，定向分流游人。由当地公安局统一调派警力，使执勤人员形成一道人墙，实行游人单向依次流动；一旦发生情况，立即形成警戒圈，将事态控制在一个点。四是延长春节灯会期间步行街管理时间。具体时间为8：30—22：30（正月十四至正月十六为8：00—23：00）。

②车辆管理。根据当地公安交通管理局春节灯会保障方案，加强对各类车辆的管理。灯会期间设两道岗，除指挥部和特种车辆外，其他车辆一律不准进入和停放在景区；地区内居民、店家的各类车辆统一停放在地区外围；夫子庙周边地区车辆停放地点、时间等根据春节灯会交通管制保障方案的规定执行。

（4）供电电力保障方案。一是根据灯会组委会请求，由当地供电部门研究制定《秦淮灯会用电安全保障方案》和《秦淮灯会突发性事件应急处置预案》。二是由供电部门在春节灯会期间安排电力抢修车和电力抢修指挥车，按指定区域和地点停放，及时处置应急事件。三是由供电部门和夫子庙秦淮风光带管理办公室安排领导和专职电工建立24小时值班制度。

（5）宣传策划方案。由灯会组委会研究拟定夫子庙灯会宣传策划方案，召开灯会新闻发布会，加强与新闻媒体的沟通，通过网站发布灯会信息，邀请中央及当地省市电视台对灯会进行专题宣传报道，引导正面宣传。

（6）市容保障方案。根据管辖范围制定《夫子庙灯会市容保障方案》。加强夫子庙核心景区和周边地区的市容市貌管理，重点为取缔流动摊位、占道经营等。

（7）医疗救护及卫生安全保障方案。研究制定《夫子庙灯会期间医疗卫生及食品安全保障方案》，设置灯会医疗救护点，配备专门的医疗设施和人员。同时，加大对食品卫生的检查力度，确保食品安全。

（8）景点安全保障方案。按照"谁主办谁负责"的原则，结合各景点实际，由当地各主管部门分别制定安全保障方案。

（9）通讯配套保障方案。由当地公安部门牵头，会同相关部门，研究制定《夫子庙灯会通讯指挥保障方案》。除当地政府和公安部门的通讯设备外，灯会期间，启动夫子庙地区和水上游览线监控系统，对整个地区、通道口和秦淮河实行监控。夫子庙秦淮风光带管理办向各执勤点保安提供对讲机45部，秦淮风光带水上游览公司向所有船只提供对讲机约35部左右，设两个广播站，地区广播喇叭和水上游览线广播全面开放，确保指挥畅通、告知渠道畅通。

（10）节日值班制度。除夫子庙春节灯会指挥部确定的各项值班制度外，灯会期间，秦淮区委区政府同时建立指挥值班制度，由当地区领导带班。要求夫子庙地区单位、店家建立由负责人（经理）带班的 24 小时值班制度。

三　夫子庙灯会，繁华背后的危机

（一）品牌意识不强

夫子庙灯会有上千年的历史，但却从来没有自己的品牌意识，主办者没有将夫子庙灯会注册为商标，故其不仅得不到法律的有效保护，也不便于向外推广和发展。随着人民群众的文化生活不断丰富，文化素质和艺术欣赏水平也不断提高，他们对举办灯会所要达到的艺术水准和文化品位的要求和期望值自然也大为提高。夫子庙灯会正是由于没有自己独特的品牌意识，使得很多人认为它和其他地方的灯会大同小异。所以，夫子庙灯会要努力打造出属于自己的叫得响的品牌，要在总体策划上出新意，灯组设计上出新招，灯品制作上出新技术，灯会布展上出新举措，奖惩机制上出新办法。夫子庙灯会必须逐步打造出国内闻名、世界认同的品牌，否则就有可能被市场抛弃。

（二）管理体制不顺

夫子庙灯展属于典型的多头管理。每年灯会的主办由当地市区两级政府牵头，夫子庙秦淮风光带管理办公室具体承办。但是夫子庙却存在很多的管理机构，如江南贡院、中华门城堡的灯展由秦淮区旅游局负责，而瞻园的灯展则由秦淮区文物局负责，这就使得很多工作协调起来比较困难。由于历史的原因，这项工作一直难以理顺。

（三）运行机制不活

夫子庙灯会一直由当地市区政府主办（主要原因是考虑大规模的市场化会破坏原有的文化气氛，以及市民的经济承受能力），行政色彩浓厚，每年都要投入大量人力、物力和财力。虽然社会效益不错，但都是依靠行政手段，发动当地各方面力量完成的，而且由于年年如此，客观上造成了市场的疲软和审美疲劳。我们认为应试行由政府主导、企业运作、市民参与的运行机制和运营模式。实际上，2007 年春节前秦淮区旅游局就分别前往上海、浙江等长三角地区进行灯会推介活动，使得当年灯会的周边游和长线游游客明显增多。灯会期间组委会对千名游客进行的问卷调查显示，夫子庙灯会吸引的中外游人中，本地市民占 15%，苏锡常和上海地区游客占 30%，广东、湖南、海南地区游客占 21.5%，东三省游客占 9%，安徽游客占 7.5%，河南和北京游客各占 5%，其他省市游客占 7%。以上的市场化操作为以后的运行机制创新积累了经验。

（四）创新手法不多

一是在题材上创新不够。自 1986 年春节举办首届灯会至今，秦淮区政府作为东道主已连续操办了 22 届，但每年灯展都是以传统题材的彩灯为主，缺乏新意，如蛇年必扎"白蛇传"，虎年是"武松打虎"，鼠年是"老鼠招亲"，龙年、鸡年则是"龙凤呈祥"……此外就是"嫦娥奔月"、"孙悟空三打白骨精"、"七仙女下凡"、"奥运五环"之类。实际上主办方也曾想尝试用现代文化理念和高科技手段打造灯会,但一则资金投入太大,二则担心有悖于夫子庙古色古香的建筑群体风格和民俗传统文化,怕招来非议。因此,多年来只是在彩灯的工艺手段上做些小规模的改进,难怪有群众会喊"看腻了"。

二是在形式上创新不够。"庙、市、景"合一的夫子庙是全国少有的敞门入场的景区之一,每年春节,仅1.2平方公里的弹丸之地天天挤得水泄不通。为确保群众安全,近两届灯展便缩进大成殿内举办,看灯要掏钱买票。逛夫子庙的市民舍不得花钱看"老面孔"的灯展,却兴致勃勃泡在敞开大门的花灯市场上,为期两个月的灯展仅元宵节晚热闹一阵子。主办方曾设想把灯展扩大到整个夫子庙地区,像上海城隍庙一样晚上圈起来卖票,但招来一片反对声,只得作罢。灯展缩在"螺蛳壳"里"做道场",当然在形式上不能创新。

夫子庙灯会要发展,必须在题材上、形式上、工艺上、市场化运作上进一步创新,在总体策划、包装宣传、灯会运作、招商引资等方面使老百姓有耳目一新的感觉。

(五)文化氛围不浓

不少群众反映,夫子庙灯会是越办越大,来的人也越来越多,但总觉得少了很多东西。以前夫子庙办灯会,市民来不光是看灯,现场有抖嗡、捏面人、糖人、泥塑、剪纸、杂耍等各种传统玩意儿,现在的灯会已根本看不到这些。实际上,传统民俗不能锁在深闺,夫子庙景区应以历史文化为支撑,通过"庙"、"市"、"场"、"景"、"道"五个方面,重点展示民俗文化。其中"市"就是要形成一个销售各种产品的市场,并通过提高商品的文化档次丰富文化产品的销售来将市场做大；"场"就是恢复夫子庙游乐场，进行杂技、相声、皮影戏等传统杂耍活动。所以，要尽快建造夫子庙民间艺术馆，把夫子庙灯会的演变历史，抖嗡、捏面人、糖人、泥塑、剪纸、杂耍等各种秦淮传统民俗统统纳入其中，使市民在平时也能看到夫子庙的灯会，同时丰富原有文化的价值。

（六）安全隐患不小

一是观灯区域集中、观灯时间集中、观灯人群密集，这三个方面的因素给每年的安保工作带来较大压力。二是景区道路受限，人群交汇聚集，易发生挤踩伤亡险情。夫子庙景区面积仅0.52平方公里，狭小的地区面积与巨大的人流量之间是一对矛盾，也极大地限制了灯会活动。景区内道路纵横交错，外围大小道口20多个，而内部道路较窄，加之沿街商铺集中，空地较少，导致人群易积难散。三是观灯人流短时间突然爆发，且持续时间长，给人流疏导工作增添了紧迫感。在2006年、2007年两届灯会中，元宵节当天从晚6：00开始，夫子庙地区观灯人流在短短数十分钟之内突然增加。到晚7：00左右，东西两个牌坊最多进入人流为1600人/分钟，流量持续达1.5小时，而相应出口人数仅约为800人/分钟，景区各主要道口的进人数始终大于出人数。景区内人员密集，每走一步都很困难，极易发生挤踩险情。四是突发事件具有不确定性。由于成功完成了22届灯会安保工作，易使主办方产生麻痹思想，很多工作安排可能难以落实到位，从而增加了夫子庙灯会安保工作的安全隐患。同时随着夫子庙的发展，灯会涉及用电设备多，用电负荷大，景区又多以仿古木制建筑为主,且店家商铺集中,防火形势严峻。所以,要在平时就采取强化安全保障的各项针对性措施,并加强模拟演练,力求做到措施防范在前、工作控制在前、隐患消除在前、方案预见在前。

四 建议和思考

节庆活动是旅游开发升级换代的重要手段,是使旅游开发走上可持续发展之路的最好办法之一。面对未来,必须进一步解放思想,以提升夫子庙灯会的持久影响力。

(一) 加强理论研究,突出节庆活动的特色研究和发掘

同国际水平相比,中国城市节事活动存在着许多问题,夫子庙灯会也难以幸免。除了上述具体问题外,节事活动尚缺乏理论上的指导。应加强节事活动理论和方法上的研究,同时注重把理论研究成果进行转化,科学地指导节事活动的实践工作。

夫子庙灯会要不断提升自己的内涵,就必须突出自己的特色和主题。夫子庙灯会是一种传统民俗,民俗是具有多种特征的文化现象,其表现千差万别,十分复杂。要突出节庆活动的特色研究和发掘,特别要突出体现地方特色,即体现当地的历史和现状特色,不仅内容而且格调、造型、色彩都要有浓郁的地方个性,给人以亲切、真实、淳朴、乡土、异地异彩、怀古思今的心理感受,把继承传统和移风易俗结合起来,寓个性、特色于共性和发展进化之中。

（二）注重人才的汇集与培养

节庆人才是新兴人才。目前，节庆活动之所以专业策划运作能力比较薄弱，就是因为懂运营、善运作、会管理的人才稀缺。高层次的节庆人才要熟知节事产业的市场结构、市场行为、市场效果、供求关系、行业规范、运作形式等。夫子庙有关部门应该把这件事情摆在重要的战略位置上抓紧抓好。

（三）拟定好战略规划和各项具体规划

规划是蓝图、是先导，要尽快制定夫子庙—秦淮风光带未来发展规划。

首先要注意前瞻性。制定规划要上溯千古下及长远，重点在规划上体现可持续发展，为今后的发展提供合理的空间；要维护风光带的古朴风貌，注重与保护范围相邻的建筑风貌相协调；同时要维护社会公共利益，如文、教、卫、体等社会基础设施，吃、住、游、购、娱等旅游基础设施等。

其次要注意指导性。一是要以功能定位与发展目标为指导，体现"文化魅力凸显，旅游发展兴旺，人文环境优美"的总体要求；二是要以发挥夫子庙文化优势和特点为指导，充分利用历史文化优势，利用文化文物物质遗存、非物质遗产，把夫子庙—秦淮风光带建成一个充满人文气息的风光区；三是要以促进保护和合理利用为指导，充分体现保护与发展，空间与平面，经济效益、社会效益与环境效益的统一。

（四）继续发扬光大夫子庙独有的文化特色

对夫子庙，特别是要提升它的文化品位。一是要维护好古建筑风格。恢复店家木匾、楹联、旗幌以及仿古门窗。二是深入挖掘内涵。尤其要做深、做透、做亮一些独特的文化现象,如在夫子庙民间艺术大观园集中展示秦淮灯会、南京云锦、金陵刻经和江宁金箔等南京非物质文化遗产四大重点项目,汇集充满地域风情的民间工艺品,形成一个反映古老金陵民间民俗工艺的窗口。

(五)进一步解放思想,创新工作思路

在解放思想上,一是树立文化引领的理念;二是树立以人为本的理念,突出人民群众的基本需求;三是树立文化竞争力的理念,增强夫子庙—秦淮风光带的文化竞争力。在创新工作思路上,要以文化的眼光、产业的眼光抓好夫子庙灯会。比如,通过行政推动与市场整合并举、深化文化管理体制改革等加快培育文化产业骨干企业和战略投资者。同时要实施"走出去"战略,鼓励推动夫子庙灯会文化产品参与国际市场竞争,扩大国际影响力。

思考题

1. 夫子庙灯会持久不衰的原因主要有哪些?

2. 夫子庙灯会现在主要靠政府运作,优缺点何在?

3. 夫子庙灯会目前存在哪些挑战?

4. 如何进一步提升夫子庙灯会的持续影响力?

公祭活动：是是非非，何去何从

——以天水伏羲公祭大典暨伏羲文化旅游节为例

朱 岚

朱岚，国家行政学院综合教研部研究员

近年来，"节庆经济"效益的彰显使得"节庆搭台、经济唱戏"成为发展地方经济的一种重要模式，名目繁多的公祭活动也随之节节升温甚至呈燎原之势，由政府主办的一场场公祭大典在各地鸣锣开场，炙手可热的"祭祀经济"已成为许多地方旅游业招揽游客的招牌。

　　形形色色的公祭对象中，三皇五帝以其巨大的民族感召力和凝聚力成为各地争相祭奠的"香饽饽"，以寻根问祖为由头举办的公祭活动最为火暴，其中仅祭拜三皇之首伏羲的就有三家，甘肃天水伏羲公祭大典暨伏羲文化旅游节即是其中之一。

　　虽然是各敲各的锣、各唱各的戏，但如火如荼的公祭活动还是引起了公众的普遍关注，对公祭活动质疑与批评的声音不绝于耳。比如：政府是否应当成为公祭活动的主办者？政府有权这样随便花纳税人的钱吗？这是公众的普遍质疑；公祭活动虽然起到了宣传地方优势、提高地方知名度的作用，但是否真的能拉动地方经济社会发展？不少人对此表示怀疑；公祭对象的泛滥也是公祭活动招致非议的原因，各路圣贤都被抬上圣坛接受人们的顶礼膜拜，在一定程度上消解了公祭活动的神圣性；公祭活动常常邀各级官员出席、大批专家研讨、众多明星捧场，媒体宣传铺天盖地、热闹非凡，举办地的百姓却鲜有机会参与其中，这也是公祭活动受到抨击的原因之一。

　　与此同时，公祭活动的泛滥也使得客商和游人眼花缭乱、无从选择，易产生"审美疲劳"甚至抵制心理，导致公祭活动的实际效果大打折扣。

而相关地方官员们也是满心委屈：本想借公祭活动搭建招商引资平台、促进地方经济发展，忙活得身心俱疲，不仅收效甚微，还落了个怨声载道。捧着公祭活动这个"烫手的山芋"、"无味的鸡肋"，他们也是骑虎难下、有苦难言。

　　那么，公祭活动的情况究竟如何？真的如舆论所批评的那样一无是处吗？在节庆遍地开花之际，在如潮的质疑与批评声中，公祭还要不要搞？要搞又该如何搞呢？

　　这里，我们以甘肃天水伏羲公祭大典暨伏羲文化旅游节为例，对这个问题作一尝试性探讨。

一 活动缘起:"羲皇故里"打造伏羲文化品牌

(一) 伏羲与天水:"注意力经济"的文化资源

伏羲被誉为中华民族的人文始祖。伏羲女娲繁衍人类的传说、蛇身人首的龙祖形象、创画八卦的开天之作、教人开化的旷世圣德,使得伏羲作为"三皇"之首成为华人的祖先。那么,伏羲与天水有什么关联呢?

天水位于甘肃东南部,因"天河注水"而得名,是甘肃省第二大城市,现辖五县二区,人口约350万。相传伏羲诞生于古成纪,即今天水秦安一带。天水境内分布着众多与伏羲有关的遗址和遗迹:有新石器时代早期文化遗存大地湾遗址,有现存全国建筑最早、规模最大的伏羲祭祀场所伏羲庙,有伏羲画卦的卦台山,有风沟、风谷、风台等与伏羲风姓有关的地名。1992年,当时的国家领导人江泽民同志视察天水时曾挥毫题词"羲皇故里"。

天水自古就有民间和官方祭祀伏羲的习俗。史载,北宋在天水卦台山创建伏羲庙,始立庙祀;金章宗时卦台山祭祀伏羲已成规格,历年祭祀,三年一大祭;明初,卦台山被列为伏羲的陵墓;明成化年间秦州建伏羲庙,伏羲祭祀中心随之移至秦州,此后卦台山逐渐成为民间祭祀伏羲的场所;明嘉靖年间秦州伏羲庙祭祀活动逐渐正规化、制度化,祭祀进入极盛期;清中期以后祭祀逐渐转为民祭,沿袭至今。

在天水人看来,天水作为伏羲的诞生地和伏羲文化的发祥地,自先秦以来就是华夏子孙寻根问祖的祭祀地,这是天水市所拥有的"注意力"中最能引起广泛认同和唯一性的资源,打造伏羲文化品牌由此成为天水发展旅游经济的自然选择。

有识之士很早就认识到伏羲文化的价值,并着力进行挖掘、整理和宣传。① 自 1988 年龙年开始,天水市每年农历五月十三日(传说中龙的生日)举办伏羲祭典仪式,1995 年起公祭活动扩大为伏羲文化节。

时任天水市市长的张广智在 2006 年公祭伏羲大典新闻发布会上谈到"公祭伏羲大典为什么在天水举行"时说:天水是伏羲的故乡,在其故乡祭祀,理所当然;天水是伏羲文化的发祥地,在文明肇始处祭祀人文始祖,理所当然;天水人民创造了伏羲祭祀文化,逐步形成了规模宏大、程序严谨的祭祀方式,公祭伏羲、传承文明,是天水人的责任使然。

在谈到"天水公祭伏羲与各地对祖先的祭祀活动有何不同"时,张广智指出,天水公祭伏羲的特殊意义在于:伏羲作为人文始祖具有不可替代性,位居"三皇之首"、功至"开天明道"者,唯有伏羲一人;伏羲文化具有本源性,中华文明源远流长,源就在于伏羲文化,弘扬中华传统文化必须从源头抓起;伏羲被尊崇为人文始祖,历代帝王将相、黎民百姓无不顶礼祭拜,中华民族寻根祭祖,伏羲具有最广泛的认同性。

另外,作为历史文化名城和优秀旅游城市,天水拥有优美的自然景观和丰厚的人文资源。天水素称"陇上江南",麦积山风景区为国家 4A 级景区;境内文化古迹甚多,现有国家和省市级重点保护文物 169 处,被誉为"东方雕塑陈列馆"的中国四大石

---

① 在 2000 年出版的十卷本《天水历史文化丛书》中,第三卷《大哉羲皇》就是伏羲文化专辑。

窟之一麦积山石窟与"羲皇故里"共同构成了天水的特色旅游文化资源；天水长期以来就是陇东南商贸物流及文化中心，也是国家重要的装备制造业和优质农产品生产基地。这些都为天水打造伏羲旅游文化品牌提供了资源优势。

（二）"节"与"会"的联姻：从伏羲文化节到伏羲文化旅游节

今天的天水伏羲公祭大典暨伏羲文化旅游节脱胎于伏羲文化节和西部商品交易会的联姻。

伏羲祭典始自1988年，目的是开展伏羲文化研究和学术交流。与此同时，首届和第六届中国西部商品交易会也分别于1989年和1994年在天水市成功举办，其中西交会定位于单纯的经贸活动。伏羲祭典和西交会在天水两次"相逢"中都失之交臂，文化盛会与经贸会展活动始终处于游离状态。

世纪之交，中国开始实施西部大开发战略。1999年，同为西部城市的昆明主办了"世界园艺博览会"，"节会经济"的巨大效益令人艳羡。2000年，天水市把握时机，将节庆性质的伏羲公祭与会展性质的经贸活动有机结合，举办了"第十二届中国西部商品交易会暨2000年伏羲文化旅游节"，迈开了天水节会经济成长的第一步。

自2000年起，伏羲文化节更名为"伏羲公祭大典暨伏羲文化旅游节"，内涵也从原来单一的祭祀发展成为融祭祀典礼、文化活动、经贸活动为一体的大型庆典活动，影响力逐步扩大。2005年，伏羲公祭提升为省级规格，伏羲文化旅游节被列为甘肃省三大节会之一。近年来，在全国节庆活动评选中，旅游节先后荣膺"最具发展潜力的十大节庆活动"、"最佳文化传承奖";2006 年,"太昊伏羲祭典"被列入首批国家级非物质文化遗产名录,其后公祭大典的时间也确定为每年公历的 6 月 22 日。筹办该节成为天水市政府每年的大事之一。

节会规模的扩大意味着高额的投入。对于当地政府来说,举办伏羲公祭活动,除了面对同行竞争和公众舆论压力之外,地方财政的捉襟见肘和节庆经营管理上的力不从心也是无法回避的现实。

机遇难得,但举步维艰,天水人能否走出一条有自己特色的节庆之路呢?

二 主导理念:突出特色资源,以社会效益促进经济效益

打造节庆品牌,宣传推介地方优势资源,带动旅游及相关产业,让节庆成为地方经济社会发展的助推器,这是目前各地举办节庆活动的一般目的。作为一个传统节庆活动,天水伏羲公祭大典是以挖掘、弘扬伏羲文化起步的,突出特色资源,打造"伏羲文化"这一特色品牌是该节的主导理念。

(一) 活动设计上稳定与更新相结合,强调群众参与性

为了保持节庆活动的特色和连续性,节庆期间的公祭大典、文体活动、旅游活动、商务与会展活动等几大板块基本上是沿袭不变的,只在具体内容上年年更新。

公祭大典是其主体活动,祭祀议程基本上是固定的:奏乐、

击鼓鸣钟、恭读祭文、乐舞告祭、敬献花篮、瞻仰圣像。沿袭官方公祭和民间祭祀的传统，每年除了由当地政府市两级政府在伏羲广场举行以贵宾为主体的公祭大典外，还由麦积区政府在卦台山举行以当地群众为主体的民间祭祀活动。文体活动、旅游活动、商务和会展活动则结合地方特色优势并围绕不同主题，力求年年都有突破、有亮点。例如，2005 年的系列活动以"弘扬伏羲文化、推介天水风光"为主题，以旅游推介为重点；2006 年以"保护文化遗产，展示陇右文明"为主题，以陇右非物质文化遗产保护成果展（演）为重点；2007 年，配合国家旅游局提出的"中国和谐城乡游"，以"农家乐"活动全面启动天水乡村旅游；2008 年，华人华侨伏羲文化大会、海峡两岸易学文化学术研讨会被确定为当年活动的重点，以此扩展天水在港澳台及海外的影响力。[①]

在具体活动的设计上，强调通过突出地方特色文化资源让"文化节"落到实处：以伏羲文化为主题的学术研讨延续了公祭活动独特的文化内涵；秦腔名家演唱会等民间文艺表演让艺术家、民间艺人有了施展身手之地。近年来，文体活动向县区延伸，清水轩辕鼓、麦积彩车、甘谷唢呐、武山旋鼓、秦安蜡花舞、张家川民族歌舞等各县区的拿手好戏纷纷登台亮相。另外，组委会还邀请河南淮阳、河北新乐、山西万荣、陕西宝鸡和临潼等羲皇故地代表及民俗文化表演单位加盟表演，加大了活动的辐射效应。民间民俗艺术品展、民俗风情展、书画摄影展等展览活动让参会者大饱眼福；焰火晚会、广场文艺演出让市民体验到节

---

① 因受四川汶川大地震波及影响，天水市境内遭受不同程度的灾害。为了做好抗震救灾工作，甘肃省政府决定停办 2008（戊子）年公祭伏羲大典，2008 年天水伏羲文化旅游节也随之取消。

庆带来的愉悦,丰富了企业文化、社区文化和广场文化等群众性活动。这些精美的文化大餐丰富了群众的文化生活,营造了同欢同庆的节庆氛围,在一定程度上也带动和促进了当地文化事业的繁荣和文化产业的发展。

▶公祭伏羲大典表演

以竞技性和群众性为特点的体育赛事也是旅游节的一大亮点。仅 2006 年节会期间,就组织了包括全国甲 A 女子篮球四强争霸赛、全省象棋名手邀请赛、天水伏羲武术邀请赛等十项体育活动,五县两区也组织了内容丰富的群众体育比赛。2007 年举办的“‘麦积山杯’全国农民武术大赛暨中国天水伏羲武术大会”,是迄今为止甘肃省承办的规格最高、规模最大的体育赛事。

旅游活动的重点是推介羲皇故里、石窟艺术、陇上江南、名城古韵四大旅游品牌,打造西部旅游名城。商务活动除各地节庆例行举办的招商引资、项目洽谈、商品展销等活动外,人才交流与劳务洽谈等特色节目则是因地制宜设立的。这些活动既突出了天水市的资源优势，也考虑到让市民广泛参与，给市民带来实惠，体现以人为本和市民化的办会思想。

（二）社会效益为主，经济效益日益凸显

近20年来，节会的举办给天水市带来了实实在在的好处。

社会效益往往是节庆活动举办初期追求的主要目标，它是隐性的、不可量化的，但对于节庆活动尤其是传统节庆活动却是至关重要的。就此而言，公祭活动以独特的资源优势和深厚的文化底蕴，展示了天水广阔的发展空间和巨大的发展潜力，在提升天水市知名度、促进城市基础设施建设和地方文化建设等诸多方面功不可没。例如，为配合公祭活动的举办，天水市近年来先后完成了伏羲广场、天河广场、龙城广场、藉河风情线等一批城市建设工程，改善了城市环境，为市民提供了休闲娱乐的好去处，也提高了城市的开放程度和文化品位。而城市投资环境不断优化，招商引资和对外开放步伐进一步加快，也为该市经济社会各项事业的发展创造了更为广阔的发展平台。同时，公祭活动的举办也聚集了人心，凝聚了人气，激发了当地市民对于家乡的热爱、自豪以及呵护家园、齐心协力建设家园的主人翁意识，这是促进各项事业全面发展的精神力量。

在收获社会效益的同时，公祭活动的举办也激活了地方经济活力，带来直接的、显性的经济效益。在这一点上，近年来天水市旅游业的发展以及招商引资、人才交流和劳务输出等方面的成果最有说服力。

1. 旅游业

谈到节会对天水市旅游业的作用，天水市副市长郭奇若说：

没有节会就没有天水现在的旅游,举办伏羲公祭大典让天水搭乘上了旅游业发展的快车,打造世界华人寻根祭祖圣地已成为天水市旅游开发的核心。2004 年该市接待游客 202 万人次,2007 年增至 230 多万人次,2006 年该市旅游业收入 9 亿多元。目前,天水市旅游人数、旅游收入仅次于省会兰州,居甘肃省各市州的第二位,旅游业在天水经济总量中所占的比重不断提高。为了使旅游开发与传承和保护文化遗产相得益彰,天水市成立了名城保护委员会,在文化遗产保护方面加大投入,相继实施了居民搬迁和伏羲庙整治,以及古宅子民居、李广墓的修缮和保护等工程。

2. 商务会展

举办名优新特产品展、商品交易会等活动是历年节会的重要内容。这些活动展示了天水市独特的优势产业和良好的投资环境,也带动了商品销售额的上升。(见表 1)

表 1   2003 年以来节会期间商品销售情况

年份	现货销售额（万元）	合同销售额（亿元）	合计（亿元）
2003	1993.9	2.39	2.59
2004	6816.8	1.51	2.19
2005	—	—	—
2006	5329	1.234	1.77
2007	6648.76	1.58	2.24

3. 招商引资

借资源(包括劳动力资源)优势及土地等优惠政策的积极引导,以节庆牵线搭台,一批涉及各个领域的项目在节庆期间签约,其中一些项目已相继投产开工,带动了就业和地方经济发展。(见表 2)

表2   2003 年以来节会期间招商引资情况

年份	签约项目数量（项）			投资额（亿元）			拟引资额（亿元）		
	合同类	协议类	合计	合同类	协议类	合计	合同类	协议类	合计
2003	—	—	110	—	—	20.5	—	—	17.18
2004	66	48	114	13.06	11.42	24.48	10.8	9.17	19.97
2005	75	8	83	11.15	0.62	11.77	10.59	0.51	11.2
2006	—		120	—		32	—		30.5
2007	—		161	—		39.87	39.44		

注：笔者未见到实际到位资金和实际投产项目统计数据。

4. 人才及劳务交流

天水是甘肃的人口大市，也是劳务输出大市。人才交流会是旅游节的保留节目，2006 年该节又推出了劳务推介洽谈会，推介以"天水白娃娃"、"羲皇故里建筑工"、"天水女娲家政大嫂"为代表的天水劳务品牌。目前，天水市年劳务输转能力在 70 万人次左右，劳务收入已占到工农业生产总值的 10%、农民人均纯收入的 1/3 以上，劳务经济已成为当地支柱产业之一，这其中节会活动的牵线搭桥也起了重要作用。（见表 3、表 4）

表3   2003 年以来节会期间人才交流情况

年份	2003	2004	2005	2006	2007
参加单位（家）	77	134	123	151	165
提供择业岗位（个）	1312	3852	3622	3512	7000
发布人才信息（条）	350	379		433	—
接受求职登记（人）	2602	9416	11148	3427	22000
签订意向性协议（项）	1153	1069	1545	2281	4824
现场接洽成功（人）	451	348	652	1052	1812

表 4　　　　2006 年以来节会期间劳务推介情况

年份	2006	2007
现场招聘单位（家）	117	445
提供择业岗位（万个）	5.3	10.28
入场人数（人）	6360	11320
签订意向性协议（项）	83	128
现场接洽成功（人）	1218	2240

三　机制保障：政府主导与社会化运作相结合

自 1988 年以来，天水伏羲公祭活动就一直由政府主办，从资金的筹集、活动内容的策划到活动的运作管理都是由政府一手承包。随着活动规模的扩大，地方财政的负担也不断加重。为了使节会步入良性运作轨道，天水市不断探索市场经营机制，现已逐步形成了政府主导与社会化运作相结合的办节模式。

（一）拓宽融资渠道，扩大办节资本

为了壮大节会筹备财源，减轻财政负担，天水市千方百计拓宽融资渠道，吸纳民间资金参与节会活动。比如，面向海内外华人遴选公祭和民祭"年度主祭人"，条件之一即是承担相关祭祀费用。企业赞助更是筹集办会资金的重要方式。天水市甘肃圣隆装饰工程公司、甘肃天河酒业有限公司、兰州黄河啤酒有限公司、天水奔马啤酒有限公司、娃哈哈集团天水分公司等十几个企业多次以现金或实物形式为节会提供赞助，确保了节会活动的顺利举办。

（二）政府搭台，企业和民间协会自主办展

在产品展销活动中，旅游节探索出了以政府搭台、企业和民间协会自主办展的新模式，真正实现了求真务实、以会养会、扩大节会效应的办会原则。

近年来，随着旅游节规模的壮大、规格的提升、影响力的扩大，越来越多的地方企业看到其中的商机，希望通过节会这个平台宣传展示自己，每年申报节会活动项目者众多。组委会按照市场理念严格审核参展活动项目内容，并用市场化运作法则要求审核合格后的参展活动由各承办单位自主筹办、自负盈亏。目前，旅游节所有的展览活动，包括商品展销、书画展览、房地产交易会、劳务推介洽谈会等，一律实行市场化运作，政府没有任何资金投入，只是由组委会统一协调来宾入住宾馆、饭店，统一住宿标准，规范服务。

（三）大型明星演唱会及广告经营权招标成为市场化运行的亮点

明星演唱会是各地举办节庆的重头戏之一，而政府为演唱会买单也是包括公祭活动在内的大型节庆活动受到诟病的原因之一。

一年一度的明星演唱会也是天水市伏羲公祭大典暨伏羲文化旅游节的重点活动内容之一，目的是借此扩大节会宣传，同时也

增加节会对企业客商的吸引力。大型演出首先要考虑成本、运营与收益,这正是市场化运作的内容。节会组委会在明星演唱会中率先引进市场运作机制。具体程序如下:组委会研究确定演唱会的节目档次,譬如《中华情》、《同一首歌》等央视栏目;组委会研究确定演唱会最高门票,以照顾和保证广大市民观看;① 公开招标,拍卖演唱会承办权;获得承办权的企业自主运作落实演唱会筹备事宜,自负盈亏;组委会负责统一协调做好服务工作,如提供演出场所、嘉宾住宿宾馆、安全警力等,确保演唱会顺利进行。

通过公开招标,2005 年演唱会承办权由兰州市演出公司委托天水兰天房地产开发获得;2006 年演唱会由甘肃天庆集团独家冠名,天水市文化文物出版局主办,天水兰天集团、甘肃经典国际文化艺术有限公司承办。

2007 年,经由同样的招标程序,演唱会由天水市文化文物出版局主办,甘肃昊峰集团甘肃天河酒业有限公司、甘肃经典国际文化艺术有限公司承办。演唱会内容与天水深厚的文化底蕴和旅游资源有机融合,共分"羲皇故里·文明源泉"、"天河注水·陇上江南"、"秦风雅韵·诗意家园"、"时尚天水·和谐之城"四个篇章,充分渲染了天水的城市魅力。最重要的是,借助成功的市场化运作,政府实现了对演唱会资金零投入的同时,却聚集了人气,强化了节庆活动的社会效益。

广告作为回报企业赞助的主要方式,也是办会资金的重要来源。节会广告经营质量直接影响到企业参会的热情。组委会自

---

① 2006 年演唱会门票分贵宾票、嘉宾票、主席台票、看台甲票和看台乙票五种, 票价由高到低分别为 380 元、320 元、280 元、180 元、120 元;2007 年, 政府出面多方协调, 把最高票价从 880 元降到 480 元。

2004 年起就对广告经营权实施拍卖，迈出了节会市场化运作的一大步。2004 年、2005 年的广告发布权由天水红帆广告公司获得，2006 年由天水博华文化传播有限公司获得。为确保广告发布、制作工作的顺利进行，组委会还与中标者签订合同，对双方的权利和义务予以明确规定，并在合同中附有《广告发布权限及要求》，同时向各相关单位下达《关于认真做好节会广告管理工作的通知》，将节会广告发布时限、地域和形式予以通报，并就各有关部门的职责进行分工，以保证广告发布权所有人的合法权益，切实把节会广告管理工作做好。

除此之外，节会对各类证件、宣传品等的设计制作也实行了公开竞标和拍卖，从而进一步降低了办会成本，调动了社会各界参与节会的积极性。

四　过程管理：统筹安排，分工负责，细节制胜

一年一度的天水伏羲公祭活动至 2008 年已举办了二十届，办会单位积累了丰富的办节经验，形成了一套颇有成效的管理模式。

（一）分阶段安排工作，按部门落实任务

公祭活动的筹备工作一般分为四个阶段。根据进度要求再合理安排每周工作计划，保证筹备活动紧张有序地进行。

第一阶段：宣传动员、启动筹备阶段

1. 成立节会工作机构，开展衔接协调工作，完善总体方案；

2. 督促各部门制定各项活动的实施方案（草案），提交组委

会讨论；

　　3. 启动节会新闻宣传工作。

　　第二阶段：协调督促、组织实施阶段

　　1. 审定节会总体方案、公祭大典方案及各主要活动方案；

　　2. 细化、完善各工作部门活动实施方案；

　　3. 加大督促、协调和检查力度，组织节会集中督察。

　　第三阶段：喜迎宾客、共庆盛会阶段

　　1. 全面落实各项筹备工作；

　　2. 有计划、有组织、有步骤地组织实施节会各项活动。

　　第四阶段：总结阶段

　　1. 做好财务结算、汇总、审计等后续工作；

　　2. 做好资料整理、总结上报等工作。

　　成立组委会是启动节庆筹备工作的第一步。组委会一般由天水市市委市政府领导挂帅，下设办公室具体负责节庆工作的安排实施，根据每年节庆活动内容的不同，再下设具体的工作部门分别负责组织落实各项活动。以 2006 年为例，整个组织领导及工作机构如下图所示：

　　以上各项具体活动分别下放给天水市文化局、旅游局、商务局、建设局、人事局、劳务办、房管局、交通局、公安局、外宣

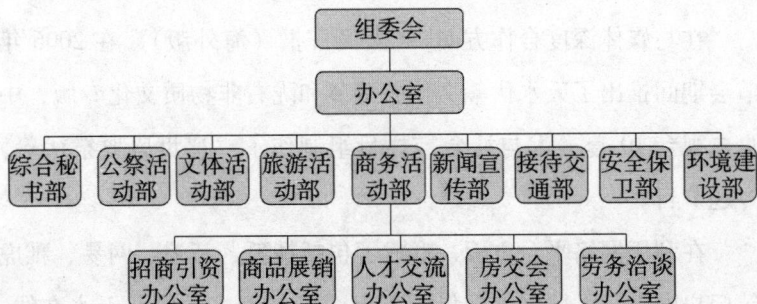

办、体育局以及一些协会、中心、公司等承办落实，避免了推诿扯皮。

（二）大处着眼，小处着手

按照总体方案，各部门制定各自的具体实施方案，大处着眼，小处着手，分解、量化任务，夯实责任，精心实施。

1. 宣传是否到位直接关系到节庆活动的成效，节会不断加大对外宣传的工作力度：

以节会新闻发布为例，2005 年的发布会在甘肃省政府和天水市举行；2006 年发布会先后在深圳文博会、北京人民大会堂和兰州召开；2007 年，国务院新闻办公室专门为天水公祭伏羲大典举行了新闻发布会，这在国务院新闻办公室是首次，在全国各大公祭活动中也是第一家。

在对公祭活动的报道方面，2006 年，甘肃卫视播放了公祭活动全程录像，中央电视台国际频道、新闻频道在《新闻联播》、《中国新闻》、《整点新闻》、《综合新闻》中连续播出了公祭伏羲的新闻；2007 年，甘肃卫视首次对公祭伏羲大典仪式进行了全程现场直播，新华网、人民网等也直播了公祭活动的盛况。

在与媒体深度合作方面，《人民日报（海外版）》在 2006 年节会期间推出了天水伏羲文化旅游节和陇右非物质文化专版，中央电视台 10 套《人与社会》栏目组制作了《盛世盛典祭伏羲》专题节目。

在利用网络平台方面，形成了包括搜狐、新浪、网易、雅虎等门户网站，人民网、新华网等专业新闻网站，以及天水在线、天水市政府网站等地方网站在内的三级网络宣传体系。

在广告宣传方面，坚持社会效益与经济效益兼顾、公益广告与商业广告相结合，确定主要路段，以悬挂条幅、彩旗和气球条幅、设置拱门、办板报，以及树围广告、楼体广告、电子灯笼、霓虹灯等方式进行广告宣传。此外，还印制了大量宣传资料、画册、书刊等宣传品，制作了伏羲庙和公祭大典的光盘、画册、邮品等宣传品供客人珍藏留念，节会会刊《盛世盛典》也于2007年出版发行。

2. 以节会搭建招商引资平台，这是节会商务活动工作的重点。节会商务活动负责人说，招商引资是一项长期性的工作，要"会里会外办、会前会后谈"，而不仅仅是节会期间的签约。为此，天水市在广泛征集招商引资项目的基础上，提前筛选、确定重点项目并在节前印制成精美的招商项目册；为了方便投资者了解天水，编写印制了《天水投资指南》，同时还积极参加全国性的经贸、文化洽谈会，提高节会期间高质量项目签约的成功率。

3. 安全保卫工作作为节会活动的重中之重，由公安、交警、武警、消防等协同作战，负责展馆、来宾驻地和各主要活动场所的秩序、保卫、消防、交通管制疏导等工作，确保各项节庆活动尤其是大型活动的安全防卫工作万无一失。安全保卫部每年都要精心策划，周密部署，多次深入现场勘察，细化工作方案，分解任务，责任到人。天水市公安局还提前开展社会治安专项整治行动，为安全保卫工作做好前期铺垫。节会期间加强对重点区域、路段的（夜间）巡逻，各单位、各部门严格信息报送制度，加强值班备勤，备足机动警力，以应付各类突发性事件的发生。在举办大型活动时，采取领导分片、民警分点的形式，确保责任到人。2005年投入安保力量4000多人次，2007年投入安保力量

5300 多人次，为节会提供了安全保障。

4. 来宾接待服务也是节会活动的重头戏。节会按照统筹安排、分工负责、对口接待的原则，确定对口单位落实接待工作，内部又设立了联络协调、住宿、餐饮、交通、医疗保障等小组。另外还建立了联络员制度，按照接待流程和接待制度对抽调的几十名联络员进行集中培训。由于组织有序，措施到位，在接待能力相对薄弱的情况下，也基本圆满地完成了接待任务。

五 回应与困惑：节庆之路，如何才能越走越宽

风风雨雨中，天水伏羲公祭大典暨伏羲文化旅游节已走过了 20 年的历程。

虽然各地公祭大典的泛滥引起了不少人的反感，但从我们了解的情况来看，应当说，天水伏羲公祭大典暨伏羲文化旅游节在举办过程中力避政府办节的种种弊端，较好地回应了社会上的种种质疑与批评：

1. 在政府资金投入方面，一直坚持着量力而行的原则，这也是公祭活动能够连续举办 20 年的原因之一。目前公祭活动"政府主办"的形式虽然没变，但通过广告经营权、大型演出晚会招标等形式，拓宽了办会资金筹集渠道，各种展览活动也都已走上市场化运营轨道。当然，当地政府在节会宣传、邀请嘉宾、筹备公祭大典等方面仍需不少的资金投入。

2. 在嘉宾的邀请和群众的参与方面，公祭活动确立了"提升规格、压缩规模"和"从严、从简、高效"的原则，邀请的贵宾以浙江、广东等地的客商以及港台地区华人、华侨为主，各

级官员在嘉宾中所占比例不到 1/3。公祭活动注重群众的参与性,门类众多的文体活动都是天水市各个县区的群众自己组织表演的。另外,组委会还依托高校招募青年志愿者,既减少了活动开支,又促进了社会参与。

3. 活动的文化蕴涵。2000 年以前,公祭活动的宗旨就是研究、弘扬伏羲文化;2000 年以后,虽然融进了提升城市知名度、发展地方经济的新目标,但始终秉承了弘扬伏羲文化这一传统。天水人知道,伏羲文化是他们举办公祭活动的"抓手",用副市长郭奇若的话说:"文化是旅游的灵魂和基石,没有深厚文化底蕴和文化内涵的旅游是没有生命力的,只是昙花一现。"

问题在于,作为一个传统节庆,公祭活动自 1988 年举办至今,依赖政府投入的做法虽然有所改变,但社会投入仍嫌不足,市场化运作程度仍很有限。如何寻找一个突破口,从政府出钱办节走向"以节养节",进而变成"以节生财",如何变"文化搭台,经济唱戏"为"文化搭台,文化唱戏",变办节庆活动为做文化产业,这是天水人心中的困惑。

当地有同志认为,公祭活动之所以不能尽快步入良性的市场化运作轨道,主要原因是不能有效吸引民间资金、尤其是天水市外乃至甘肃省外资金进入。他们认为,归根结底还是政府投入不够,导致宣传力度不够大、宣传效果不够理想,同时城市的基础设施建设也跟不上。也就是说,要提高公祭活动市场化运作程度,政府还必须大幅度增加资金投入。

但是,天水市是西部地区一个并不富裕的地级市,2006 年该市 GDP 为 166.4 亿元人民币,人均 4883 元;2007 年 GDP 为 194.5 亿元,人均 5550 元,地方经济发展水平在甘肃省内并不高,与东部经济发达地区更不具可比性。

天水人有的是热情和干劲，缺的偏偏就是钱。政府办节的主要目的就是引资、赚钱。

于是问题又回到了原点上：要赚大钱就必须先投入巨资；钱少，只能小打小闹，能溅起一点浪花就不错了，稍有不慎，连投入的那点小钱也会打了水漂；没有钱，趁早偃旗息鼓。真的无法跳出这个恶性循环吗？

如果继续投入、大幅度投入，地方财政能支撑几年？而且，即使政府倾其所有再加大投入，就一定能够改变目前这种"不温不火"的状态，实现质的飞跃吗？再扩大一步说，穷地方办不出成功的节庆吗？或者说，节会能不能成为地方脱贫致富的一条出路呢？

那么，经济不发达地区发展节庆经济的突破口究竟在哪里呢？天水伏羲公祭大典暨伏羲文化旅游节如何才能走出政府包办的困境，尽快步入节庆经济的良性运行轨道？

除了资金上的掣肘之外，其他一些困难和不利因素也是显而易见的：

1. 地域和交通条件：天水地处相对闭塞的西北，交通不是十分便利，游客进不来出不去，郭奇若副市长坦言："请别人来，人家听了先要到兰州再坐三个半小时车到天水，头就晕了。"

2. 城市基础设施等硬件条件有待改善。比如，由于宾馆数量少、档次低，每年节会期间的来宾接待都是问题，不得已而把许多来宾分散安排到县里暂住，既增加了接待工作的难度，也很难保证服务质量，还很可能因此失去潜在的投资者。

3. 软环境建设方面有待加强，创新意识、服务意识、市场意识有待提高。比如，天水甘谷县大象山虽是省级文物保护单位，但目前旅游开发服务远远跟不上，甚至连僧人生活区与游览区都没有分开,僧人自身修养和旅游区管理者的素质也远不能适应旅游业发展的要求。

4. 从周边毗邻城市的情况看,公祭活动潜在的消费群体状况不容乐观。公祭活动打的是寻根祭祖牌,定位于吸引港澳台及海外华人、海外友人,但其实大规模的消费群体只能是当地及周边游人。天水北接平凉、西邻定西、南靠陇南,这些地区的经济发展水平比天水还低;因此公祭活动的人气唯有寄希望于来自兰州和西安的游客,但兰州目前也只是游客到敦煌的中转站,西安旅游资源之丰富更是无与伦比,要想引来这两地的游客并不容易。

由此也给举办者提出了一些有待进一步思考的问题,比如:

1. 无论是地域位置、经济社会发展,还是公祭活动在全国的知名度来说,天水市每年举办这样的公祭大典,规模上是否过大?频率上是否过繁?与收益相比,政府财力、物力、人力上的投入是否过多?

2. 公祭活动定位于吸引港澳台及海外华人、海外友人是否合适?嘉宾的邀请方面如何通过加强针对性来突出重点、降低成本?公祭活动潜在的消费群体究竟在哪里?他们的消费需求、消费能力如何?

3. 各种展览活动是节会的重要内容,但目前公祭活动还没有固定的主展馆,每年都临时办展、分散设展、露天看展,这无疑给节会的规模和档次带来不利影响,也加大了活动的安全隐患。有关人员正在呼吁筹建一个会展中心,但节会结束后这样一个会展中心能否被有效利用而不被闲置?

4. 公祭活动组委会正在考虑借鉴《云南映象》、《丽水金沙》等演艺项目的成功经验,推出一个以伏羲文化为主题的大型原创舞台剧目，并通过招商引资或公开招标的方式进行市场化运作，政府相关部门、景点给予配合支持。目前已征集到一批剧本，改编、创排等工作正紧锣密鼓地进行。但是从天水市目前的旅游发展情况来看，排演这台大型节目时机是否成熟呢？有没有足够的消费群体作为支撑？

5. 节会工作机构的临时性、短期性，人员的频繁变动，工作的缺乏专业性和连续性，必然影响到节会筹办水平的提高。这恐怕也是政府办节所遇到的共同问题。公祭活动已成为天水的标志性节事，有无必要成立一个节庆常设机构负责节庆、会展活动的协调，同时加快推进节庆运作的市场化？

以上这些问题都有待于有关部门及专家进行认真评估、论证之后再做出结论。

当然，公祭活动的举办也有诸多优势。与其他地方相比，这种优势突出地体现在以下几个方面：

1. 丰富的自然资源和深厚的历史文化资源在西北地区独树一帜，作为四大石窟之一的麦积山石窟具备使天水走向全国的条件，"伏羲文化"这一品牌又对世界华人具有一定的吸引力；

2. 当地民间卧虎藏龙，悠久的文化传统、浓厚的文化氛围，使公祭活动的举办具有广泛的群众基础；

3. 公祭活动已举办19届，积累了丰富的经验，也得到了甘肃省政府的鼎力支持，甘肃省政府每年为公祭活动的筹办拨款100多万元；

4. 另据最新消息，作为深入推进西部大开发的重要举措，目前陕甘联手正积极规划建设以西安为核心的"关中—天水经济区"，这是继成渝经济区和北部湾经济区之后西部地区的第三个经济区，目的是把关中—天水地区打造成西部产业最密集、经济最活跃的"开放开发龙头地区"。另外，天水军民合用机场于2008年9月28日已正式通航，天水飞往兰州、西安只需用时40分钟。这些对天水公祭伏羲大典暨天水伏羲文化旅游节来说无疑都是喜讯。

应该说，天水公祭伏羲大典暨伏羲文化旅游节磕磕绊绊走到今天很不容易。但是如前所述，面对各地公祭活动泛滥的现实，面对公众的质疑和批评，面对经济发展水平的限制以及其他种种不利条件，寻找一个突破口走出目前这种不大不小、不温不火，甚至可以说是"不死不活"的状态，是公祭活动亟待解决的问题。

节庆之路，如何才能越走越宽呢？天水人淳朴的脸上，写着一个大大的问号。

六 关于天水伏羲公祭活动的思考与建议

首先我们要问的是，节庆活动尤其是像伏羲公祭活动这样的传统节庆，其目标定位究竟应该何在呢？或者说，传统节庆能否承担起振兴地方经济的职能、如何发挥对地方经济发展的积极作用呢？

总的来看，各地节庆活动大都存在着急功近利的趋向。"文化搭台，经济唱戏"的办节理念使得大多数地方政府把节庆仅仅视为招商引资、发展地方经济的手段，政府对节庆活动的巨大投入也是指望取得立竿见影的收益或政绩。由此，媒体报道的档次篇数、招商引资的项目数量、商品销售数额的高低等等往往就成为衡量节庆成功与否的标准。过度的商业包装、功利性的市场策划，使得许多节庆沦为缺乏文化内涵的纯经济活动，原汁原味的传统节庆离我们越来越远。

其实，文化不应该成为手段，文化本身就是目的。节庆的本质功能就是娱乐身心、丰富大众精神文化生活，传统节庆活动尤其如此。节庆产业、节庆经济作为节庆活动的衍生物，其发展也是以对节庆文化内涵的深度挖掘为基础的。文化活动经济功能的日益增强与经济活动文化含量的不断提高应该是相辅相成的。当节庆被赋予过多的经济功能而不堪重荷时，其变味乃至衰败是必然的。更多地从文化而不是或不仅仅是从经济的角度审视传统节庆的意义，才能避免节庆活动中种种急功近利的做法；节庆经济、节庆产业以深厚的文化底蕴为依托，才能真正走上持续发展之路。

以举办公祭等节庆活动来宣传、推介地方资源，筑巢引凤、借梯上楼，提升地方知名度，带动旅游及相关产业发展，这种思路也是无可厚非的。事实上，节庆经济作为文化产业发展的内容之一已经成为许多地方经济发展的新兴力量。我们认为，问题不在于各地该不该、要不要举办公祭或其他形式的节庆活动，而在于如何举办，即如何实现"政府主导、社会参与、市场化运作"的模式，这既是各地举办节庆活动的不同所在，也直接关系到节庆活动的质量，关系到地方节庆经济发展的未来。

其一，政府如何主导？目前各地的普遍情况是，所谓"政府主导"往往等同于政府主办、政府包办，从资金的投入、节会内容的策划到节会的过程管理都由政府一手操办。政府唱独角戏，为办节会投入大量的人力、物力、财力，不仅影响到政府工作的正常运转，也给地方财政带来巨大的压力。另外，由于政府在节庆活动运作上专业性不足，市场意识、品牌意识不强，往往导致节庆绩效不理想,还可能造成资金的浪费,引发公众非议。天水伏羲公祭大典暨伏羲文化旅游节也还基本上停留在政府主办阶段,"政府办节"的种种弊端也都或轻或重地存在着。

其二,社会参与度如何?广泛的社会参与是成功举办节庆活动的基础。社会参与不仅是民间资金的注入,更应当是节会活动内容上的参与。节庆首先应当是举办地百姓的盛会,没有当地百姓参与的节会其生命力是不会长久的。目前许多地方节庆活动的主体是外地贵宾和客商,当地百姓却被拒之门外。天水伏羲公祭大典暨伏羲文化旅游节在这一点上做得很好。当然,明星演唱会票价虽然一压再压,但对当地百姓来说仍嫌太贵;即将排演的大型文艺节目,百姓是否消费得起也令人怀疑。

其三,市场化运作成分有多少?举办节庆活动,地方政府投入即"第一桶金"是必要的。尤其是在一些相对闭塞落后的地方,没有政府资金支持和人力、物力的投入,节庆活动是无法起步的。但是,随着节庆活动影响的扩大和经济收益的显现,应该逐步加大市场化运作成分,政府只是为节庆活动提供有力的公共服务保障,为节庆产业的发展营造有利的竞争环境。天水伏羲公祭大典暨伏羲文化旅游节在节庆活动市场开发方面做得还远远不够,而这恰恰是节庆活动走出政府包办困境的必由之路。

有鉴于以上几点,笔者对天水公祭伏羲大典暨天水伏羲文化旅游节提出以下几点建议:

第一,政府应加快、加大市场化运作步伐,积极培育节庆市场。市场化运作的前提是能够积聚人气和消费力,能够吸引企业、赞助商的眼球。与一些地方举办的"龙虾节"、"玉米节"等不同,传统节庆活动是以传统文化资源为载体的,没有现成的"产品"可卖,所以仅仅设计有"亮点"的活动是不够的,必须设计有"卖点"的活动，设计能够提高赞助商关注度、市民游人参与度和消费力的活动。组委会可考虑与北京、上海等大城市经验丰富的专业节庆策划公司联手，在公祭活动的策划和宣传方面更多地让位于市场，既可以节省巨额的宣传费用，又可以把公祭活动放在全国节庆市场的大环境中进行运作，吸引更多的外地企业和游客，而不仅仅囿于甘肃或西北地区。同时可以多向其他节庆活动举办者取经。比如，同为伏羲公祭大典举办地的河南省表示，"拿出若干点火上香、敬献花篮的名额面向海内外企业界进行市场化操作。向来宾馈赠的礼品也可用出售冠名权的方式由知名品牌公司承担。郑州市、新郑市还在研究拿出几块地方，设立'敬仰林'、'子嗣林'、'功德碑林'，并规范运作，融公益性与盈利性为一体"。这些都不失为可资借鉴的做法。

第二，加强节会活动、节会市场的调研，通过对客源市场及其需求的分析，有针对性地安排节庆活动，并用各种方式进行节会促销，吸引更多的消费者。公祭活动众多节目集中于一周之内过于密集。可以考虑适当延长节会时间，把公祭大典、各种展览、文艺体育、明星演艺等大型活动的时间适当错开，既减缓旅游接待、节会管理等方面的压力，也方便更多当地群众和外地游客的参与。另外，节庆活动不能只满足于当地群众的自娱自乐，可借助"关中—天水经济区"的建立，与陕西省旅游部门合作，吸引宝鸡、西安的市民到天水，想办法把到西安的游客分流一部分到天水来，这些可能是公祭活动未来最大的目标群体。

第三，可考虑适当控制公祭活动规模，在突出节会主题的基础上精练节会内容，以有限的财力、物力、人力确保节会活动的高质量。另外，还可以考虑民间祭祀活动年年搞，但大型公祭活动隔年或三年举办，减少来宾特别是免费参会来宾的数量，降低节会活动成本。

第四，节会宣传要有的放矢，提高针对性、实效性。节会宣传上需要融入更多的市场意识，要另辟蹊径，对重点地区、重点人群要有不同的宣传策略和宣传内容，尤其是要对节会潜在的投资群体、消费群体等进行有针对性的宣传。

第五，要对节庆活动进行评估每年的伏羲公祭大典结束后，组委会都要进行总结，包括财务上的结算和节会资料上的整理，这是很必要的。但是，总结不是评估，评估应该是贯穿于整个活动过程中的。比如，对活动投入产出的评估与核算，对活动方案可行性、活动风险、活动管理、活动收益等都应当及时进行评估。天水伏羲公祭暨旅游文化节的整个活动过程都缺少评估环节，这就大大增加了节会活动的风险，也不利于办节水平的逐步提高。

（本案例资料来源：调研访谈；节会组委会提供的有关资料；天水市档案馆档案资料；媒体报道。）

思考题

1. 伏羲公祭大典暨伏羲文化旅游节怎样才能走出目前的困境？

2. 在从节庆活动到节庆产业的转变中，有哪些关键的因素？

3. 传统节庆活动究竟应当如何定位？

《藏谜》：在成功的艺术创作与营销之后

谢梅　陈丽媛　毛一玲

谢梅，电子科技大学政治与公共管理学院教授；

陈丽媛、毛一玲：电子科技大学政治与公共管理学院研究生

四川省在由文化资源大省向文化资源强省跨越的发展战略中，迈出了推进文化服务体系建设，加快文化资源的产业转化和市场化服务，壮大文化产业，繁荣文化市场的步伐。其中，一批国有文化机构、艺术院团、演出场馆和民营企业纷纷投入到这个进程中，以解放艺术生产力、提升艺术生产水平和市场经营能力为改革目标，转企改制，获得了巨大的经济效益和社会效益，为方兴未艾的文化产业注入了一股强劲的活力。

《藏谜》在整合了藏族文化资源的基础上进行艺术创新，通过与锦城艺术宫的合作，将资源优势转化为了经济优势，将文化、企业、市场等文化产业发展的三大要素进行了有效的整合，诠释出了今天四川演艺文化产业发展的丰富含义。在推进文化体制改革的进程中，《藏谜》的创作以及成都锦城艺术宫成功的市场运作揭示了怎样的发展规律、在其框架下的文化产业要素该怎样聚合并实现质变、怎样处理好少数民族文化保护与创新发展的关系等问题就成为我们极为关注的重要课题。

受四川省文化厅的委托，我们围绕《藏谜》的艺术创作、市场营销、消费效果等方面进行了较为详细的调查，试图分析出这一成功文化案例的内在逻辑和外部因素；探讨在当前的社会环境中少数民族文化产业的发展现状和途径，为少数民族文化的产业化及少数民族文化生态的合理建构提供借鉴。本案例试图将传统文化和现代化结合形成的文化创新机制作为研究核心，通过梳理《藏谜》的艺术创作、营销策略、社会经济效益以及存在的问题等，进一步探寻少数民族文化资源挖掘、保护及其与市场相结合的文化创新机制，为进一步推进四川文化产业体制改革、促进四川文化资源的有效转化、保护发展少数民族文化、繁荣文化市场做出有价值的探索。

一 《藏谜》产生的背景及过程

（一）《藏谜》的内容

《藏谜》是一部融合我国五省区（西藏、青海、甘肃、四川、云南）藏族文化特色，借用不同风格的歌舞、器乐、服饰等手段展示藏族文化和风情的舞台剧目。它以不同藏区的歌、舞、器乐为载体，情景式地再现了藏族人民群众的日常生活、民俗活动以及宗教仪式。整个故事展示了一位藏族老阿妈从阿坝藏族自治州出发去拉萨朝圣路上的故事和所见所闻。全剧分为四个场景：老阿妈经过嘉荣藏区，所见农区的耕种劳动场景；经过康巴藏区，所见牧民跳长袖舞、弦子舞的生活情景；经过草原时，赛马会上的服饰表演以及老阿妈情不自禁的动人表演；最后是老阿妈快要到达圣地拉萨时遭遇暴风雪不幸死去的悲壮与神圣。这取自藏民族一个普通而又神圣的生活故事。

（二）《藏谜》的创作过程

《藏谜》源于剧作者一次考察萌发的创意。2006 年 3 月 12 日，包括容中尔甲在内的由时任阿坝州州委书记黄新初率领的阿坝州党政考察团，对云南文化旅游业发展进行考察，学习云南文化旅游业开发的先进经验。他们发现两年来当地人依然在为由杨丽萍领衔主演的《云南映象》火暴全国而备感骄傲。云南之行唤醒了容中尔甲一个埋藏在心底多年的夙愿，那就是一定要打造出一台全面展示藏民族歌舞文化的大型舞台节目，原汁原味地展现藏族人民的生活、劳动、宗教信仰等，让人们全方位地了解、欣赏藏族和藏族的文化，打造阿坝州的旅游文化精品和四川的旅游新名片。

这一想法得到了阿坝州政府的大力支持。容中尔甲从云南归来后，即投入了节目的创作准备。他一方面筹资注册了九寨沟容中尔甲文化传播公司，一方面开始在全国各大藏区挑选藏族青年，为成立剧团培养歌舞演员做准备，同时亲自拜访正在广州演出的杨丽萍，请她担任总编导。杨丽萍分文不收地投入到《藏谜》的创作之中，大型原生态歌舞乐剧《藏谜》由此产生。

(三)《藏谜》的艺术制作

1.《藏谜》的舞台艺术

《藏谜》突破了以往舞台艺术的均衡布局，进行了立体布局和立体展现，使传统的广场活动和现代舞台艺术完美地结合起来。舞台上使用了数百盏灯，丰富的灯光造型和不同的场景相结合，从不同角度展示了藏族的生活景象，形成了强大的视觉冲击力。呈现在舞台上的神秘的西藏乐器六弦琴和大法号、藏风浓郁的石墙、木桩、玛尼石等布景，展现了完整、纯粹的藏族风情。

2. 宗教内涵凸显

全剧以老阿妈的朝圣为主线，将藏传佛教中的宗教仪式和民俗活动场景作为主要内容，着意表现藏民族对于神佛、图腾、山湖等的崇拜。在这样的意境下，通过戴着面具的群舞表演和喇嘛的法号声，使"死亡"这样一件带有悲伤意味的事件幻化为美丽的仪式，带给观众强烈的心灵震撼。

◀《藏谜》剧照

3.《藏谜》的文本内容

《藏谜》作为全景反映藏族文化的歌舞乐，其文本内容包含的意蕴对很少接触藏族文化的受众来讲是陌生的，但这恰恰也正是它的独特所在。

（1）音乐：《藏谜》的音乐由音乐制作人小胖三年走遍藏区田间地头、采集草原牧场原汁原味的音乐元素提炼加工而成。现场的演出，除了字幕介绍和几句简单的汉语对白以外，其他都是用音乐和舞蹈来表达，并且加入了藏戏元素；歌者也是来自民间，每一首歌都是真唱。

（2）舞蹈：全场歌舞表演透过老阿妈的眼睛看藏族丰富多彩的文化。歌舞共分为四场，包括"六弦琴"、"长袖舞"、"荷花度母"、"打青稞"、"藏族情歌"、"牦牛舞"、"打阿嘎"、"沐浴节"、"赛装节"、"轮回之梦"十个章节，全部以藏民族在藏区的生活为创作原型，蕴含着民族特色和写实风格。这些舞蹈体现了人与自然的融洽关系和生命的可贵。

（3）演员：除了杨丽萍、容中尔甲外，共有 80 多位演员登台演出。这些演员都是创作者在西藏、四川、青海、甘肃、云南等省区的藏区挑选的土生土长的藏民，其中有流浪艺人、孤儿，更多的则是当地牧民。

（4）服饰：《藏谜》剧组所使用的 3000 多件服装、饰品、乐器全部来自藏区，一些是从藏民那里收集而来，另一些则是演员自己的或由演员亲手缝制的。

二　《藏谜》的成功之处

（一）市场运作和营销策略

1. 投资方对分销策略的选择

对于文化这一新兴产业而言，在市场上拥有创新的营销理念是实现文化企业和文化消费者之间交换、各自获得利益的基本条件。从营销学的角度来讲，影响营销效果的有市场、竞争者、公众、经济环境、营销组合等多种因素。产品在进入市场时，从生产者手中流向消费者或用户的渠道在营销学上称为分销渠道。分销渠道按中间环节的多少可分为直接渠道和间接渠道，直接渠道是指产品在流向用户的过程中不经过任何中间环节，而间接渠道意味着产品在流向市场的过程中要经历一层或多层的中间环节。

《藏谜》投资方在对这台剧目进行营销时，采取了依托代理中间商这一间接渠道来销售剧目的营销策略——由锦城艺术宫对剧目进行买卖和销售。通过这一策略，制作方能够更好地收集信息，进行产品促销，分担风险。

2. 中间商的销售策略

首先，锦城艺术宫将"杨丽萍"作为剧目销售的卖点。杨丽萍是目前舞蹈界的领军人物，其专业能力和艺术造诣受到业界和市场的一致认可，其主演的《雀之灵》、《云南映象》等众多歌舞剧目都取得不菲的销售业绩。《藏谜》借助杨丽萍这一个人品牌，在进入市场初期就引起了消费者极大的关注。

其次，运用产品差异化战略填补市场空白。迈克尔·波特[1]曾提出差异化竞争战略。产品差异是市场结构的重要组成部分，企业控制市场的程度取决于它们使自己的产品差异化的成功程度。[2]《藏谜》是一台完整反映藏族文化和风情的舞台剧目，而具有藏族原生态文化内涵的文艺作品在当时的国内市场上尚属空白。《藏谜》的推出填补了这个空白，符合了产品差异化的需求，也使它能在演艺产品市场上独树一帜，具备了成功的基础条件。

再次，文化产品包括通过交换而满足人们文化需求的有形和无形产品。[3] 文化产品的营销可以根据产品生命周期，在不同阶段采取不同销售方式。如在产品引入期可根据产品的特点实行不同价格的定位，采取高价快速渗透、低价缓慢渗透等策略；在成熟期可采取产品改良、产品创新等策略。

《藏谜》在销售初期，不仅采用了多价位的常规票价模式，更采取了巡演与驻演双线结合的创新策略，比如将《藏谜》全国巡演总代理委托给锦城艺术宫，利用全国巡演创造品牌；巡演结束后，选择在九寨大剧院进行驻场演出，形成旅游旺季驻演、

---

① 迈克尔·波特，哈佛大学商学研究院著名教授，当今世界上少数最有影响的管理学家之一，被誉为"竞争战略之父"。
② 郭国庆：《市场营销学通论》（第二版），中国人民大学出版社 2003 年版。
③ 蔡嘉清：《文化产业营销》，清华大学出版社 2007 年版。

淡季巡演的产业运作模式。这一双线产业运作模式，一方面能节约巡演成本、最大深度地挖掘《藏谜》所蕴含的经济价值；同时将歌舞还原到藏文化的生态中去获得营养，获得《藏谜》持续发展的动力，将销售与生产紧密联系，以销售促生产，以生产保销售。在《藏谜》的销售后期，一方面对剧目的内容、形式做调整、创新，另一方面通过国内和海外分体销售模式，将《藏谜》推向世界。

（二）社会效益

1. 树立了四川省文化演艺产业的新品牌

树立品牌意识，打造推广精品节目，发展壮大一批文化企业，对带动相关文化产业的发展至关重要。藏文化历史悠久，既有以布达拉宫为代表的物质文化遗产，又有长袖舞、朝圣传统等以传说、表述、艺术表演等形式存在的非物质文化遗产。在《藏谜》这一品牌打造上，他们更多的是注重对非物质文化遗产的挖掘和利用，以歌舞的形式收集和展示藏族的历史文化资源，挖掘其内在的产业价值。

《藏谜》在打造品牌时，最初是通过全国巡演锻炼队伍，提高自身名气，形成品牌效益，产生影响力，并通过剧目的经营获得稳定的市场份额；接着采取长期稳健的经营策略——将藏文化的生活元素引入剧目中，依托九寨沟的旅游优势和品牌，使《藏谜》品牌影响力得以延续，把单一的歌舞乐节目打造成为藏族文化的标志性品牌。

2. 推进了文化产业与旅游业的深度结合

文化产业和旅游业相结合是目前文化产业发展的一个新趋

势。在演艺领域，将文化资源转换成旅游演艺形态也是一种常用模式和手段，比如广西的《印象·刘三姐》、云南的《丽水金沙》等旅游演艺项目都为这些地区带来了巨大的经济效益和社会效益。

《藏谜》在全国巡演以后选择驻场演出，是旅游业与文化产业深度结合的一种新尝试。《藏谜》将九寨沟的文化内涵用有形的载体来体现，一方面能使游客更加清楚地了解藏族和藏族文化，另一方面通过演艺舞台以及相关的"参与表演"、"文化产品销售"等产业链的设计，极大地增加了旅游经济效益，从而带动藏族文化经济的发展。目前，九寨沟依托丰富的自然人文资源已形成了演艺产业集群。九寨沟现在共有 12 家艺术表演团体，注册资本将近 2 亿元，2006 年的演出门票收入达到 1.5 亿元。丰富的游客资源一方面为《藏谜》的消费提供了市场的保证；另一方面，《藏谜》的驻演又提升了九寨旅游的文化品位，丰富了九寨文化内涵。两者的良性互动将为当地的文化产业和旅游业的双发展搭建起新的平台。

3. 有利于汶川大地震后对藏族文化资源的恢复和保护

汶川大地震对藏族文化资源造成了一定的破坏，其中阿坝藏族羌族自治州汶川县是羌、藏、回、汉各民族相互交汇融合的地带，四川平武县西北部是虎牙、泗耳藏族、白马藏族的聚集地。这些地区受地震影响较严重，其藏族文化资源也受到了相当程度的破坏。同时，一些由于观念落后、本来就缺乏文化资源保护和重视意识的地区，在地震之后，文化资源更是遭到进一步的破坏。以甘肃文县的白马藏族为例，该地区由于处于封闭的山区，当地的民俗文化没有得到重视、保护和开发，加之受到外来文化的冲击，独特的白马文化面临消亡，而汶川大地震对当地白马文

化的破坏更使之雪上加霜。据文县县政府初步统计,汶川大地震
造成文县全县经济损失 118 亿多元,等于将文县人民一下子震回
到了解放前。① 这样的情况,使得对藏族文化资源的保护刻不容
缓。《藏谜》将藏族文化搬上舞台,这为灾后保护非物质文化资
源提供了一种借鉴。"少数民族文化的异地保护"将是一个很值
得探讨的重要课题。

(三) 经济效益

1. 推动了资源优势向经济优势的转变

藏族拥有的丰富传统文化艺术资源是藏族人民生活实践的结
晶,凝聚着藏民族发展的悠久历史,如集歌舞、说唱、音乐等多
种艺术形式于一体的藏戏;雪顿节、望果节等藏族传统节日文
化;《玛纳斯》、《格萨尔》等史诗演唱……这些文化资源本身就
是一种宝藏,等待着人们去发现、加工和提炼,将其转化为经济
优势。特别是在资源丰富、经济欠发达的西部地区,将文化资源
优势转化为经济优势是推动当地经济发展的重要途径。这方面的
成功例子很多,比如成都市依托三国文化和三国民俗传统开发的
武侯祠和锦里商业街;云南省依托丰富的自然景观和民族风情等
形成的包括大理、西双版纳、丽江等著名风景区在内的旅游业成
为了云南省经济发展的支柱产业等。

《藏谜》的出现是将文化资源优势转化为经济优势的又一个
成功例子。它顺应市场经济的发展潮流,根据受众的爱好需求,
将处于原生状态的藏族文化作为原料和素材加以整理、加工后推

---

① 石破:《甘肃白马藏族乡文化传承陷入困境面临消亡》。http://news.sina.com.cn
/c/2008 - 07 - 18/093615956090. shtml 2008.7

向市场，将文化资源和市场开发有机地结合起来，建构了一种利用文化资源刺激经济增长，同时推进少数民族文化和经济共同发展的有益模式。

2. 实现了文化产品的品牌衍生和产业链的打造

品牌衍生是将现有的成功品牌，用于新产品或修正过的产品的一种战略，是实现品牌无形资产转移和发展的有效途径。品牌衍生一方面实现了品牌资产向新产品的转移，另一方面又以新产品形象延续了品牌的寿命。[①] 比如一部《三国演义》衍生出了书籍、电影、旅游等多种文本形式；广西的《印象·刘三姐》这一演艺旅游项目则拉动了当地房地产、酒店业、餐饮业等相关产业的发展。

对《藏谜》而言，打造产业链已经产生了较好的经济效益。在北京中关村，由于《藏谜》的上演，一些兼营和专营藏族文化商品的商店生意比以前更加兴隆；《藏谜》在北京保利剧院首演后，以杨丽萍所扮演的"度母"为主题的唐卡受到了消费者的追捧。《藏谜》激发了观众对于藏文化的向往和喜爱，这为通过《藏谜》来实现品牌衍生、打造相关文化产业链奠定了基础。显而易见，对资源进行相关的产业化运作能够创造新产业，取得巨大的经济效益，美国迪斯尼以及相关产业的开发就是一个成功的例子。

3. 利益相关方获利丰厚

《藏谜》由四川锦城艺术宫全程代理，从 2007 年 8 月自成都开始全国巡演，截至 2007 年 11 月底，巡演城市已有武汉、长沙、杭州、宁波、南京、合肥、苏州、扬州、无锡、上海、萧山、嘉兴、天津、北京、佛山、福州等，演出约 40 余场，在全

---

① 郭国庆：《市场营销学通论》（第二版），中国人民大学出版社 2003 年版。

国各地产生了极大的影响，获得了各方好评。巡演中，武汉、杭州、南京、南宁等很多城市纷纷要求加演，以满足市场需求。巡演于 2008 年 1 月结束，巡演城市达 30 余个，总场次 70 余场。①

对锦城艺术宫而言，据相关负责人介绍，目前《藏谜》的出场费与《云南映象》第三轮巡演的出场费相当；对总制片人容中尔甲而言，《藏谜》全部投资可于五年后收回；对于《藏谜》的全体演出人员来讲，参演《藏谜》为他们带来了更好的经济收入，"所有人带回的过年钱，都是以往在家里挣的好几倍"。② 可见，《藏谜》的创作、营销使当地藏民的生存和工作得到了改善，这对于解决四川少数民族地区贫困人民的生活问题和基于经济基础的文化传承与发展具有重要意义。

三 利益相关各方的考虑

（一）《藏谜》剧组的创意思考

这台节目取名《藏谜》，其意在于对神秘的藏文化的揭示。一直以来，藏族居住的地方都是远离都市的高寒地带，生活条件艰苦，交通不便，信息不通，藏族特有的生活方式和文化习俗让现代人感到神秘和难解。制作人希望通过这个节目全方位、多视角地使人们了解藏族人民的生活、劳动、宗教信仰等，为世人揭

---

① 四川锦城艺术宫网站：http：//www. jcysg. com/ns _ detail. php? id = 3619&nowmenuid = 584&cpath = &catid = 0

② 《四川文化产业品牌〈藏谜〉横空出世》：http：//book. sohu. com/20080123/ n254831577. shtml 2008. 1

开他们心中关于藏族和藏族文化的谜。这也是对《藏谜》创作和销售的市场预期。《藏谜》这台节目集中展示了藏族的歌曲、舞蹈、乐器、服装等充满藏族气息的文化内容，容中尔甲给《藏谜》的定位是："它不是歌剧、音乐剧，它是综合性的纯民间原生态的一种形式。"

用什么样的形式来反映藏文化资源，使它既能和当下科技和现代文化及审美需求一致，又能展示藏族文化本真属性，是该剧目制作方首先思考的一个问题——用歌舞等形式来展示藏族文化是他们的答案。歌舞作为藏民族的生活形态，既是其生活表达方式也是其生活本身。《藏谜》采用歌舞的形式最能反映其文化特质。2006 年，杨丽萍到西藏等地采风，在藏族人民的日常生活、劳动中获得了灵感，将他们的生活习俗、宗教信仰等搬上了舞台，如藏民收青稞、打场、晒青稞、修缮圣地布达拉宫时的"打阿嘎"、表达男女情感的"长袖舞"、"赛装节"上色彩缤纷的藏族服饰展示等。杨丽萍和众多藏族演员们用舞蹈、用歌声等形式将藏文化展示在世人面前，表达了藏民在朝圣求佛的过程中寻求精神归宿的心路历程，以及对于生活的态度，对于生命的理解，这是对藏文化主体性特征的追求。

（二）演艺中介组织的营销策划

1. 对市场环境的分析

市场环境是影响企业市场营销活动的因素之一，企业生存的关键因素也在于对市场环境的认识和适应。经营成功的企业必须对市场环境有准确的把握和良好的适应。锦城艺术宫接手代理《藏谜》后，首先就对市场环境进行了较为深入的分析：

（1）对演出条件的分析

首先是作品分析。由杨丽萍主演的《云南映象》作为一部原生态作品，其"外部营销专业化"的运作取得了商业上的成功，《云南映象》市场也得到了充分的开发。然而在它之后出现的所谓原生态作品都没有取得很大的反响，市场一度出现了空白。

►《藏谜》海报

锦城艺术宫认为，《藏谜》作为一台完整反映藏族文化和风情的舞台剧目，在目前演出市场上尚属首例。它具有明显的优势：第一，它是一台将传统文化和现代审美需求结合起来的剧目，构思精巧、制作精美，具有相当强的艺术冲击力；第二，由中国民族歌舞的代言人杨丽萍和藏族演艺文化的代表容中尔甲主演，该剧目的票房能得到保证；第三，近几年社会对藏文化的关注度提高但相关的艺术产品缺乏；第四，成都演艺消费市场日渐繁荣，消费需求增加，但演艺内容过于匮乏。以上这些条件是《藏谜》销售获得成功的重要保障。

其次，对自身销售能力的分析。四川锦城艺术宫是大型国有演出单位，是四川省最大的现代演出基地和唯一具有 A 级营业性演出许可证（可开展涉外演出经纪业务）的演出经纪机构。艺术宫各类设施先进，人员素质较高，有员工 170 余名，其中 60%为专业技术人员，能满足国内外各类文艺团体演出、电影放映、展览的举办、多门类艺术培训的开办等各类文化艺术活动需求。公司自组建以来已承接和组织过全世界 30 多个国家和地区的百余家文艺演出；国内数百家文艺演出团体也都曾在此剧场进行演出。① 自 2007 年以来，锦城艺术馆主办了各种类型的演出，如引进了《雷雨》、《琥珀》等多部话剧，销售业绩良好；同时，它也是西部演出联盟单位，与北京、广州、上海等城市的演出机构联系紧密。锦城艺术宫多年积累下来的专业化市场运作经验以及广泛的市场网络是《藏谜》销售所需要的。

（2）对演出市场的分析

首先是对全国文化演出市场的分析。中国现有各类文艺表演团体近万家，全年演出 42 万场，观众 4.7 亿人次。北京、上海、武汉等城市演艺业繁荣。在旅游市场上，据不完全统计，2006 年在全国各重点旅游城市和旅游景区定时定点上演的、投资在百万元以上的旅游文化演出有 153 台，资金投入达 17.9 亿元，参加的专业和业余演职人员 1.76 万人，观众达 1.67 亿人次，涌现了一批场面宏大、制作精美、演艺精湛、格调高雅的优秀作品，吸

---

① 四川锦城艺术宫网站：http：//www.jcysg.com/main.php

引了海内外广大旅游者，并得到广泛好评。①

据国家旅游局局长邵琪伟分析，随着中国各地经济在不同水平上的发展，旅游产品也正在从观光旅游为主转变为观光旅游和休闲度假旅游共同发展的格局。从现在起到 2020 年，中国旅游业将进入到规模继续扩大、效益不断提高、发展方式更加科学的新的发展阶段。② 文博产业、旅游文化演出将是一个巨大的值得开拓的消费领域。

其次是对成都市演出市场的分析。对成都市演出环境的分析：成都市作为一座发展中的西部重点城市，其文化的影响力不仅在中西部地区，在全国乃至全世界都有着极强的辐射力和吸引力。经济的发展和政府的着力推动都使得成都市的文化消费市场日渐繁荣。据统计，成都市总人口数 1100 万，还有 300 万的外来务工人群和暂住人群，全年接待游客 110 万人次。如果常住人口按 10%、暂住及务工人员按 50% 的比例来计算，加上来蓉旅游的人数，每年至少有 370 万人以上的文化消费群体，③ 成都是一个具有巨大演艺消费潜力的市场。随着经济的发展，人们对于文化消费的需求增加，成都市的演出消费需求和消费水平在不断提高，这是《藏谜》推广营销的坚实的社会和市场基础。

此外，四川省提出了由文化资源大省向文化资源强省跨越的战略，四川省政府的相关政策也充分刺激了国有剧场和国有演出公司主渠道作用的发挥。积极发掘和推销省内外的优秀文化产

① 《中国旅游演艺项目的开发现状与动态发展》，http：//www. blog. edu. cn/user2/37811/archives/2008/2101439. shtml
② 《人民日报（海外版）》，2008 年 9 月 4 日。http：//paper. people. com. cn/rmrbhwb/html/2008 - 09/04/content_ 96035. htm
③ 成都市政协重点调研课题：《成都市演艺场馆及天府大剧院规建建议报告》，2008 年。

品，以满足人们的精神文化需求，成为四川文化产业工作的重要原则。这些相关政策的制定和实施为锦城艺术宫的市场化运作提供了基本保障和发展空间。四川省委宣传部、四川省文化厅对于《藏谜》给予的高度关注和支持，更为《藏谜》的推广营销搭建了良好的平台。

对成都消费市场的调查：在一个演艺节目推出之前，应首先对当地的文化消费市场进行调查和分析。作为西部重点城市，《藏谜》首演的第一站对成都市消费市场的分析至关重要。成都市委宣传部曾就"市民文化需求"作了一次调研。见下表。

成都市民的文艺演出形式选择①

文艺演出形式	音乐会	歌舞晚会	杂技	音乐剧（芭蕾舞剧）	话剧	地方曲艺	木偶、皮影戏	川剧	京剧
喜爱比例（%）	50	44	28	25	23	16	13	11	4

从表一中我们可以看出，歌舞晚会这类演艺节目在成都市有着很大的消费市场，随着经济的提高和文化市场的发展，这一需求也会随之提高，这表明《藏谜》在成都的推出具有良好的消费市场基础。

围绕这次研究，本课题组就成都演艺消费市场进行过一个专项调查。见图1。

---

① 成都市市委宣传组：《成都市民文化需求调查报告》，2006 年。

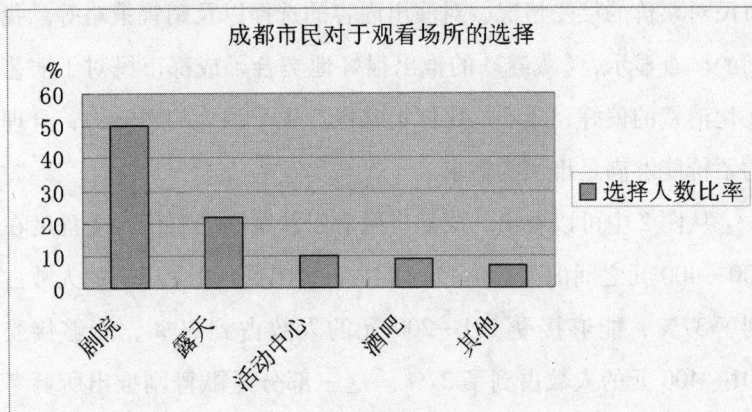

图1　成都市民对观看场所的选择

从图1可以看出，成都市民倾向于在剧院观看演出，其次是选择在露天观看演出。调查证明《藏谜》选择在剧院进行演出是正确的抉择。在剧院开展演出能够最大程度地吸引观众来观看，能够尽可能多地掌握观众人数，能更好地进行票价的制定、演出形式的调整以及对观看受众预期的把握。

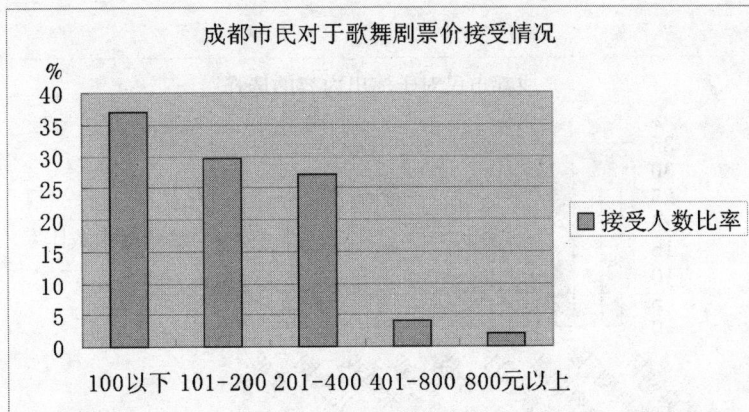

图2　成都市民对歌舞剧票价的接受情况

在成都市展开《藏谜》的首演必须考虑众多因素，如成都市民对票价的接受情况、对演出内容的选择以及销售策略等。我们的调查显示,《藏谜》的推出很好地契合了成都市民对于演艺文化消费的偏好,成功的媒体策略也产生了强大的影响力,合理的票价能够满足市民的需求。

从图 2 中可以看出,成都市民对于歌舞剧的票价接受程度在 100—400 元之间的人数最多。其中能够接受 100 元以下的人数占到了 37%,能够接受 101—200 元的人数占到 30%,能够接受 201—400 元的人数占到了 27%。这三部分是歌舞剧推出所要考虑的主要人群。在票价制定上,主要针对这一范围的受众多推出这一价位的歌舞剧票,能提高歌舞剧目的上座率,确保最大利润的实现,获取最大的经济利益。在考虑满足大部分受众的同时,对于高端市场,即图二中 400 元以上票价的接受人群也不应忽视,应针对这部分人群推出贵宾座次等服务,但应当注意,能够接受这部分票价的人毕竟是少数,所以高端票的数量应低于大众票价的数量。锦城艺术宫的票务销售体系也证明了我们的预测。在《藏谜》的票价上,有 880 元、680 元、480 元、380 元、280

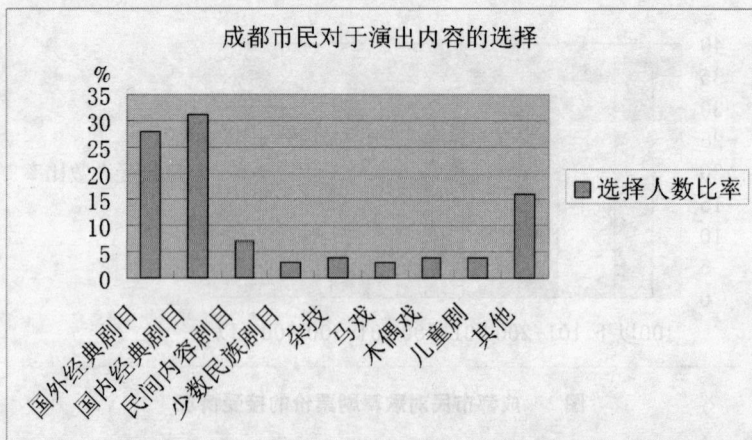

图3 成都市民对演出内容的选择

元、180 元等六个不同的价位，满足了不同消费群体的需求。

图 3 的调查显示，成都市民倾向于选择国外和国内经典剧目，其中选择国内经典剧目的人数最多。《云南映象》的成功，塑造了少数民族原生态经典剧目的形象。根据图三的显示，国内经典剧目在成都市场拥有最多的受众，证实了《藏谜》在成都市场推出能够获得预期的效益。而《藏谜》作为杨丽萍担任总导演的第二部歌舞剧，其取得的票房收入和观众评价一定不会低于《云南映象》。

2. 对《藏谜》的推广及运作

（1）《藏谜》的宣传策略

对文化产品的营销不仅要求企业对市场环境进行分析，还要求企业根据需要通过广告、销售促进、公共关系等方式对产品进行推广。良好的媒体策略是市场销售的核心，也是现代市场运行的法则。通过整合媒体与受众进行有效的信息沟通，影响和改变受众，唤起兴趣，刺激需求，可以有效地促进产品的销售。《藏谜》在进行推广时，主要采取了名人效应和借助媒体两种方式进行宣传。

借助名人效应打开市场。在商业化高度发达、信息纷繁的现代社会，品牌是获得消费者信任的首要因素。《藏谜》能迅速打开市场，赢得信任，和"杨丽萍"、"容中尔甲"的名人效应是分不开的。杨丽萍作为民族歌舞的带头人，具有极高的艺术号召力和市场认同度。《藏谜》是继《云南映象》之后杨丽萍的又一部新作，观众、演出商、媒体都寄望甚高。

作品的出品人容中尔甲则是 2000 年全国青年歌手大奖赛的获奖选手，凭借其音乐才能和独特的藏族文化气质成为藏族"情歌王子"。杨丽萍的舞蹈和容中尔甲的歌曲是《藏谜》演出的亮点，更是宣传的突破口——看《藏谜》就是看杨丽萍和容中尔甲成为该剧目营销策略的核心。

强势的媒体宣传。良好的媒体宣传策略是所有商业行为成功的法宝。《藏谜》要想获得成功，利用好媒体是首要条件。

2007年7月18日，锦城艺术宫在成都市锦江宾馆举行了首演新闻发布会。除了四川的媒体，锦城艺术宫自费邀请了来自中央电视台、新华社、新浪网、香港文汇报等40多家全国知名媒体的记者，以及武汉、宁波、杭州、南京等地的几十名演出商。这次大规模的新闻发布会让《藏谜》不仅在成都，而且在全国的其他地方未演先热。

除新闻发布会外，四个多月来，杨丽萍和容中尔甲接受了近百家媒体的采访，为《藏谜》进行广泛的宣传；在网络上，专门的节目网站让"藏迷"观众可以通过文章和新闻报道对《藏谜》的相关内容、巡演信息等进行查询和了解，同时可以在论坛上对《藏谜》进行评价和提出建议，这无疑增进了观众和《藏谜》的互动，激起了关注，迅速扩大了消费群。媒体的宣传为《藏谜》的全国巡演、亮相上海艺术节、北京国际舞蹈演出季创造了良好的开端。

（2）《藏谜》的产业化运作

《云南映象》在运作上采取的是"外部运作专业化"的运作模式。《藏谜》借鉴了这种运作模式，并增加了驻演加巡演的双线模式。出品人容中尔甲将《藏谜》全国巡演总代理权委托给锦城艺术宫，负责国内市场的销售；2008年11月即将展开的第二轮巡演则对准了国际市场，期望借助香港、澳门的演出走出国门，走向世界。

重视票务销售体系的建设：除了传统销售模式外，锦城艺术宫采取了通过"票务在线"实行售票的方式，注重网上购票者的相关咨讯，有效地拓展了市场需求预测，实现销售定额等销售工作的空间和视阈。在票价上，根据实际情况制定票价，在广州演出的最低票价为 80 元（学生票），其他有 880 元、680 元、480 元、380 元、280 元、180 元等六个不同的价位，满足了不同消费群的需求。

《藏谜》在巡演之后，计划采取长期稳健高效的经营策略。在九寨沟，投资 5000 万元修建的九寨沟藏谜大剧院将作为《藏谜》的长期驻演场所，剧院占地 20 亩，建筑面积 15000 平方米，演艺厅能容纳 1500 名观众，舞台将全部按照《藏谜》需要的舞台效果来设计。虽然原定于今年驻演九寨沟的目标由于汶川大地震的影响没有实现，但是随着九寨沟的逐步开放，依托其旅游优势，主办方相信能够使《藏谜》的品牌得到延续，同时得到长期回报，把单一的产品品牌打造为区域标志性文化品牌。

（三）创意策划与市场营销的优劣分析

1. 对剧目定位以及内容创作的把握准确适度

西藏的民间歌舞浩如烟海。由于地区以及民族的差别，即使是同类舞蹈也有各自的特点和差别。往往乡与乡、村与村之间的舞蹈都不尽相同。在人人信教的西藏，舞蹈艺术与原始崇拜、部落战争不可分割。经过千万年的演变，人们仍能从西藏民间歌舞带有象形文字符号色彩的群体排列、微妙的手势、舞者的姿态等观察到远古人类对自然和神灵的无限敬畏及文明发展的脉络印记。创作方以藏族原生态歌舞乐的形态反映藏文化，把握住了藏文化的精髓；在本真的基础上适度创新，又满足了当代社会的审美需求。该文本的独特之处在于既内含着原始的生命精髓，又体现着当代世界性的审美理想，符合当代大众的审美需求。

2. 相关产业链打造缺失

总体上讲,《藏谜》对剧目本身的营销和策划是成功的,但在围绕《藏谜》进行深度开发和形成相关产业链上还存在着较大不足。通常情况下,一个产业的发展必须以核心产品为龙头,衍生产品为辅助和推动,并在此基础上形成较为全面的、多维度的产业集群才能生存和发展。在演艺文化活动中,利用演出内容和场馆开展多种经营是一种国际通行的演艺文化产业的运作模式,如围绕剧院构建一个可以开展健身、休闲、娱乐、艺术品鉴赏等各类活动的多功能文化中心或者广场;修建多种与文化品位相融洽的经营设施等。[①] 对《藏谜》而言,围绕这一品牌开展多种经营,打造相关产业链是其持续发展的必然需求。目前,《藏谜》在配套衍生产品的开发上有所实践,比如在看演出后可以买到演出中小羊叉叉的玩偶、六弦琴小模型、唐卡等相关纪念品。但相比较藏文化巨大而深邃的资源来讲,开发的力度仍然不够,可开发的形式和空间依然非常深广,比如围绕剧目设计一些藏族生活体验项目、购物项目;围绕藏文化进行书籍出版、影视剧制作、动漫制作等相关文化产业链的开发。

四 《藏谜》开发中存在的主要矛盾和问题

(一) 现代化进程中的传统文化转换问题

现代社会发展进程中,流行文化在我们的日常生活中无处不

---

① 谢梅、苏伟、张中庆、陈丽媛:《成都演艺场馆体系建设构想》,《中国文化报》2008年第7期。

在。现代流行文化具有技术性、复制性以及消费性的特点，这对传统文化的人文色彩和原生态内涵造成了极大的冲击。在现代流行文化的影响下，传统文化正逐渐失去原有的一些精华：一些民族歌谣、曲艺、传说等开始失传；一些精湛的民族工艺和建筑开始衰微；一些有利于培养人类美德的传统礼仪和习俗逐渐被放弃等。① 比如在少数民族地区，越来越多的汉族服饰取代民族服饰；一些民族语言走向衰落；在演艺方面，许多民族歌舞打着"原生态"旗帜演绎着猎奇的、低俗的、消极的文化内容，使其民族文化偏离了本来的面目，走向了空洞和浮华。

作为一台歌舞节目，《藏谜》是以"原生态"为特色的，原汁原味的音乐，原始的舞蹈，本色的演员，通过最接近藏族文化本质的表现方式对藏族文化进行了开发和展示，其意在反映整个藏族源远流长的历史文化和社会生活。然而它仍不可避免地渗入了现代人的意识，如扮演牦牛的演员跳起了街舞；牦牛唱起了"你是我的玫瑰、你是我的花"；放牛娃则用"稍息、立正"等口号来命令牦牛。对于这些表演，有评论家认为是"搞笑"、"不失恶搞精神"；而杨丽萍则认为是"希望通过这种带讽刺味的幽默方式，唤醒大家对传统文化的重视"。② 但是作为一台商业性的剧目，它的最终目的是为了经济利益，为了迎合受众趣味需求，而不是纯粹地展示藏文化。用现代化技术和手段展示传统文化会不会破坏原始文化的意义，还是一个值得深思的问题。

（二）原生态和艺术虚构对立统一的问题

"原生态"是自然地理和环境科学的一个概念，是指自然状

---

① 王希恩：《论中国少数民族传统文化现状及其走向》，《民族研究》2000 年第 6 期。
② 慕羽：《从〈藏谜〉解读杨丽萍效应》，《北京舞蹈学院学报》2007 年第 4 期。

态下的未受人为影响和干扰的原始生态或生态原状，是一种天然美、原始美、自然美的"代名词"，象征着人类与自然的和谐。[1]自第十二届青年歌手大奖赛首次设"民歌原生态唱法"以来，原生态开始在文化艺术领域出现并被提及。而"演艺原生态"一词最早出现是在对张艺谋的《印象·刘三姐》的评价上。当时，张艺谋利用桂林的真实山水风景作为舞台，让当地的农民作为演员来进行表演，模糊的原生态艺术表演概念第一次被提及。其后，杨丽萍以云南日常的风俗为主要内容打造了《云南映象》，使得演艺业的"原生态"一词开始流行。随后，打着"原生态"这一概念的节目层出不穷，如成都的《天地吉祥》、云南的《香巴拉印象》等，但反响并不强烈。《藏谜》的出现又掀起了人们对演出艺术"原生态"这一概念的进一步探讨。

研究者对于"演艺原生态"存在着诸多争论：持肯定态度的如崔成泉认为，原生态不是对粗粝生活的照搬，不是自然主义式的描写和传达，而是艺术的再加工和再创造。如果把原生态作为一种审美样式来看，它一定要借助于某一地域、某一民族那些具有仪式化、传承性的文化记忆形态，加以艺术化的提炼和再创造，从而传达出有关这个地区和民族的自然、地理、历史人文、民俗文化的沿革和演变。[2] 慕羽认为，杨丽萍的"原生态"是"变化中的原生态"，是对原生资源进行开发后，为适应舞台表演而做出了变化。[3] 但也有人认为原生态文化是从其存在的生活土壤中萌发出来的，一旦赖以生存的生活环境消失了，它也就随

---

① 卢家鑫：《原生态民族文化旅游开发及民族文化传承与发展》，《贵州师范大学学报（自然科学版）》2008 年第 2 期。

② 崔成泉：《怎样的〈藏谜〉，怎样的原生态》。http：//www.ccdy.cn

③ 慕羽：《原生态改造了原生态——歌舞〈云南映象〉观后感》，《中国文化报》2005 年第 11 期。

之消失了，所以在喧哗城市的亮丽舞台上，不论以任何一种贴近民间的形式呈现，都不存在真正的原生态，这是一个铁律。① 基于对"原生态"的仁智之见，怎样理解《藏谜》的原生态性也是值得继续研究的一个话题，因为它是民族文化独立性和自在性存在的基础，是今天如何看待和保护民族文化发展的重大问题。

（三）注意力经济的挖掘与文化可持续发展的冲突和对立

注意力经济的一个基本运行原则是"越吸引人的东西，你越愿付出代价"。② 独特的注意力经济可以在短时期内引起对文化的关注和保护，从这个角度来看，《藏谜》在进入市场初期，利用杨丽萍的名声成功实现了国内外对于藏族文化的关注，抢救了较多藏文化非物质文化遗产。但是，文化的发展是一个持续的过程，它需要在社会生活的发展、自然的发展状态中，通过理性的思考来获得和积淀。在注意力经济和文化可持续发展两者之间不可避免地存在着对立与冲突。我们应当看到，在《藏谜》推广之初，以"杨丽萍为最大卖点"的思路是正确的，但是在《藏谜》推出之后，如何让它对藏民、藏区产生良好影响，让演员保持藏民族习性和藏文化思想价值观念；如何将人们的注意力从杨丽萍身上转移到作品本身、转移到对藏文化本身的兴趣上，如何与当地藏文化产生良性互动以及营造良好生态环境来保护藏文化的生存；如何将注意力经济打造与文化可持续发展密切联系起来，却依然是继续努力的方向。

---

① 张晶：《原生态舞蹈何去何从？——由非洲舞蹈引起的对我国原生态舞蹈的思考》，《福建艺术》2008 年第 1 期。

② 胡晓：《从电视媒介产业化解析"注意力经济"——以湖南电视为例》，《科教文汇》2008 年第 5 期。

《藏谜》是藏文化资源产业化的一个典型案例，也是少数民族传统文化现代化生存的实验性范式，更是少数民族文化与经济发展良性互动的有益尝试。《藏谜》不仅仅是藏文化资源被挖掘、抢救和保护的一种方式、一种途径，它可以启发我们对中国少数民族文化资源的挖掘、抢救和保护的多种思考，这些思考涉及非物质文化遗产的挖掘和保护、文化自觉与文化创新、文化生态建构与文化民族性发展、文化资源有效利用与少数民族地区经济发展等重大问题。所以，对《藏谜》的研究不应当只关注这台歌舞节目，而应当更多地聚焦在整个藏族文化乃至少数民族文化自身的发展及其与当下社会的关系上，聚焦在中国当代文化的建构上。《藏谜》的成功经验可以为藏族文化资源开发和文化产业的发展提供借鉴，但更应该成为少数民族文化保护和发展的新途径探索的开始。

思考题

1. 本案例对于非物质文化遗产的保护有何启示？

2. 在发展中国的少数民族文化产业上，存在着哪些有利和不利条件？

3. 在少数民族文化的自我发展上，本案例有哪些借鉴意义？

参考文献

1. 罗莉：《藏族文化产业的定位与发展》，《西南民族大学学报（人文社科版）》2005 年第 2 期

2. 强巴曲杰：《藏族舞蹈审美特征略探》，《中国藏学》2002

年第 4 期

3. 杨顺清：《繁荣发展少数民族文化的原则与政策浅析》，《民族理论与民族政策政究》2007 年第 11 期

4. 平措次仁：《关于继承和发展藏族舞蹈的几点看法》，《艺术新论》2006 年第 1 期

5. 何沙洲：《云南文化市场的杨丽萍模式》，《经理日报》2004 年 7 月

6. 周明甫、金星华主编：《中国少数民族文化简论》，民族出版社 2006 年版

7. ［美］莱斯特·R. 布朗：《生态经济：有利于地球的经济构想》，东方出版社 2002 年版

8. 费孝通：《论文化与文化自觉》，群言出版社 2005 年版

9. 熊澄宇：《文化产业研究——战略与对策》，清华大学出版社 2006 年版

相关链接

1. 《藏谜》官方网站：http：//www. zzystai. com/index. asp

2. 四川省锦城艺术宫官方网站：http：//www. jcysg. com/main. php

附录

成都演艺市场受众调查表

尊敬的先生/女士：

您好！非常感谢您在百忙之中抽出时间填写这样一份受众需

求表，我们此次调查的目的是为了了解您对目前四川演出类型、票价、内容等方面的信息，从而更好地促进成都演出市场的发展。本问卷分两部分，第一部分为您的个人信息，第二部分是需要调查的相关问题。（请根据您的实际情况，在□中划勾作答）

第一部分

1. 您的性别：

□ A. 女　　□ B. 男

2. 您的年龄：

□A. ＜18　　□B. 18—20　　□C. 21—30　　□ D. 31—40
□E. 41—50　　□F. ＞50

3. 您的受教育程度：

□A. 小学　　□ B. 中学　　□ C. 大学　　□ D. 研究生

4. 您的月收入：

□ A. 1000 以下　　□B. 1000—2000 元　　□ C. 2000—5000 元
□ D. 5000—10000 元　　□ E. 10000 元以上

5. 您的职业：

□A. 学生　　□ B. 教师　　□C. 自由职业　　□ D. 企业管理人员　　□E. 公务员　　□F. 医护人员　　□G. 农民工　　□H. 退休人员　　□I. 传媒人　　□J. 其他

第二部分

1. 在过去一年时间内，您是否观看过演出？（如果没有，请跳过第二题）

□A. 看过　　□B. 没有

2. 如您观看过演出，总共观看了几次？

□A. 一次　□B. 两次至五次　□C. 五次至八次　□ D. 八次以上

3. 您对下列演出的兴趣?

	很喜欢	喜欢	一般	不喜	很不喜欢
话剧	5	4	3	2	1
歌舞剧	5	4	3	2	1
音乐剧	5	4	3	2	1
音乐演奏	5	4	3	2	1
明星演唱会	5	4	3	2	1
小型 Live 现场演出	5	4	3	2	1

4. 您喜欢在什么地方观看演出?

□A. 剧院　□B. 露天　□ C. 活动中心　□D. 酒吧　□E. 其他____

5. 您喜欢演出个人或团体来自的地域为?

□A. 国内的　□B. 国外的　□C. 其他____

6. 您能接受多少价位的演出票?（单位：元）

类型 ＼ 价格	100 以下	101—200	201—400	401—800	800 以上
话剧					
歌舞剧					
音乐剧					
音乐演奏					
明星演唱会					
小型现场演出					

7. 您喜欢看什么内容的演出?

□A. 国外经典剧目　□B. 国内经典剧目　□C. 民间内容的剧目　□D. 少数民族剧目　□E. 杂技　□F. 马戏　□G. 木

偶剧 □H. 儿童剧 □I. 其他____

8. 您喜欢看什么风格的演出？

□A. 歌剧 □B. 舞剧 □C. 音乐会 □D. 话剧 □E. 民族戏曲 □F. 其他____

9. 您喜欢怎样观看演出？

□A. 一边喝茶一边观看 □B. 一边喝酒一边观看 □C. 一边吃零食一边观看 □D. 静静地观看 □E. 其他____

10. 您看演出的时间选择是？

□A. 有自己喜欢的演出就看 □B. 节假日观看 □C. 周末 □D. 其他____

11. 您观看演出时对自己有服装上的要求吗？

□A. 穿着礼服欣赏 □B. 穿着平时的服装 □C. 无所谓服装 □D. 其他____

12. 您会选择和谁一起观看演出？

□A. 独自一人 □B. 和朋友 □C. 携带孩子观看 □D. 一家人观看 □E. 其他____

13. 您观看演出的目的是？

□A. 兴趣 □B. 享受 □C. 提高自身修养 □D. 看明星 □E. 捧场 □F. 没有其他可做的事情

14. 您对成都演艺的建议

_____

_____

15. 如方便，请留下您的联系方式：

联系电话：_____ 电子邮箱：_____

国有电影院线怎样获得竞争力

——以四川太平洋院线公司为例

刘彦武　刘勇峰

刘彦武，四川省级机关党校科研处副处长、副教授；
刘勇峰，四川省广播电视新闻与传播研究所室主任

电影院线的改革发展是我国电影产业发展进程中的一个重要阶段。进入新世纪以来，政府出台了《关于进一步深化电影业改革的若干意见》等一系列相关法规政策，促进了电影院线的突飞猛进。目前，我国电影院线有 34 条，全国影院总量从 2002 年院线发起时的 1000 来家增加至 1427 家，银幕总量从 1830 块增加至 3527 块，电影票房从 2002 年的 8 亿元增加至 2007 年的 33.3 亿元；银幕总量增长了 93%，电影票房增长了 316%；特别是 2007 年，主流院线新增影院 102 家，新增银幕 493 块，平均每天诞生 1.35 块新银幕。[1]尽管如此，相对于发达国家来说，我国院线制发展起步晚，而且受历史条件的影响，院线制的建立没有经过一个充分的准备过程，院线制的改革是通过政府政策自上而下的推动开始的，而非市场竞争和产业化发展的结果。总体来看，虽然数量不少，但规模都不大，院线制从一开始发展就存在不少问题，要想完善和成熟还需要相当一段时间。因此，政府有必要总结借鉴国内相对发展成熟的院线公司的经验，以此推动其他院线公司的共同发展。

四川太平洋电影院线有限责任公司（以下简称太平洋院线公司）是 2002 年首批被国家广电总局电影局批准的跨省院线。近年来，在四川省文化厅的领导下，该公司认真落实国家有关电影产业发展的法规和政策，积极探索创新，努力拓展市场，调整经营思路，创新营销方法，票房收入不断增长。

---

① 王伯政《中国电影院线的现状与发展趋势》，《永乐通讯》，http://www.paradise-filmtv.com/magzine/804/001-03.htm

2008 年 4 月，太平洋院线公司获得由中宣部、文化部、广电总局、新闻出版总署授予的"全国文化体制改革优秀企业"称号。全国受表彰的国有文化企业共 33 家，其中电影行业只有三家，分别是中影集团公司、长影集团公司、太平洋院线公司。对太平洋院线公司发展历程的剖析，有助于我们深入探讨政府在推动电影院线改革发展中的引导、促进和监督管理作用，研究电影院线的发展规律，推进电影产业进一步繁荣。

一 太平洋院线公司在改革中诞生

太平洋院线公司的成立源于国家院线制改革。2000 年 6 月，国家广电总局、文化部联合发布了《关于进一步深化电影业改革的若干意见》，提出积极推行院线制，促进跨地区经营，逐步建立以院线为主的供片机制，通过竞争活跃电影市场，促进影片收入在制片、发行、放映三个环节上的合理分配。

2001 年 12 月，国家广电总局和文化部又发布了《关于改革电影发行放映机制的实施细则（试行）》，明确提出实行以院线为主的发行放映机制，改变按行政区划计划供片模式，发行公司和制片单位直接向院线公司供片，并鼓励有实力的院线跨省经营。

2001 年 12 月 25 日，以新的《电影管理条例》的公布为标志，中国电影业开始了新一轮的体制改革和产业化进程。在政府的强力推进下，我国对延续了几十年的电影发行放映机制进行改革，开始推行与国际接轨的院线制，即在电影的制片、发行、影院链条中插入院线环节，由发行公司负责影片的宣传和发行，由院线公司负责将影片落实到各地的电影院公开放映，目的是改变国内电影发行放映体制存在的条块分割弊端，打破区域限制，减少发行层次，进行规模经营，合理分配制片发行放映利益。也就是说，电影院线要组建为一个联合体，改变以前逐级发行体系，让电影院直接面对院线公司，直接选择自己想要放的影片，并建立制片、发行、放映利益合理分配机制。

经过半年时间的酝酿、组建和运作，到 2002 年 6 月 1 日，全国有 23 个省（市）的 30 条院线开始挂牌营业，其中 11 条为跨省院线，19 条为省内院线，北京、上海、湖北、湖南、广东、四川、江苏、浙江等 8 省（市）率先完成了两条院线的组建工作，江苏和浙江则分别组建了三条院线。

从当时全国各地组建的院线看，由于组建时间仓促，市场化因素弱小，推广上行政措施太多，一些院线在实力、规模及运行机制上相差较大。基于这样的背景和对自身情况的分析，四川省电影公司在参加院线制改革时，选择了与其他省区电影公司不同的方式，直接由四川西南影业有限责任公司变更为四川太平洋电影院线有限责任公司。西南影业有限责任公司又是怎样一家公司呢？其实，四川是国内电影体制改革最早的省份。早在 1995 年 9 月，四川省电影公司在保持其国有企业性质不变的情况下，率先主动放弃全省的发行垄断权，联合省内 23 个市地县电影公司和影院与中国电影发行放映输出输入公司，组建了全国第一家以资本为纽带的股份公司——四川西南影业有限责任公司，其中四川省电影公司出资 54.1%。以四川西南影业有限责任公司为基础，组建四川太平洋电影院线有限责任公司更符合院线制改革的目标与要求。目前，太平洋院线公司拥有太平洋、王府井、紫荆、新城市四大主力影城，加盟影院 42 家，其中甘肃省有 13 家，银幕 116 块，座位数 29927 个。

二　探索院线制标准：高端起步

没有规矩不成方圆。院线制改革是摸着石头过河还是应该有个标准？太平洋院线公司的经营管理者认为，院线制应按标准发展，即有统一经营的管理模式，组建一批以资产联结为核心的影院，达到相当的服务标准和管理标准；有统一品牌的放映集团公司，院线核心影院的设备应代表国际影院发展的方向；有一定规模的市场份额，能在最佳档期获得制片商提供的最好影片。

坚持按标准改革和按标准运行，太平洋院线公司探索出了一条中型院线公司健康持续发展之路。他们认为，电影院线发展的重中之重，在于拥有与院线有资产联结的股份制影城，这些影城是支撑院线公司票房的主力，又是保证院线持续发展的稳定器。早在 2000 年，他们就以股份制的方式筹资 5000 万元购买了成都王府井电影城。这样的大手笔在当时全国的电影行业还是第一家，引起了业内的关注。成都王府井电影城的开业运营极大地提升了成都电影娱乐的档次，给成都电影观众带来了全新的观影感受，成为成都影迷观影的首选影城。同时，也吸引苏菲·玛索、张艺谋、陈凯歌、王家卫、成龙、刘德华、谢霆锋、张柏芝等国际名人、巨星、红星络绎不绝地来蓉推广影片，引来众多媒体的踊跃传播和广大影迷观众的追捧。

按照体制创新的思路，太平洋院线于 2003 年筹集社会及职工资金，投资近 4000 万元修建成都紫荆电影城，实现了四川省政府提倡的"民间资金向民营资本的转变"；2005 年又投资 5000 万元修建成都新城市电影城，填补了成都市主城区西北片区没有新型电影院的空白；连续几年注入资金改建成都太平洋电影城，使这座建于 20 世纪 90 年代的老影城不断焕发青春，连续多年票房排名四川第二名，2007 年更是突破 2000 万元，被业内传为"不老的佳话"。

太平洋院线主力影城以特色塑造差异，以差异创造别人难以复制的品牌，以品牌的实力增强院线在全国片商的影响力。仅王府井影城在 2004 年、2005 年、2006 年、2007 年的票房就连续突破 2000 万元。目前，太平洋院线支撑票房的主力影城均是资产联结紧密型的，院线票房的 80% 来自这些影城。

三　创新机制：撬动文化生产力的解放

以经营机制创新激发员工的动力。太平洋院线公司成立之初就首创了"电影发行责任人制"，即"制度＋目标＋责任＋激励"管理模式，极大地促进了文化生产力的解放。从影片的宣传发行、拷贝调度、片款回收等环节，保证每部国产影片有专人负责经营，彻底终结了过去的粗放经营方式。第一，营销院线发行责任人制激发了经营人员的能动性。2006 年院线在原有每一部国产影片都有专人负责经营，在票房成绩与其奖金挂钩的基础上，又丰富了营销责任制：对有一定运作空间的中小优秀国产片采用竞标发行；对发行难度较大的重点国产片，由院线承担全部风险，不向责任人设置任何门槛，按票房提成。第二，营销影城经理，让市场终端释放激情。院线要求旗下四个主力影城在放映重点国产片、优秀中小国产片时，影城经理必须创新营销手段、加大宣传投入、保证放映场次、强化激励机制。第三，营销媒体，千方百计为媒体提供新闻写点。比如《东京审判》在上映前一天安排王府井、紫荆、新城市、太平洋、花园五个影城举行口碑场，并组织媒体追踪采访观众，让观众唱主角，为媒体宣传影片提供鲜活、动态的新闻。太平洋院线公司"责任人制"受到全国电影发行商的称道，成为太平洋院线在强势院线的市场竞争中的"软实力"。

以用工机制创新释放员工的活力。在用工机制上，太平洋院线公司打破长期沿用的事业管理体制。一是建立起定岗、定员、定责、定薪的管理模式，充分赋予经营部门灵活的用工自主权；二是打破干部员工身份，变身份管理为岗位管理，实行用工合同制、上岗聘用制，管理人员和员工每年都实行年度考核和聘任，形成竞争、择优的用人机制；三是用人机制市场化，面向社会招聘员工，吸纳高素质人才，引进竞争。同时，太平洋院线公司深度开发人力资源，鼓励员工参加在岗学习，变人力资源为人力资本，将计划经济时代的一个个"坐商"打造成了具有丰富经营管理经验与高度社会责任感的企业能手。机制的转变给太平洋院线公司带来了前所未有的生机与活力。

企业与员工双赢，增强企业的凝聚力。新的经营机制兼顾了企业利益与员工利益，员工拥有归属感，企业具有凝聚力，太平洋院线公司实现了电影产业资产增值、员工增收的共赢局面。多年以来，公司员工收入以每年超过 10% 的速度递增。尽管太平洋院线不断进行大力度的改革，但该公司没有一名员工下岗，没有出现因就业、分配等问题而扯皮闹事或上访的现象。

四　输出品牌、输出管理：在开拓中发展

面对同城的万达院线、中影星美院线、上影国际院线、峨嵋电影院线四大院线的激烈竞争，太平洋院线公司以"输出品牌，输出管理"催生了公司强势崛起。跨地区组建影院是太平洋院线公司又一创新发展之路。

　　2005 年 9 月，太平洋公司与甘肃省电影公司合作开发西北电影市场，组建了兰州太平洋影业有限公司，投资的兰州华联电影城开业不久就成为甘肃新型影城中的票房冠军，其先进的经营理念更是给西北电影市场带去了勃勃生机，甘肃省委书记、省长亲临影城，对其取得的成就予以充分肯定。2006 年 9 月，太平洋又组建了资阳太平洋影业有限责任公司；2006 年 12 月，组建了德阳影业有限责任公司；2007 年 1 月，组建了深圳影业有限责任公司。

　　太平洋院线公司的管理者认识到，仅有中心城市电影市场的繁荣还不能代表电影产业的发展，中国电影产业的发展应该有完整的市场产业终端，需要在二级、三级城市建设更多的新型影院。但是，单靠院线公司自身投入资金在二级、三级城市修建影院，在速度和规模上都不能满足市场发展的需要。实践中，他们凭借良好的经营业绩、先进的管理经验、诚信规范的运作，打造出了"太平洋"品牌，并成功地将品牌的无形资产转化为资本，进入新型影院的投资建设。

　　凭借"太平洋"品牌的价值，太平洋院线公司在二级、三级城市影院的建设经营中，成功吸引了社会资金的注入，创造了多种营运模式：资阳太平洋影城采用由当地政府提供优惠政策、院线提供品牌和管理、吸引社会资金投入的三方优势整合模式；德阳太平洋东方影都采用由院线主导经营管理、民间资本合作开发的经营模式；温江太平洋影城、广汉太平洋影城采用由社会资金全资投入，委托院线管理的模式；新都太平洋采用出资购买"太平洋"冠名的加盟模式等。这种充分发挥品牌资源价值的投资模式，使太平洋院线率先在全国实现了院线品牌价值的真正意义。

五　国产片专场：社会文化责任担待

　　国产电影在中国市场所占份额的多少是院线、影院持续健康发展的关键。发挥多厅优势，坚持每天开设国产片专场，成为太平洋院线公司的社会文化责任。太平洋电影院线致力于建立国产片发行放映的长效机制，确立了"激情造势、舆论先行"以及"传统经营与创新经营结合、展映与长效机制结合"的经营思路。

　　一是借助重大活动声势，规模放映国产片。太平洋院线公司在 2006 年开展了银幕激情献映"中国人、中国事、中国魂"优秀国产片放映活动，精心策划首映式、剧组见面会等各种营销活动 20 余次，吸引主流媒体报道 60 余次，放映了《东京审判》等国产新片 74 部，先后有 33.2 万人次观看，产生了巨大的社会影响。在 2007 年"优秀国产影片金秋展映月"的放映活动中，出台新的奖励办法，在原有利益基础上再让利 10% 给影院，极大地激活了影城放映国产片的积极性，其旗下 45 家影院共放映《公仆》等影片 54 部，投入拷贝 101 个，先后邀请了《八月一日》、《青藏线》、《闪闪的红星》三个剧组赴蓉宣传造势。

　　二是创新国产影片的经营机制。比如，优秀国产影片与进口分账大片相结合的发行方式，即院线公司组织国产影片竞拍，发行组超过标的数，加倍绩效提成，完成竞标数，公司奖励发行一部进口大片。还有错时、独家放映模式。有些国产影片院线没有安排与全国同步放映，而是选择有利时机安排影片放映档期，收到奇效，避免了中小国产影片与大片挤堆，造成资源浪费。另外，一些国产推荐影片由院线公司承担版权、拷贝风险，交责任人发行并调高责任人提成比例，较好地调动了责任人的积极性，使闲置的影片资源得到有效利用。

三是借助外力，开展国产影片放映互动活动。为将众多的国产影片迅速推向电影市场，院线精心提炼国产影片宣扬的精神、涉及的行业、对应的工作系统，有针对性地整合政府、企业各方实力，开展形式多样的影企联姻活动。比如，配合四川省委省政府实施"文化惠民"工程，与成都恒博医院联合推出"恒博万场优秀电影下乡进社区，携手共建和谐社会"的大型公益电影放映活动。针对党政部门发文组织观看的国产片，院线公司发挥社会各方力量，与民营公司共同开发市场，将这些影片在部分地区的发行权卖断给民营公司运作，既有利于影片的组织营销，也有利于减轻院线投入的风险。

从 2006 年开始，国家电影局加大了对国产影片的考核力度，从过去的全年 20 部推荐影片调增为 30 部。由于影片公布滞后、多数影片没有常规的宣传品供应、一些发行方没有足够重视、个别片商抬价卖断区域发行权等原因，院线公司国产影片放映工作难度加大。但是，太平洋院线公司坚持从多方面努力，克服困难，圆满完成了电影局对影片部数和国产片票房比例的考核指标。连续三年，太平洋院线公司及王府井电影城、紫荆电影城、太平洋电影城、新城市电影城等主力影城均获得全国国产片发行放映优秀单位、国产影片发行放映考核成绩优秀单位称号。

六 抑制票价：观众的文化权益保障

电影票价高已成为院线制发展的瓶颈之一。调查显示，票价过高是影响观众不去影院看电影的首要因素。国产电影的票价在一流影院已经达到了 40—60 元，进口电影达到了 60—80 元，价格水平超过了美国，而且近两年票价还在持续上升。社会对电影票价的争论一直很激烈，一方认为，现在的电影票价确实太高了，普通工薪阶层是接受不了的。而另一方认为，降低票价意义不大，电影市场的容量较为稳定，通过降低票价增加的人数带来的票房收入不足以弥补其降价带来的损失。现在新建的电影城基本都是按现代企业制度成立的、产权清晰的市场竞争主体，当然要按市场规律办事，电影价格也要根据市场来确定。

为保护大众观看电影的基本文化权益，2005 年 6 月 25 日，中国电影发行放映协会、中国城市影院发展协会和中国电影制片人协会向全国各影院发起了"周二电影票半价日"倡议。倡议一经推出，不但得到了政府的支持，而且得到了全国多家影院的响应，更是赢得了观众的欢迎。倡议当天，太平洋院线发布新闻，宣布率领旗下包括王府井、紫荆和太平洋三家顶级电影城在内的所有影院，以团队的形式整体参加周二电影票价半价日优惠活动。这也是全国首家以整体形式加盟该活动的电影院线公司。尽管活动倡导者建议的开始时间为当年的 7 月 1 日，但太平洋院线更是将时间提早至 6 月 28 日。

从 6 月 28 日至 12 月 20 日，共 26 个周二半价日与周一比较看，太平洋院线王府井影城人次平均比周一上升 80.5%，票房平均比周一上升 43%；太平洋影城人次平均比周一上升 134%，票房平均比周一上升 68%；紫荆影城人次平均比"周一"上升 72%，票房平均比"周一"上升 15.1%。"周二半价"活动收到了良好的社会和经济效益。"周二半价"执行到现在，在太平洋院线所属各影院中都已形成了自己的特色经营。

每周二电影票半价的优惠政策的确让越来越多的人可以到电影院去看电影，但一周只有一天这样的半价票，似乎还不能满足大家看电影的需要。根据市场的发展，太平洋院线公司适时提出了"10点半10元片"的概念运营。2006年10月初，太平洋院线就以"天天特惠十点半，只需十元看新片"的响亮口号，在主力影城中推出天天国产片专场，以此给众多中小成本国产影片一个固定的潜在市场，给喜欢看国产片的广大观众一个固定时空和低价选择，同时为影院也开辟了一块增收的空间，拓展了观影群体。从开始的三个月的统计表看，太平洋院线主力影城共放映了《喜马拉雅王子》、《三峡好人》等数十部中小国产影片，观影人次近万，票房近10万元。"10点半10元片"培育了一批早场观众，这一放映策略正逐步成为太平洋院线放映国产片的又一特色品牌。

此外，配合成都市精神文明办公室和团市委主办的"五彩假日　快乐相伴""一元特价看电影"暑期主题活动，太平洋电影院线还为中小学生，特别是农民工子女、留守儿童送去了特别的精神食粮。

为抑制票价，太平洋电影院线制定了适应市场需求、适合影城所处口岸及观众消费特点的电影票价体系：不同影院、不同影片、不同时段、不同人群，票价都有区别；同时也制定了一套成熟的根据不同档期、影院自身特色推出的系列酬宾票价。全年365天，天天有不同时段的半价电影，天天有不同时段的2—3折电影，这样的定价体系满足了更多观众的需求，这对院线巩固稳定的观众市场和品牌地位起到了很好的作用。目前，太平洋电影院线平均票价20元左右，与上海同比将近低7元。①

---

① 2007年上海营业性电影院的平均票价为26.97元。参见《电影票价还能降吗》，《解放日报》2008年6月17日。

七 第一个吃螃蟹：数字化电影

数字化技术实现了电影传播手段的创新。国家广电总局在 2004 年 3 月颁布的《电影数字化发展纲要》中指出，"建立完善的发行网络，是发展数字电影的关键之一"，并提出"力争 3—5 年内建成 500 家以上标准统一、形式不同的数字电影放映厅，实现数字影院规模化经营，满足社会不同层次需求，使数字电影院线进入中国电影放映市场的主流"。在电影从传统的胶片放映向数字化放映转折阶段，谁把握住数字电影发展的机遇，谁就赢得了先机。

数字化电影放映是时代的新选择、观众的新期待。电影的数字化是电影问世以来发生的一场最大、最深刻的变革，它将极大地改变观众看电影的方式和感受。而中国的数字化变革又是实现电影院线跨越式发展的重要途径。它对于扩大院线市场份额和整体效益，具有举足轻重的作用。

为开发数字电影市场，2005 年太平洋院线公司成立了"数字电影拓展小组"，并多次与北京时代今典数字科技公司洽谈合作事宜，同时还开展了市场调研，初步拟定了数字电影区域发展规划、建设规模、技术标准、投资规模、经营管理模式等。为抓住难得的发展机遇，太平洋电影院线将成都的五星级影城——新城市电影城，与二级城市的五星级影城——资阳太平洋电影城所有放映厅全部安装上数字设备，并且把旗下南充、达州红旗、眉山的影院也都发展成为数字影院，上述影院分别成为了全国一二级城市中首家全数字放映的电影院。

　　作为西部区域强势特色院线，太平洋院线已与中影集团数字电影院线有限公司结成战略合作伙伴关系，站在与世界顶尖数字放映技术同步发展的新起点上，积极与国际数字化标准接轨，率先引入先进的数字放映技术，走在了全国影院数字化建设前列。2007年底，全国数字银幕共计350块，太平洋院线公司72块，占全国的20.6%。

　　目前，太平洋电影院线50%以上的影厅配置了数字化放映设备，并以23家影城的规模达到了每部数字影片所需放映覆盖规模。这大大提升了四川二级城市观众与全国同步观映电影大片的速度，使包括广汉、广元、达州、眉山、雅安、内江等地在内的电影观众实现与全国、全球大城市同步欣赏中外影片的愿望与需求。

　　通过规模化的创新经营与实践，太平洋电影院线总结出了数字影片节目利用、影城人员配置使用、经营数字院线及影院投入产出，以及远程管理、监控及快速、远程维修技术服务等多方面的经验，为院线数字影院的进一步推广、为开创一级、二级城市影院数字化建设，作出了创造性的探索。

八　明天会更好

　　不断改革、不断求新成为太平洋院线的核心竞争力。随着中国电影产业的迅猛发展，修建电影院已成为一种热门行当。太平洋院线利用自身的专业知识与人才实力，又在电影院线设计、修建和装饰方面大显身手，练就其他院线缺少的杀手锏。近三年时间，太平洋院线公司参与了四川省内外30多座电影院的设计、建造，从单一的院线发行商变身新型影院建造商，形成了影院选点、构架设计、参与建设、后期管理经营一整套规范化运作体系。

当然，在太平洋院线公司的改革历程中，也存在一些发展困境。一方面是其自身发展应引起重视的问题。第一，长远发展战略研究能力不足。太平洋院线公司尽管在电影发行放映主业上领跑西部，拓展产业链还开发了电影广告业、影院设计装饰业、酒店餐饮娱乐业等，但仍缺乏中长期发展战略研究，没有从中型院线向大型院线、从单一的电影放映企业向电影制片、发行、放映一体化企业发展的规划。即使有这样的打算，也还缺少国际视野、长远目光。第二，跨省院线延伸能力不强。太平洋院线公司虽然在甘肃开拓了市场，在深圳的发展也开始起步，但在此外的其他地区的发展力、影响力还不能支撑其进一步扩张，要从西部院线发展成全国院线甚至国际院线，还有相当长的路要走。第三，危机管理能力薄弱。近年来全国其他地方公共娱乐场所的安全事故时有发生，暴露出很多单位应急处理能力缺乏和应急方案编制虚设的问题。这也给太平洋电影院线公司敲响了警钟。2007年6月26日太平洋院线库房拷贝与宣传品混装引发火灾，安全隐患应引起极度重视，危机应对能力还需提高。第四，在跨行业跨地区的扩张中，规避风险能力有待加强。在发展速度上，不能急于求成；在选择合作者和项目时要慎重，应充分考虑是否符合自身发展战略目标，最大限度降低风险。第五，在融资渠道上，职工持股和吸纳社会资金入股应更加规范。当年，为实现产权多元化建立股份制企业，吸纳职工、社会资金入股是积极而有效的。现在，应深入贯彻落实《关于规范国有企业职工持股、投资的意见》精神，规范国有企业改制和企业职工投资行为，防止国有资产流失，维护企业和职工合法权益，实现国有企业又好又快的发展。

另一方面，是影响该公司发展的外部环境还需要得到当地政府管理部门和社会各界的支持与改善。一是盗版猖獗，不仅有碟片盗版，还有网络扩散，2006年乐山宽频网站盗播《达·芬奇密码》，2007年新都湖光影院侵权放映太平洋院线独家买断发行放映的影片《我的长征》，损害了院线和制片商的利益，这不仅需要政府部门的严厉打击，更需要呼吁全社会都来积极参与保护电影知识产权的活动。二是竞争过度，目前成都有五条电影院线相互厮杀，在服务态度、影音效果、消费环境、口岸地段等方面形成竞争，由于发展速度过快，市场容量有限，难免出现恶意的无序竞争。对此，我们呼吁成立电影发行放映协会，加强行业自律，禁止一切偷漏瞒报、侵权放映等违规行为，消除院线不正当竞争。

虽然还存在这样那样的困难和问题，但是改革创新确保了太平洋院线公司做大做强与可持续发展，太平洋公司自己也打磨出了强于其他院线的利器。随着大环境的改善，太平洋院线公司仗剑闯天涯，又何愁不制胜？何处不制胜？

九　建议与思考

市场经济发展到今天，理论和实践对市场与政府的关系已形成了一种共识，即现代市场经济需要"无形之手"与"有形之手"的相互结合与共同作用，"无形之手"成为经济发展的主导力量，同样，"有形之手"也发挥了不可或缺的调控作用。特别是在发展像电影产业这种既有产业属性又有事业属性，既有经济属性又有意识形态属性的文化产业时，不能光靠市场的自然增长，还必须有政府的人为促进。在市场经济条件下，政府职能主要是经济调节、市场监督、社会管理和公共服务，就引导电影院线制改革发展而言，政府职能体现在以下两个方面：

其一，政府主导的法规政策创新起着重要的促进作用。监督和管理不是目的，通过政策创新促进经济发展、人民受益才是归宿。政府有了规定，还需要电影院线企业在发展过程当中落实。可以说，太平洋院线公司比较好地把握住了发展中的政策机遇和市场需求。电影产业发展有阶段性，发展较高阶段上遇到的问题与较低阶段的问题是不同的；较高发展阶段上是错误的东西，在较低阶段上往往是正确的，反之亦然。在电影院线产业的起步阶段，政府的导引作用比电影产业成熟阶段要大得多。因此，院线公司如何去抓住机遇和应对挑战就成为这个阶段发展的关键。太平洋院线公司面对种种困难所采取的许多发展对策是值得肯定和借鉴的。从我国 30 年各项改革经验看，早改革早受益，晚改革晚受益，不改革没希望。太平洋院线公司每每在关键时刻能抓住政策，用活政策，快人一步，胜人一筹，因此，该公司在重大发展阶段能跟得上、走得快，跃上新台阶。

其二，政府文化管理部门对电影院线公司的引导、调控同样不可或缺。一是树立一个优秀的领军人物。公司领导者必须为了共同的追求，踏踏实实地工作，与员工风雨同舟。二是培养一个优良的管理团队。团队的每个成员，除了具备良好的团队精神品质和共同的理念外，还要特别能吃苦，特别能战斗。太平洋院线的成绩得益于这个有活力、有激情的管理团队和员工队伍。三是打造一块优质的品牌。太平洋院线品牌是他们自己创出来的。在成都五条院线的激烈竞争中，太平洋院线品牌要有更大的发展，必须进行品牌管理，进行品牌投资、品牌经营、品牌输出。四是营造一个优势的运行机制。在发行环节，营销责任人；在放映环节，营销影城经理；在宣传环节，营销媒体。五是构建一个优越的管理模式。在公司治理结构上，太平洋建立起了现代企业制度、董事会、理事会、监事会职责分明；在保持国有控股前提下，实现了产权多元化，积极吸纳员工资金、社会资金投资入股，新投资的项目、新组建的企业全部实行股份制；在用工制度上，打破干部员工身份，竞争上岗，变身份管理为岗位管理。①

为促进我国电影院线又好又快发展，我们建议政府管理部门还必须加强以下几个方面的工作：

第一，在外部环境上强化执法，加大打击盗版力度，为电影院线提供良好的发展环境和空间。现在一些大片即将或正在上映，各种盗版光碟就出现在了路边地摊上，这不仅损害了电影生产商的利益、院线的利益，其粗制滥造也损害了消费者的利益。要提高对盗版对包括电影在内的文化创意产业破坏性、危害性的认识，完善文化、广电、新闻出版、工商、公安等部门协同配合机制，重点打击、综合治理，防控各种形式的电影走私、盗版和侵权放映等行为。

第二，在国产片放映上促进发展，完善相关配套措施，为电影院线切实完成国产影片放映任务服好务。国家规定，放映单位年放映国产电影片的时间不得低于年放映电影片时间总和的2/3。尽管电影放映具有公益性质，但更具备市场化因素。因此，还应从维护国家文化安全、保护民族文化传承的高度，采取

① 参见四川省文化厅厅长郑晓幸对太平洋院线成功经验总结的启示，四川文化市场网，2008 年 4 月 21 日。http://www.sccm.gov.cn/movie/show.asp?id=14119

政府采购、财政补助、设立国产电影生产放映专项基金、与企业联手等办法，做到维持电影院线经济利益和扶持民族电影发展的双赢。

第三，在平抑票价上加强指导，采取各种经济政策保护广大观众的基本文化权益。当前，在影城看一场电影对于绝大多数市民来讲无疑是一次中高档消费。既要保护院线的利益，又要维护人民群众的基本权益，政府应在税收减免或财政补贴上鼓励院线在居民人口多的小区和社区布设电影放映网点，这些网点装饰可以简易朴实，供片可以档期延后或打时间差，降低观看成本，抑制票价。

第四，在市场中介上加强管理，发挥电影发行放映协会作用，消弭院线之间不正当竞争。市场竞争是残酷无情的，但是随着市场中介组织的出现以及企业相互依存度的增加，自由竞争阶段你死我活的局面已经一去不返了，相反，竞合双赢的理念日渐深入人心。电影发行放映协会是政府与企业的桥梁，作为电影院线行业的整体利益代表，必须加强行业自律，加强与政府沟通，维护行业企业的合法权益，促进电影院线健康发展。

第五，在应急管理上完善制度，强化危机管理意识，提升电影院线应对突发事件的能力。《电影管理条例》规定，电影放映单位必须维护电影院的公共秩序和环境卫生，保证观众的安全与健康。近年来，一些公共娱乐场所火灾与爆炸事故频发，暴露了一些单位安全生产应急机制的缺乏。政府管理部门应加强对电影院线应急预案编制的指导，完善应急管理体系，保障社会公共安全，预防灾难发生，减少经济损失。

第六，在战略发展上加强引导，开拓发展视野，促进电影院线长远发展战略研究。各级电影行政管理部门必须立足当前，面向未来，研究新问题，探索新思路，结合本地、本部门实际，认真制定电影产业发展的阶段性目标和中长期规划，从战略高度保证我国电影的可持续发展。一要从低层次的竞争向高层次的竞争发展。院线要改变过去恶意让利争夺影院、挖别人墙脚的做法，向高层次的竞争，即品牌建设发展。二要从单一性的电影放映企业向综合性的电影制片、发行、放映一体化企业发展。院线必须逐步向上游产业延伸，实现制片、发行、放映一体化，打造完整的电影产业链和价值产出链。三要从中小院线向大院线发展。目前我国最大的院线旗下也只有 100 多家影院、330 多块银幕、全年票房不到 4 亿元；而美国等电影发达地区的大院线拥有的影院数一般在 200 家以上，银幕数超过 2000 块，票房是我国院线的几十倍。四要从国内向国外拓展。美国等电影发达国家有不少院线都是跨国院线。我国的电影院线不仅要规模化发展，还要把向国外发展作为自己的长远目标。①

（本文调研和资料收集得到了四川省文化厅、太平洋电影院线公司的大力支持，在此鸣谢。）

思考题

1. 怎样提升国有控股电影院线的控制力、竞争力、影响力？
2. 在促进国有控股电影院线发展中，目前的法规和政策还需要修改完善的部分有哪些？还应当出台哪些新的法律和政策措施？

---

① 参见王伯政《中国电影院线的现状与发展趋势》，《永乐通讯》。http://www.paradise-filmtv.com/magzine/804/001-03.html

3. 在促进国有控股电影院线发展中，政府如何制定电影院线中长期发展规划？怎样处理好城市院线与农村院线的关系？

4. 为促进国有控股电影院线发展，还需要在哪些方面加强和改善政府工作？

附录

国家相关法规政策摘选

1. 《电影管理条例》（国务院令第 342 号，自 2002 年 2 月 1 日起施行）

第四十一条　国家允许企业、事业单位和其他社会组织以及个人投资建设、改造电影院。

第四十四条　放映电影片，应当符合国家规定的国产电影片与进口电影片放映的时间比例。放映单位年放映国产电影片的时间不得低于年放映电影片时间总和的三分之二。

第四十五条　电影放映单位应当维护电影院的公共秩序和环境卫生，保证观众的安全与健康。

2. 《电影企业经营资格准入暂行规定》（2004 年 10 月 10 日，国家广播电影电视总局、商务部令第 43 号发布）

第十二条　允许电影院线公司以紧密型或松散型进行整合。鼓励以跨省院线为基础，按条条管理的原则重新整合。不允许按行政区域整体兼并院线。院线整合报广电总局审批。

鼓励境内公司、企业和其他经济组织（不包括外商投资企业）投资现有院线公司或单独组建院线公司。

（一）以参股形式投资现有院线公司的，参股单位须在三年内投资不少于 3000 万元人民币，用于本院线中电影院的新建、改造；以控股形式投资现有院线公司的，控股单位须在三年内投资不少于 4000 万元人民币，用于本院线中电影院的新建、改造；单独组建省内或全国电影院线公司的，组建单位须在三年内投资不少于 5000 万元人民币用于本院线中电影院的新建、改造。

（二）组建省（区、市）内院线公司的，由所在地省、自治区、直辖市人民政府电影行政管理部门在 20 个工作日内审批，并报广电总局备案；组建跨省院线公司的，由广电总局在 20 个工作日内审批。申报单位持电影行政管理部门出具的批准文件到所在地工商行政管理部门办理相关手续。不批准的，书面回复理由。

3. 《关于加快电影产业发展的若干意见》（国家广播电影电视总局，2004 年 1 月 8 日）

（5）积极推进股份制。加快建立现代产权制度，实行所有权和经营权分离，明确产权归属和经营责任，努力扩大融资渠道，形成投资主体多元化，积极探索国有资本、集体资本和非公有资本等参股的混合所有制形式。鼓励电影系统国有、民营、外资参与电影企业股份制改造，建立现代企业制度，扩大投入，搞活经营，增加产出，拓展市场。鼓励电影企业之间通过兼并、重组、联合等形式实现资源重组和资本结构改造，条件成熟的，应积极争取上市。改制中要健全资产评估制度，确保国有资产保值增值。

（7）深化企业内部机制改革。深化电影企业内部机制改革，加快制度创新，建立健全有序高效的决策机制、经营机制、评估机制，健全竞争激励约束机制，实行经营目标和岗位目标责任制。打破"等、靠、要"的思想，破除平均分配的观念，实行岗位聘任制和劳动合同制，完善劳动用工、干部人事、工资分配三项制度的改革，做到员工能进能出，干部能上能下，经济效益和社会分配工效挂钩。完善财务管理和成本管理制度，降低生产成本、经营成本和扩张成本，提高效益。积极推行电影制片人制、经纪人制、项目责任制等管理有效的运行机制，促进电影经营水平的不断提高。

（11）深化院线制改革。积极推广统一品牌、统一供片、统一经营、统一管理的院线制等电影现代流通方式。改变目前院线数量多规模小，跨省院线延伸能力不强，省内院线仍然存在地域垄断的状况。加快院线整合，扩大院线规模，鼓励以跨省院线为龙头，以资产或契约联结形式紧密整合，拓宽融资渠道，扩大规模经营，以不同形式进行资本结构改造；鼓励系统内外国有、民营资本参股、控股或者独资组建院线，影院可自主选择院线合作；鼓励院线之间公平竞争，在竞争中推动电影市场繁荣发展。积极探索院线经营规律、营销方式和管理经验，坚持以紧密型为主，以减员增效、规模经营、提高科技含量和优质服务为目标，创建精品院线。

（14）转变政府管理职能。各级电影行政管理部门要实行政企分开、政事分开。简政放权，依法行政，实现从办电影向管电影转变，从直接管理向间接管理转变，从面向系统内向面向全社会转变。充分发挥政府部门在推动产业发展中的引导、调控作用，充分发挥中央和地方政府部门在方向引导、政策调节、市场监管、社会管理和公共服务的各自职能，做到依法行政、廉洁高效、公开透明，该放的放开，该管的管好。

（16）建立电影市场监管体系。各级电影行政管理部门是电影市场的监管主体，要明确监管责任，完善监管制度，建立执法队伍，加强市场监管力度，积极维护依法经营、违法必究、公平交易、诚实守信的市场秩序，使电影市场规范有序。进一步强化并落实监管措施，防控各种形式的非法电影，联合有关部门坚决打击电影走私、盗版和侵权放映等行为，保护电影知识产权。

4.《电影数字化发展纲要》（国家广播电影电视总局，2004年3月18日）

加快城镇数字影厅建设，2004年底建成100个高标准的数字放映厅，力争3~5年内建成500家以上标准统一、形式不同的数字电影放映厅，实现数字影院规模化经营，满足社会不同层次需求，使数字电影院线进入中国电影放映市场的主流。充分使用好政府扶持发展数字电影的专项资金，建立符合市场经济规律的商业运营模式和赢利模式，启动市场，滚动发展，实现数字院线经营的良性循环和健康发展。

德国鲁尔区『变身』的背后

程萍

程萍，国家行政学院综合教研部研究员

随着我国工业化和城市化进程的推进，工业遗产的保护和合理开发利用以及由此带来的如何与城市协调发展问题，成为政府工作中不可回避的紧迫问题。工业文化遗产保护和合理开发利用发达国家已经先行。位于德国中西部北威州的鲁尔区自1970年代以来实施的区域性工业旅游和文化整合战略，在保护和合理开发利用工业遗产过程中的经验和存在的问题，为我国工业文化遗产保护和利用提供了很好的借鉴。

一 走近德国鲁尔工业遗产文化区

提到德国鲁尔区（Ruhr Gebiet），人们首先想到这是一个著名的工业区，想象中工厂烟囱林立，井架和高炉触目皆是。但令你想不到的却是，如今在鲁尔区穿行，如同行走在一个巨大的露天公园里。昔日林立的烟囱、井架和高炉已经不复存在，而代之以农田、绿地、森林、时尚的商业区、漂亮的住宅、博物馆、展览馆和影剧院等。昔日浓烟蔽日，煤渣满地，如今天空蔚蓝，绿阴环绕，满眼的青翠，大片的草地和森林让人心旷神怡。

（一）列入世界文化遗产的"矿业同盟煤矿"工业遗产所在地的鲁尔区埃森市成功"变身"，被评选为"2010年欧洲文化首都"举办城市

鲁尔区位于德国西部的北莱茵—威斯特法伦州（Nordrhein - Westfalen，简称北威州）境内，面积 4434 平方公里，人口 540万，是目前欧洲最大的经济区。鲁尔区不是一个独立的行政机构，这一名词首次被官方文件使用是在第一次世界大战结束之后签署的《凡尔赛和约》中。从地理概念上讲，现在的鲁尔区是指"鲁尔区城市联盟"（Kommunal Verband Ruhrgebiet）所属北威州 11 个直辖市和 4 个县级市的总计 54 个镇的管辖区域，因流经该区的鲁尔河得名。鲁尔区面积占北威州总面积的 1/10。区内主要城市有埃森（Essen）、多特蒙德（Dortmund）、波鸿（Bochum）和杜伊斯堡（Duisburg）等。

2006 年，鲁尔区的心脏、欧洲最大的采矿城市埃森被欧盟委员会宣布为"2010 年欧洲文化首都"的举办城市，可以说是对鲁尔区和埃森市 20 多年来实施工业文化发展思路的肯定。就在此前的 2001 年，埃森的矿业同盟煤矿（Zollverein）成功地被列入世界文化遗产名录，成为德国第三个获此殊荣的工业遗产。

"欧洲文化首都"是欧洲城市每年都要举行的文化"选美"。这是欧盟在上世纪末设立的一个文化项目，在欧盟成员国中评选一到两座城市作为文化首都，在为期一年的时间内，该城市举办各式各样的文化活动来塑造自己的特色并吸引全欧洲乃至全世界的旅客到此一游。"欧洲文化首都"的评选由欧盟的一个专门委员会负责，这个委员会由七位文化领域的杰出专家组成。1999 年，德国历史名城魏玛成为第一座"欧洲文化首都"。2006 年"欧洲文化首都"的举办地为希腊的帕特雷。卢森堡首都卢森堡和英国港口城市利物浦分别举办了 2007 年和 2008 年的庆祝活动。2009 年，奥地利的林茨代表欧洲老的成员国、立陶宛首都维尔纽斯代表欧盟新的成员国将联合举办这项欧洲文化的盛典。

在 2010 年"欧洲文化首都"的选举过程中，选举委员会于 2006 年 4 月发布的选举会议报告中这样评价"埃森—鲁尔"代表团：鲁尔区是欧洲的一个微缩复制品。钢铁和煤炭是欧盟成立的起源（《煤钢条约》），同时也是鲁尔区的起源。今天鲁尔区面临的后工业化问题也是整个欧洲面临的基本问题之一。鲁尔区提出通过艺术和文化发展实现后工业社会及其景观转型和重建的模式，能为欧洲其他地区提供范例。这一活动传承下来的遗产将会成为欧洲一种新的地区认同。[1]

---

① 拉尔夫·埃伯特、弗里德里希·纳德、克劳兹·R. 昆斯曼：《鲁尔区的文化与创意产业》，《国际城市规划》2007 年第 3 期。

（二）煤炭和钢铁工业的兴旺把埃森这个当年仅有 3000 名居民的小镇，发展成德国第一大工业城。工业革命给埃森打上深深的烙印

埃森是鲁尔区最大的一个城市，是北威州的第二大城市，在德国位居第六，很多企业和政府行政管理机构都设在这里。埃森有 60 万人口，在以埃森为中心、方圆 500 公里的地域范围内，居住着 1.4 亿人口，是欧盟人口总数的 40%。欧盟收入的 60% 是由这一地区创造的。

Essen 是德语"烟囱（复数）"的意思，由此可见，工业革命给这个城市打上了深深的烙印。19 世纪初，煤炭和钢铁工业的兴旺把这个当年仅有 3000 名居民的小镇发展成德国第一大工业城，来自地下和矿井的"黑金"催生了德国的经济奇迹，也把鲁尔区和埃森变成了欧洲大陆最脏乱的地区之一。早在 1811 年，埃森市就有了著名的大型钢铁联合企业康采恩克虏伯公司。埃森的矿业同盟煤矿成立于 1847 年，直到 1932 年第 12 矿场的落成，才真正让它一举成名，成为世界上规模最大、效率最高、最现代化的煤矿。当时矿业同盟煤矿每天生产 1.2 万吨的硬煤，是一般煤矿的 4 倍，年产量曾达到 1.5 亿吨。

随着天然气、热燃油、核能等新能源日趋便宜，煤炭逐渐失去作为生产原料的优势，加上欧盟的过度供应，中国、澳洲、韩国等廉价供应国带来的竞争，德国的煤矿业开始走下坡路。在 1958 年到 1964 年期间，有 53 家煤矿关门，将近 3.5 万名员工失去工作。到 20 世纪 80 年代末期，鲁尔区和埃森面临着严重的失业问题，1987 年鲁尔区达到 15.1% 的最高失业记录，大大超过 8.1% 的德国全国平均失业率。1986 年，埃森的最后一家矿厂关闭，矿业同盟煤矿结束营业，正式为鲁尔区和埃森辉煌的煤矿史

写下了完结篇。告别了工业时代，埃森这座城市也失去了往日的光彩。鲁尔区曾经是欧洲最大的采矿中心，德国的工业命脉。煤炭的没落，有如判了鲁尔区和埃森的死刑，使她成为老旧过时的同义词。

（三）煤矿倒闭后，北威州政府买下全部工矿设备。州政府、市政府和欧盟在埃森老矿区的改造过程中发挥了重要作用

老煤矿不仅是一个时代的象征，见证了德国 150 年来煤矿业的兴起和衰落，也包含了一代人的黑金梦和血泪史。煤矿倒闭后，北威州政府没有拆除占地广阔的厂房和煤矿设备，而是买下全部的工矿设备，使煤矿工业区的结构得以完整地保留下来。1989 年由州政府的资产收购机构（LEG）和埃森市政府共同组建了管理公司（Bauhutte Zeche Zollverein Schacht XII Gmbh），永久性负责该地的规划与发展。1998 年，州政府和埃森市政府还成立了专用发展基金。州政府、市政府和欧盟在埃森老矿区的改造过程中都发挥了极其重要的作用。

埃森矿业同盟工业区由多个建于 20 世纪的建筑群组成，内有各种方便煤炭生产的运输系统、燃烧炉、桶架、走道等。除了工作设施，工业区内也有专为矿工设立的生活服务设施，如员工宿舍、市场、商店等，反映了过去矿工的居住情况和当时强调工作与生活相结合的工业区规划理念。

现在，这里已经是历史文化纪念地和博物馆，其典型的包豪斯（Bauhaus）建筑风格简洁大方，具有很强的现代艺术感染力，深受文化和创意设计公司青睐，也是德国工业艺术／现代设计中心所在地。老煤矿的工业建筑有的变身为煤矿博物馆、展览馆、

舞蹈室、小戏院，有的是私人艺术工作室、办公楼、礼品店、餐馆和咖啡座。筹建中的，还包括一所国际设计学校、工业设计园以及国际建筑、设计与艺术实验室。过去囤积废料的空地，如今种满了各种树木和植物，一片绿意盎然，扫除了过去煤矿基地给人留下的龌龊印象。过去用来运煤的火车铁路也改造成脚车道，每到周末吸引着许多脚车骑士前来光顾。埃森市的"鲁尔文化基金会"收藏了鲁尔区工业发展史的图片资料 48 万张，每年吸引近 500 万的游客前来参观。①

▶德国埃森矿业同盟工业文化园展览销售大厅

（四）在曾经繁忙的工业区里游走，有如走进德国表现主义大师弗里茨·朗格的电影《大都会》的世界

从我访学的比勒费尔德（Bielefeld）市前往埃森市，要乘一

---

① 谢海：《坚定不移地推进资源型城市转型——赴德国鲁尔区考察报告》。ht-tp：//www. yq. gov. cn/newsday/tbbd/2007820160759. htm

个半小时的火车。从埃森火车站出来到矿业同盟工业遗产文化园，需再乘坐 107 路城铁才能到达。这条公交线路正是为配合 2010 年"欧洲文化首都"活动而设计的，它把埃森所有的文化景观连接在一起，就像是将埃森的文化明珠串成了一条美丽的项链，而矿业同盟工业遗产文化园是这条项链上最耀眼的明珠。

越接近目的地，市景越朴素，人烟越稀少，让人有一种时光在倒退的错觉。下车步行不久，就看到常在明信片上出现的鲁尔区"艾菲尔铁塔"——这座数十米高的巨型井架塔虽然已经 70 多岁了，但一身的钢筋铁骨和两个绕上铁索的大滑轮仍旧非常有气派。

如今的矿业同盟工业遗产文化园内，有几个值得参观的重点建筑。著名的北威州设计中心和红点（Red Dot）设计展览馆，展示千余件来自世界各地的当代顶尖工业设计杰作。红点设计展览馆的红砖建筑以前是旧炉房，建筑师巧妙地把镌刻着岁月痕迹的原有矿场设施和新建的展览空间结合，创造出一种既古典又具时代感的建筑语言。

◀位于德国古城戈斯拉尔市（Goslar）的拉默尔斯贝格（Rammelsberg）有色金属矿

　　"企划宫"（Palace of Projects）曾是用来储存盐巴的货仓，现在展示着俄罗斯艺术家 llya Rashap 和 Emilia Kabakov 的大型装置作品。展览馆内搭起了一个造型独特的大棚，棚里分成不同区位，根据主题展示俄罗斯小朋友从周围环境中获得灵感的小创意，让观众从孩子们的眼睛中看到俄罗斯社会。

　　旅客询问中心楼上的小戏院常放映一些非主流电影，是影迷们的秘密花园。旧清洗房是经常举办舞蹈演出的 Pact 舞蹈中心，厂房车间也被改建成上演流行歌舞剧的大型剧场。

　　在曾经繁忙的工业区里游走，感觉有如走进了德国表现主义大师弗里茨·朗格（Fritz Lang）的电影《大都会》（Metropolis）的世界，耳边响起巨型齿轮转动时发出的吱吱的摩擦声。两年前，这部经典默片在老煤矿的成立周年庆典上作露天放映，还请来交响乐团现场配乐。当时大屏幕就竖立在巨型井架塔前，可以想象在那样的环境下看《大都会》肯定很有气势和现场感。

　　在社会发展史上，矿业同盟煤矿的建立正好是在德国政治、经济与社会的转型期。在美学史方面，它反映了从表现主义到立体派和实用主义的一个过渡阶段。矿业同盟煤矿的建筑设计师 Fritz Schupp 和 Martin Kremmer 是当时工业建筑设计领域中响当当的名字。他们采用包豪斯美学原理，结合使用功能和外形美观的双重需要，以对称的手法创造出一系列既有美感又实用的建筑群。矿业同盟工业区因此有世界最美丽、最现代化煤矿的美誉。

　　工业遗产文化园里的摩天轮并不太高，却非常有个性。设计上，它融合周围的工业环境，一身钢铁骨架，是我见过外形最粗犷的摩天轮。难得的是，它完全用太阳能发电。摩天轮的行程很特别，一半在空中，一半在地下，上天之后，便钻入矿场。不知设计师是不是在表现矿工们日复一日从光明走进黑暗的生活？

二 并不平坦的工业文化遗产保护与复苏发展之路

鲁尔区及埃森市面对老工业区的衰退显示出的区域整治和更新问题，特别是逐渐与工业遗产保护和旅游开发密切结合、走文化复苏之路的创新思维和实践过程，并不是一帆风顺的。

（一）如何处理大量废弃的工业遗存，曾有四种不同的社会反映

如何对待和处理大量废弃的工矿、旧厂房和庞大的工业空置建筑与设施，曾经成为鲁尔区和埃森不可回避的重要问题，早期，对此问题有不同的社会反映：

第一，彻底清除与拆毁。由于倒闭和废弃的厂房和工矿被视为经济衰退的标志，难免不被认为是应该被掩盖的不光彩的形象甚至耻辱，因此，人们一个很自然的想法就是将这些肮脏、丑陋、粗笨和庞大的工业遗存彻底拆毁，让它们从人们的视野中消失。

第二，在拆毁旧建筑的基础上建设新的建筑。通过拆毁和清除原来的旧厂房和废矿山，整理出新的空地，恢复前工业化时期的良好环境，发展和建设新设施和新产业。

第三，回收再利用。对于一些仍然有回收和利用价值的旧厂房和空置建筑，可以重新回收利用。

第四，实施综合性开发战略。摆脱以往对工业废弃地和废弃厂房与设施的传统价值观的束缚，重新发现工业遗存的历史价

值，将工业遗存视为工业文化遗产，并和旅游开发、文化复苏、区域振兴等相结合进行战略性开发与整治。

（二）实施综合性开发战略，大致经历了四个阶段

实施综合性开发战略，特别是通过工业遗产的旅游开发和文化整合来处理工业废弃地和传统工业区衰退问题，从而达到区域复兴的思路，在埃森和鲁尔区经历了 20 余年的探索与实践。

第一，否定与排斥阶段。当文化整合和工业遗产旅游概念最初由少数来自民间的专家学者提出的时候，地方政府和公众都对此持否定和排斥的态度，人们不相信这些工业废弃地会有任何旅游吸引力，大部分人甚至认为这是一种不切实际的妄想。相反，人们宁愿将工业废弃地彻底清除，以便吸引新的工业、新的发展机会。因此，在 1980 年代早期，人们主要进行以清除旧工厂为主的更新和改造实践。

第二，迷茫阶段。虽然人们对建设新的工业项目充满希望，也的确有些新产业在清理过的原工业废弃地上得到发展，但仍然有大量的工业废弃地等待处理，而彻底清除工业废弃地也是一个成本高昂的工程，甚至需要有特别的技术方案。例如，拆除位于鲁尔区奥伯豪森（Obenhausen）市的一个工业储气罐（Gasometer），需要花费 2000 万德国马克。[①] 而废弃钢铁厂的高炉设施，其拆除费用加上运输费用，更是一笔巨大的开支。此外，连带处理钢铁和煤焦化工业长期以来沉积在土壤中的重金属工业污染物也并非易事。于是，人们陷入迷茫与徘徊之中，导致有些倒闭的

---

① 李蕾蕾：《德国鲁尔区的实践过程与开发模式》，《世界地理研究》2002 年第 3 期。

工厂和矿山被遗弃十几年甚至几十年之久。

第三，谨慎尝试阶段。严峻的衰退现实逼迫人们开始重新思考和评价工业遗产旅游和文化整合概念，与此同时，英国、美国、瑞典的工业遗产综合开发的成功案例，逐渐促使人们在别无他法的情况下，开始部分地将一些尚未清除的旧厂房和工业废弃设施开辟为休闲场所和其他用途的文化设施。例如，一些旧厂房被重新整修变为工业展览馆，一些钢铁厂的鼓风机车间被改装为音乐厅和会议厅，一些仓库被用来开饭馆等。这一阶段，工业废弃地的文化整合以及旅游开发得到了谨慎、零星和初步的发展。

第四，战略化阶段。鲁尔区工业遗产文化整合和旅游开发实施的真正标志是从 1998 年开始的"工业遗产旅游之路"（route industriecultural）的策划。这是一条区域性的专题旅游线路，包括 19 个工业遗产旅游景点，6 个国家级的工业技术和社会史博物馆，12 个典型的工业聚落，以及 9 个利用废弃的工业设施改造而成的瞭望塔，其中选出 3 个市镇设立了专为游客提供整个区域工业遗产旅游信息的游客中心①。在这个策划中，还规划设计了覆盖整个鲁尔区、包括 500 个地点的 25 条专题旅游路线。同时，通过统一的视觉识别符号设计，建立了"工业遗产旅游之路"独特的符号标志——斜插在工业遗产旅游景点的黄色针形柱。与此配套的是若干立式黑色铸铁的旅游信息说明牌，而分布在整个鲁尔区，随处可见的路标也采用棕色作为标准色，还建立了"工业遗产旅游之路"的专门网站。这个策划使鲁尔区的文化整合和工业遗产旅游，从零星的独立开发，走向一个区域性的旅游目的地和文化都市的战略开发。

---

① 李蕾蕾：《德国鲁系区的实践过程与开发模式》，《世界地理研究》2002 年第 3 期。

通过战略化调整，昔日欧洲的工业中心，已经成为今日欧洲的文化中心之一。在 21 世纪初期，鲁尔区已经拥有 5 个歌剧院；6 个交响乐团，每一个交响乐团都拥有自己的音乐厅；200 多个博物馆；200 多个年度、双年度或三年度的文化活动；文化产业从业人员已超过 52000 人，估计还有 15000 名文化产业工人以半职业状态从事该行业的工作；文化产业营业额已经超过 66 亿欧元。①

（三）丰富多彩的工业文化遗产景观及其开发实践，可归纳为四种模式

经过否定与排斥、迷茫、谨慎尝试和战略化发展等阶段，鲁尔区的工业遗产文化整合和旅游开发基本形成了区域一体化，整个区域一扫工业衰退带来的衰败气象，开始生机勃勃，丰富多彩的工业遗产文化景观令人目不暇接，逐步形成"工业遗产旅游之路"。在这条充满浪漫与时尚气息的文化之路上，我们可以看到不同模式的工业文化遗产景观。

1. 博物馆模式

该模式除以上介绍的埃森矿业同盟工业遗产文化园以外，在鲁尔区还以"亨利"钢铁厂（Henrichshuette）和"措伦"采煤厂（Zeche Zollern Ⅱ/Ⅳ）最为典型。

亨利钢铁厂位于一个保留了文艺复兴时期建筑与文化景观的历史古城——鲁尔区的哈廷根（Harttinggen）。该厂建于 1854 年，1987 年倒闭，目前已经变成一个露天博物馆，其最大特色是儿童可以在废弃的工业设施中开展各种活动和游戏，大大吸引

① 拉尔夫·埃伯特、弗里德里希·纳德、克劳兹·R. 昆斯曼：《鲁尔区的文化与创意产业》，《国际城市规划》2007 年第 3 期。

了亲子家庭旅游者。导游由原厂工人志愿者承担，活化了旅游区的真实感和历史感，同时也激发了社区参与感和认同感，使整个旅游区具有一种"生态博物馆"（Eco‐Museum）的氛围。

措伦采煤厂位于鲁尔区的多特蒙德市，厂房建筑保存得比较好，新翻修的厂房和办公楼的古典风格得到了展现，使这个地方看起来不像工厂，而更像是一座很有历史感的大学。此外，利用废旧的火车皮改装成园内的游览工具也十分有吸引力。该地主要以室内展览为主，旅游纪念品开发得比较丰富。这里同时还是北威州工业博物馆（WIM）的总部所在地。WIM旗下有八个类似的工业博物馆。

2. 公共游憩空间模式

北杜伊斯堡景观公园（Landschaftspark Duisburg‐Nord）位于鲁尔区西南部的杜伊斯堡（Duisburg）市，原为著名的蒂森（Thyssen）钢铁公司所在地，是一个集采煤、炼焦、钢铁于一身的大型工业基地，于1985年停产。现在被改造为一个以煤和铁工业景观为背景的大型景观公园（Landscape Park）。公园面积广阔，约2.3平方公里，园里活动丰富多样。例如，废旧的贮气罐被改造成潜水俱乐部的训练池；用来堆放铁矿砂的混凝土料场被设计成青少年活动场地；墙体被改造成攀岩者乐园；一些仓库和厂房被改造成迪厅和音乐厅，甚至交响乐这样的高雅艺术也开始利用这些巨型的钢铁冶炼炉作为背景，进行别开生面的演出。投资上百万马克的艺术灯光工程，使这个景观公园在夜晚充满了独特的魅力。

位于盖尔森基兴（Gelsenkirchen）的北极星公园（Nordstern Park）也属于一种大型公共游憩空间的开发模式，公园入口处高高的煤井架表明了这个公园建立在一个煤矿废弃地上，视野开阔，可以举办各种大型的户外活动。北极星公园就曾因举办过全国花园展而闻名。最重要的是，该地与著名的埃姆舍河连为一体，而埃姆舍河曾经是鲁尔工业区污染最严重的主要排污河，经过治理，它已经变成了一条美丽的旅游和休闲河，滨河区的改造、规划和设计使这个游憩空间充满了独特的吸引力。

3. 与购物、旅游相结合的综合开发模式

该模式的典型代表是位于奥伯豪森（Oberhausen）的中心购物区（Centro）。奥伯豪森是一个富含锌和金属矿的工业城市，1758年这里就建立了鲁尔区第一家铁器铸造厂。奥伯豪森成功地在工厂废弃地上依据摩尔购物区（Shopping mall）的概念，新建了一个大型的购物中心，同时开辟了一个工业博物馆，就地保留了一个高117米、直径达67米的巨型储气罐（Gasometer）。中心购物区并不是一个单纯的购物场所，还配套建有咖啡馆、酒吧和美食文化街、儿童游乐园、网球和体育中心、多媒体和影视娱乐中心以及由废弃矿坑改造的人工湖等，而巨型储气罐不仅成为这个地方的标志和登高点，也成为一个可以举办各种别开生面展览的实践场所。奥伯豪森的中心购物区和巨型储气罐由于拥有独特的地理位置以及优越便捷的交通设施，已成为鲁尔区购物文化的发祥地，并可望发展成为欧洲最大的购物旅游中心之一，吸引来自荷兰等地的购物、休闲和度假的周末游客。

4. 工业博览与商务旅游开发模式

鲁尔区最为人称道的"工业遗产旅游之路"策划来自于一个多目标的区域综合整治与振兴计划——国际建筑展计划（International Building Exhibition），简称为IBE计划。IBE计划是一个始于1989年、由鲁尔区的区域管理委员会（KVR）组织实施的长达十年之久的区域性综合整治与复兴计划。该计划主要面向

鲁尔区中部工业景观最密集、环境污染最严重、衰退程度最高的埃姆舍（Emscher）地区，因此又被称为埃姆舍公园（Emscher park）计划。

该计划对鲁尔区工业结构转型、旧工业建筑和废弃地的改造和重新利用、当地自然和生态环境的恢复以及就业和住房等社会经济问题的解决等，给予了系统的考虑和规划，绿地、居民中心、物流中心、展会中心和新兴工业园区等大小 100 多个城市项目像拼图游戏一般散布在埃姆舍地区的 17 个大小城市，7 个主题构成了整个计划的操作框架。在这些计划中，举办有主题的工业博览会，并将这些工业博览会与招商活动、商务交流和交易、旅游等融合在一起，使参展、招商、交易、旅游等一体完成。毫无疑问，埃姆舍公园计划实际上是一个区域一体化、系统化、综合性的改造开发计划，其中工业博览与商务旅游开发作为该计划的重要内容而发展成为一套完整有效的模式。

三　鲁尔区的经验与问题

作为老工业区再造，鲁尔区根据自身的特点，选择了从对工业文化遗产保护入手发展旅游和文化产业的道路。20 年来，它创造了可资借鉴的经验，却也同样被矛盾和问题所困扰。

（一）曾经具有世界级工业文明发展经验的鲁尔区，再创造了后工业时代新的文明经验——工业遗产保护和合理开发利用的成功经验

人类文明最重要的经验是工业文明的发展，这个文明从 19

世纪中叶到 20 世纪以巨大的规模与能量，在人类历史上留下不可磨灭的轨迹，记录了人类智慧与潜能的发展。鲁尔区，曾经具有世界级的工业文明发展经验，今天，它又创造了后工业时代新的文明经验——工业遗产保护和合理开发利用的成功经验。这些经验主要包括：

第一，政府的作用不容忽视。在工业文化遗产保护和合理开发利用发展过程中，政府的作用是巨大的。首先是各级政府分工明确。联邦政府、州政府提供资金和政策支持；区设立地区发展委员会和负责讨论地区发展重大问题、制定发展战略目标的地区会议制度；市县政府运作可操作性的具体措施等。其次是给予强大的资金支持。凡申请资助的项目，由联邦政府发展规划委员会会同北威州政府审批。得到批准的一般性项目，可获得占投资额 28% 的资金；对于工业遗产保护利用和可促进基础设施建设、环保等方面的项目，可得到占投资额 80% 的资金。埃森市举办 2010 年"欧洲文化首都"活动，其财政预算约 7800 万欧元，北威州政府是最大的资助者。最后，建立各种机构，为中小企业发展提供多种服务。联邦、州和地方政府相继恢复和组建了一批行会组织，如工商会、各种行业协会、经济促进协会及驻外联络机构等，形成网络，并逐渐从财政和人事上脱离和减少对政府的依赖，走企业化运作之路，成为连接政府与企业的中介和桥梁。这类组织在为鲁尔区的中小企业转型、应用新技术、工业遗产保护利用等方面发挥着越来越重要的作用。

第二，始终把创新放在首位。在鲁尔区的工业遗产保护和合理开发利用过程中，创新思维是使工业遗产走出困境的钥匙。人们利用创新思维，把各个工业城市的历史闪光点挖掘出来，经过恰如其分的包装改造，使其成为有文化、历史和旅游价值的"卖点"。观念的创新，解放了思想，开拓了思路，激发出奇思妙想。创新思维指导下的创意与设计，把工业和文化、艺术、旅游、休闲联系在了一起。

第三，注重城市整体形象的转变和塑造。鲁尔区通过工业遗产保护和合理开发利用向文化产业的成功转型，一个重要的表现是重塑了自己的形象。过去，人们对鲁尔区的印象是：被煤烟熏黑的脸，阴沉沉的天空，污浊的空气，流着污水的河道……20世纪90年代之后，在工业遗产保护和合理开发利用过程中，人们注重塑造新的区域和城市形象，大量种植树木和各种植物，整体规划被改造区域，精心塑造和美化每一处景观，把鲁尔区从一身煤灰的"灰姑娘"变成娇媚可爱的"白雪公主"。

第四，强调合作的重要性，尤其是城市之间的合作发展。鲁尔区分布着一个由多个城市组成的城市群，在工业遗产保护和合理开发利用过程中，各个城市相互协作，尤其是在恢复城市环境的运作中，对于流经这些城市的河流进行重新整治，先治理小支流，再治理主河道，小支流在进入主河道时已经被净化。在景观项目的设计开发中，针对每一个城市工业遗产的不同特点设计相应的改造项目，在整个区域形成各具特色、优势互补的整体效果。

第五，积极吸收外来文化和人才。在鲁尔区工业遗产保护和合理开发利用过程中，最重要的资源是人，而且是开放的、流动的、具有多元化视角和思维的人。人的多样性带来思维与文化的多样性，而多样性的思维与文化创意正是在各种不同文化间的交流、碰撞中产生的，这些包含了各种不同文化元素的思维与创意，为工业遗产向文化产业转变和发展带来了活力和动力。

第六，举办各类文化活动，为工业遗产向文化产业转变构筑多层次的发展平台。工业遗产保护和合理开发利用的过程不仅仅是一个废弃厂房设施的改造利用过程，更是一个文化复苏再造的过程，文化的复苏与文化产业的发展机会，更多的是由丰富多彩的文化活动创造的。鲁尔区举办的各类文化节、论坛、博览会等，有大有小，大的可能是国际性的，但是它们针对的往往都是中小企业，给在文化产业领域里活动着的中小企业以信息和技术上的支持。同时，市场化总是各种文化活动的重要内容，如何使艺术和文化更贴近市场、适应市场的需求，几乎成为各类文化活动的永恒主题。

（二）鲁尔区的发展仍然被一些矛盾困扰着

虽然从总体上看，鲁尔区如今已经比较成功地走出了工业文化遗产保护利用和发展文化产业的路子，但它仍然被自身的一些矛盾困扰着，在发展过程中存在着这样那样的问题。

第一，错过了工业遗产开发利用的最佳时期。鲁尔区工业衰退问题在 20 世纪中叶已经显现。20 世纪 50 年代末以来，一系列结构转型期的尖锐矛盾迫使政府对这一地区给予财政补贴，使之成为政府的长期负担。70 年代，大量工业遗存被废弃已是不争的事实，但北威州政府错过了对这些工业遗产开发利用的最佳时机，将其再造迟延了 10 年，到 80 年代中期以后，才开始纳入政府的工作计划，错过了转型再造的最佳时期，使得鲁尔区今日的经济增长速度依然偏慢。根据鲁尔经济专家、北威经济学院教授保罗·克莱默的计算，北威州每年经济发展都要落后全德 0.5 个百分点，而鲁尔区则要落后全德 0.7 个百分点。表面上微不足道的这 0.2 个百分点之差，体现的却是鲁尔区从德国经济"领头羊"和 20 世纪 50 年代创造经济奇迹的"发动机"，跌落到德国经济"老大难"地位的令人触目惊心的现实。以鲁尔区为核心的北威州在上世纪70年代还占有德国国内生产总值的1/3，而目前北威州的经济规模缩水到了全德的1/4以下。

第二，发展工业文化遗产旅游并不能够对工业产业进行完全替代。最近20年以来，鲁尔区以工业文化遗产旅游等为特色的第三产业获得了长足发展，其增加值占地区国民经济总增加值的65%，高于德国的平均水平。但是，工业遗产保护开发成片地利用了原有的厂房、土地和设备，却并不可能增加大量就业岗位，仍然不能解决这一地区日益严重的就业形势，失业率长期保持在14%。德国新闻社驻多特蒙德记者伯瑟尔坦白地说，鲁尔区开拓工业文化旅游项目至今还没有带来更多的就业机会。

第三，政府扶持是鲁尔区工业遗产保护和开发利用取得成效的重要因素，但也造成了负面影响，由于政府干预过多，鲁尔区改造过程中市场化的思路与运作成分被大大降低。目前，政府仍然为这些工业遗产的保护和开发利用和老工业区的各项社会事业承担着巨大的资金压力，每年要投入数十亿欧元。这一现状不利于地区的经济结构转型和长远发展。

第四，虽然鲁尔区是德国最大的工业区，但到上个世纪的60年代末，它才建立了自己的第一所大学。这种结构性缺陷在鲁尔区的历史上可以追溯到很久以前，当年普鲁士政府提出的口号是"鲁尔区只需要劳动，不需要思想"。20世纪70年代，鲁尔区的大学和技术高校如雨后春笋般建立起来。虽然现在鲁尔区已成为欧洲大学最集中的地区，并且着力营造文化氛围，提升文化品质，但与整个北威州相比，鲁尔区在研究与发展领域只有很少的专业人员，这一人数低于德国全国的平均水平。这说明，企业并不会因为鲁尔区有了大学城，有了一定的文化意蕴而就把研发部门放在那里。

第五，由于鲁尔工业区并不是一个行政区划，这一区域包含的城镇与行政区划在结构上是分散的：一方面按照联合国自然环境组织的评价，鲁尔区与伦敦、圣彼得堡或者巴黎一样，是欧洲重要的城市聚集群之一，另一方面，鲁尔区恰恰又缺少作为大都会的认同感。多年来，人口增长呈负数，流失了高素质的年轻人口，人口老龄化速度高于其他地区。对于大多数人来说，想建立一个鲁尔城的愿望离现实实在是太遥远了。人们只能耐心地等待鲁尔区在未来某一天找到自己的合适位置。

思考题

1. 在工业遗产保护和合理开发利用中政府应起哪些作用？

2. 德国鲁尔区工业遗产旅游和文化整合实践是保护和开发工业遗产的唯一出路吗？

3. 在保护和合理开发工业遗产中，可以采用哪些投资、管理和运行模式？

4. 工业文化遗产旅游的特点有哪些？怎样才能发挥其优势，避免其不足？

5. 工业遗产保护和合理开发利用怎样与城市建设相结合，与经济和社会发展相协调？

附录

我国工业文化遗产保护和合理开发利用现状

在我国，工业遗产保护和开发利用问题已经是迫在眉睫的现实问题，政府已经开始行动。

2006 年 4 月 17 日，由中国古迹遗址保护协会（ICOMOS CHINA）、江苏省文物局和无锡市人民政府举办的"中国工业遗产保护论坛"在江南古都无锡北仓门生活艺术中心开幕。在这次由官方主办的论坛上，工业遗产保护概念被明确提出，政府的介入将使得人们对这一问题的研究与实践纳入科学、规范的轨道。

4 月 18 日，该论坛讨论并原则通过了对我国工业遗产保护将起到宪章作用的《无锡建议》，认为中国的工业遗产包括西方殖民工业、洋务派和民族资本企业，以及上世纪 50 年代以来的社会主义工业等。提出了"尽快开展工业遗产的普查和评估工作；将重要的工业遗产及时公布为各级文物保护单位，或登记公布为不可移动文物；编制工业遗产保护专项规划，并纳入城市总体规划；区别对待、合理利用工业废弃设施的历史价值"等具体措施。

2006 年 5 月，国家文物局下发《关于加强工业遗产保护的通知》，要求各级文物保护部门充分认识工业遗产的价值及其保护意义，推动工业遗产保护工作顺利开展。

2006 年 6 月，第六批全国重点文物保护单位名单正式公布，黄崖洞兵工厂旧址、青岛啤酒厂早期建筑、汉冶萍煤铁厂矿旧址、钱塘江大桥、酒泉卫星发射中心导弹卫星发射场遗址和南通大生纱厂等九处近现代工业遗产榜上有名。

在 2007 年开始启动的第三次全国文物普查中，国家文物局已将工业建筑及附属物归为近现代重要史迹及代表性建筑的重要子类予以明确，表明政府已将我国工业遗产保护列入议事日程。